Hans Dieter Stöver:
Tod auf dem Forum

C.V.T. im Dienste der Caesaren – Band 9

Roman

Knaur®

ISBN 3-426-01306-1 880

Hans Dieter Stöver, geboren 1937 in Wissen an der Sieg, studierte an der Universität Köln Geschichte, Kunstgeschichte und Altertumskunde. Seit 1965 ist er Mitarbeiter des WDR und schreibt Hörspiele und Features zu kulturgeschichtlichen Sendereihen. Als er sechzehn war, bekam er eine Auswahl von Plutarchs »Römischen Heldenleben« geschenkt – von da an ließ ihn Rom nicht mehr los. Aus der Begeisterung für die römische Geschichte und nach jahrelangen Studien folgten kurz hintereinander »Die Römer, Taktiker der Macht«, »Spartacus, Sklave und Rebell«, »Verschwörung gegen Rom, Catilinas Griff nach der Macht« und »Christenverfolgung im Römischen Reich, ihre Hintergründe und Folgen«.

Gaius Volcatius Tullus – kurz C.V.T. – wurde im Jahre 81 v. Chr. in Rom geboren. Er entstammt einem Geschlecht des römischen Uradels, das seine Familiengeschichte bis in mythisch-etruskische Zeiten zurückverfolgen kann: dem reichen, angesehenen, unabhängigen Hause der Volcatier. C.V.T. vertritt die emanzipatorische, zukunftsgläubige Politik seines bewunderten Vorbilds und Dienstherrn Caesar. Als Stabsoffizier (Tribun) und kommandierender Legionsbefehlshaber (Legat) kämpft er in Gallien und im Bürgerkrieg für die Sache Caesars. – So weit ist die Figur des Gaius Volcatius Tullus historisch belegt.
Schließen läßt sich aus den historischen Quellen darüber hinaus, daß es zwischen C.V.T. als Anhänger Caesars und seinem Vater Lucius V.T. (Consul 66 v. Chr.) als einem zurückhaltenden, friedliebenden, doch moralisch unbeugsamen Charakter immer wieder zu harten, politisch begründeten Auseinandersetzungen kommt. Im Unterschied zu seinem Vater strebt C. V. T. zunächst keine politische Laufbahn an, wird aber durch die umwälzenden Ereignisse dieser letzten Jahre der Republik in den entscheidenden Machtkampf zwischen Pompeius und Caesar hineingerissen. So wittert er bei der Lösung seiner Fälle immer auch machtpolitische Intrigen. – Diese Fälle, die »C. V. T. im Dienste der Caesaren« löst, und die Geschehnisse im einzelnen, wie sie Hans Dieter Stöver in seinen Romanen schildert, sind immerhin in dem historisch belegten Rahmen denkbar.
Auch fühlt sich der Leser in einem der patrizischen Häuser der Volcatier schon bald heimisch, die starren Ruinen des antiken Rom füllen sich mit Leben, und C. V. T. wird ihm schnell zu einem Vertrauten. C. V. T. selbst aber bewahrt bei aller Bewunderung für Caesar immer einen Rest kritischer Distanz gegenüber dem Diktator. Und nach Caesars Ermordung an den Iden des März (15. 3. 44 v. Chr.) stellt er sich mit gleicher Loyalität dem jungen Caesar-Erben Octavian, dem späteren Augustus, zur Verfügung.

Von Hans Dieter Stöver sind außerdem
als Knaur-Taschenbücher erschienen:

in der Reihe *C.V.T. im Dienste der Caesaren*

»Mord auf der Via Appia« (Band 833)
»Die Frau des Senators« (Band 834)
»Ich klage an« (Band 835)
»Skandal um Nausikaa« (Band 1026)
»Alexander und die Gladiatoren« (Band 1040)
»Attentat in Pompeii« (Band 1097)
»Der Verrat des Ambiorix« (Band 1169)
»Rebellion im Circus Maximus« (Band 1203)

sowie

»Spartacus« (Band 628)

Originalausgabe

Textredaktion Hans Dieter Wirtz
Umschlagillustration Klaus Dill
Satz IVB Satz- und Datentechnik, Berlin
Druck und Bindung Ebner Ulm
Printed in Germany · 1 · 10 · 985
ISBN 3-426-01306-1

1. Auflage

»*Mundus vult decipi – ergo decipiator.*«

»Die Welt will betrogen werden – also werde sie betrogen.«

Spätantikes Sprichwort

Dramatis personae

Hauptpersonen

GAIUS VOLCATIUS TULLUS, zur Zeit Curulischer Aedil und so auch mit der Aufsicht über das römische Geschäftsleben betraut.

CORNIFICIUS muß nicht zur Mithilfe gebeten werden, da er selbst den Stein ins Rollen bringt.

SELENUS erweist sich diesmal auch als Kenner der monetalen Dinge und Machenschaften.

ALEXANDER ist wieder viel unterwegs und freut sich auf das Ende der Amtszeit seines Herrn C. V. T.

ARCHELAOS ist in diesem Punkt gleicher Meinung wie sein Freund Alexander.

ANTIPAS, Hausmeister des Cornificius.

NICOMACHUS, römischer Tuchhändler, tatsächlich sehr »betucht«.

GAIUS MEMMIUS, Sohn eines ehrbaren, doch glücklosen Vaters, derzeit einer der drei Münzmeister zu Rom.

ARRIUS, DION, LIBANIOS, Prägemeister der Münze; von unterschiedlichem Alter, doch gleichem Können.

DEMETRIOS, ein wichtiger Mann, der erst in der Mitte der Geschichte auftaucht.

HIPPIAS, Buchhändler mit Blick für Falschgeld.

PROBATIUS, Schankwirt aus Aricia, aber noch viel mehr ...

CAECILIA, Frau des Probatius.

Die Geschichte spielt in Rom und Aricia (am Hang der *Montes Albani*) im Herbst des Jahres 50 v. Chr.

1

Endlich waren die Temperaturen erträglicher geworden. Der September ging in seine zweite Hälfte über und ließ den Herbst ahnen – ahnen!... mehr nicht, denn immer noch zog man sich vor der flimmernden Mittagshitze ins Innere der Häuser zurück. Doch wurden die langen Abende erträglich, ja angenehm, und man nutzte sie wie eh und je zu nachbarlichem Gespräch, zu Besuchen oder zu längeren Spaziergängen am Tiber, beim Marsfeld und am Forum Boarium*.

Es ging gegen die zwölfte Stunde**, als die beiden Reiter, von Osten kommend, sich auf der Via Labicana der Porta Esquilina näherten. Beide genossen sie den leichten Luftzug, der, vom Meer her, erfrischend über das ausgetrocknete und staubige Land fuhr. Nicht nur am Zaumzeug der Pferde, an der Farbe und Qualität ihrer Tuniken, am Schuhwerk aus gelbem gallischen Ziegenleder, sondern vor allem an der edlen arabischen Abkunft ihrer Pferde würde ein Kenner sogleich auf die hohe Herkunft der beiden Reiter geschlossen haben; sie sahen aus wie Leute, die täglichen Umgang mit den Spitzen römischer Häuser pflegten.

Bei näherem Hinsehen freilich unterschieden sie sich deutlich, ja auffallend voneinander. Der eine überragte sogar im Sattel den anderen fast um Haupteslänge, er war kräftiger, breiter, knochiger, und er mußte auch über außergewöhnliche Kräfte verfügen, denn an den Armen und Beinen zeigte er plastisch hervortretende Muskeln, die sich auch durch den Stoff der Tunika*** an Oberarm und Brust abzeichneten. Der andere war zarter gebaut, geschmeidiger, doch auch er ließ erkennen, daß er, sollte es hart auf hart kommen, durchaus zu blitzschnellen Aktionen bereit war, denn all

* *Forum Boarium*: siehe hier wie auch bei allen anderen topographischen Angaben die Karten »Rom und Umgebung«, »Rom zur Zeit der Republik«, »Forum Romanum und Forum Iulium«.

** siehe unter »Tageseinteilung« im Anhang.

*** *Tunika*: ein aus zwei Teilen genähtes Woll- oder Leinengewand mit kurzen Ärmeln (ursprünglich ärmellos). Sie war gegürtet und etwa knielang.

seinen Bewegungen, die der Augen inbegriffen, wohnte eine Flinkheit inne, die in der Tat an die berühmte eines Wiesels erinnerte. Der Hauptunterschied bestand daher, außer der Statur, in ihrer Haartracht, denn was der Längere und Breitere an Größe zuviel hatte, das ermangelte ihm an Haarwuchs, so daß er sich schon seit längerem angewöhnt hatte, die dunklen Strähnen zwar kurz zu halten, sie aber nach vorne zu kämmen. Der andere hatte solche Täuschung des Betrachters nicht nötig, da sein ebenfalls kurz getragenes schwarzes Haar sehr dicht wuchs; darauf war er denn auch stolz und konnte es sich leisten, seinen Freund und Begleiter in dieser Hinsicht hin und wieder zu foppen.

Nun aber hingen sie müde in ihren Sätteln, und besonders der Große, Kräftige machte den Eindruck, als ob er sich kaum noch auf seinem Pferd halten konnte. Doch war diese Art zu sitzen – oder auch zu gehen – lediglich die besondere Weise, in der er sich entspannte; und der kundige Leser weiß von unzähligen Situationen der letzten Jahre, wie dieser Hüne sich im Nu in einen Herakles verwandeln konnte, wenn die Lage dies erforderte.

Sie gehörten zu den letzten, die sich noch um diese Zeit der Stadt näherten.

»Wir sollten uns etwas beeilen, Sohn aus Theben!«

»Warum denn das?« fragte, nein – knurrte Alexander zurück, ohne seine lässige Haltung zu verändern.

»Weil es sein könnte, daß der liebe Optio* seinen Jungs die Weisung gibt, das Tor pünktlich bei Sonnenuntergang zu schließen.«

»Lächerhaft!« grunzte Alexander. »Wie kann dieser lächerhafte Optio es wagen, uns – uns beiden! – das Törchen da vor der Nase als solche! Er wird wissen, mit wem er es zu tun hat!«

»Ich auch«, sagte Archelaos.

»Wie?« Plötzlich saß er sehr gerade und blickte zu seinem Freund hinüber, der weiter nach vorne schaute. »Wenn du mich beleidigen willst, kannst du unbedingt haben! – Ts! Sitzt da auf einem Pferd wie ein Schluck Wasser in der Kurve! Muß aber große Reden an sich halten! Sollte verboten werden!«

»Was?«

»Solche haarstreuenden Reden!«

»Wer redet denn? Ich vielleicht?«

»Wie? Auch noch frech werden, wie? Nicht mit mir! Nicht hier

* *Optio:* Adjutant eines höheren Magistrats mit polizeilichen Funktionen.

und heute! Nicht an diesem lausigen Abend! Verbiete mir derlei... derlei...«
»Jaja, schon gut...«
»Wie? Warum?«
»Weil ich dir gleich noch bei Asconius eine göttliche Erbsensuppe spendiere.«
»Mit Speck?«
»Sicher.«
Das nun schon seit Jahren gepflegte Ritual wirkte auf der Stelle. Das Gespräch verstummte – fürs erste. Alexander war besänftigt, und das zeigte sich darin, daß er etwas vor sich hin pfiff. Archelaos, der die Weise kannte – der Sohn aus Theben pfiff immer die gleiche –, suchte die musikalische Darbietung zu überhören.
Doch da hielt Alexander mit dem Pfeifen inne und begann: »Archelaos?«
»Ja, mein Junge?«
»Was schenkst du?«
»Wem?«
»Dem Herrn!«
»Du meinst zum Geburtstag?«
»Ich meine es. Also?«
»Hm... Ich weiß nicht. Aber er hat doch erst vor drei Wochen Geburtstag gehabt!«
»Eben! Man muß fortan in diesen Dingen vorausdenken. Es sei denn...«
»Ja?«
»... man vergißt es.«
Archelaos enthielt sich nun eines Kommentars, da er zu einem endlosen Streitgespräch geführt hätte. Statt dessen wechselte er das Thema: »Ich bin froh, wenn der Herr in drei Monaten sein Amt niederlegt.«
»Du sagst es! Man kriegt kein Bein mehr auf die Erde, dergestalt diese als solche verunsichert. Und dauernd schickt er uns in der Gegend herum. Nicht wahr, Archelaos?«
»Eben.«
»Und was ha'm wir davon?« Er beugte sich zur Seite und starrte den Freund mit weit aufgerissenen Augen an. »Nur Ärger! Dauernd sind wir unterwegs, um den Leuten auf die Finger zu gucken! Wenn wir wenigstens die Zwillinge dabeihätten! Könnten uns hübsch die Straße freiräumen. Nicht wahr, Archelaos?«

Er meinte die beiden Lictoren*, die dem Curulischen Aedilen** Gaius Volcatius Tullus bei seinen Stadtgängen stets ehrfurchtgebietend vorausgingen und die Leute veranlaßten, dem hohen Magistraten Platz zu machen, stehenzubleiben, sich zu verbeugen und darauf zu achten, daß jene, die der Witterung wegen einen Hut trugen, diesen ehrfürchtig lüfteten.
»Recht hast du!« nickte Archelaos.
»Und überhaupt die verdammte... die verdammte Hektik im Hause am Palatin! Egal, wann du nach Hause kommst, stets halten da irgendwelche zwielichtigen Brüder eine Volksversammlung ab! – Da war's am Caelius doch schöner! Ruhiger! Nicht wahr, Archelaos?«
»Du sagst es. Aber du kannst nicht alles haben. Du solltest stolz darauf sein, einem Herrn wie Gaius Volcatius dienen zu können.«
»Wie? Ich? Stolz?« – Er setzte sich kerzengerade und tönte: »Rom braucht solche Männer!« Dabei ließ er offen, ob mit dieser Wertung C. V. T. oder er selbst gemeint war. Auch hierzu schwieg Archelaos, dachte sich aber sein Teil, und ein feines Lächeln spielte um seine Mundwinkel.
Sie erreichten die Porta Esquilina, Archelaos grüßte einen Posten, den er kannte, während Alexander nur müde die Hand hob und ihm mit Zeige- und Mittelfinger und einem leichten Nicken zu erkennen gab, daß er des weiteren keine Ansprüche an ihn stelle. Sie folgten dem leicht abfallenden Clivus Suburanus, der sich nach einer halben Meile teilte: Rechts ging es zur Subura, in jenes dichtbevölkerte, von kleinen Gewerbetreibenden bewohnte und übel beleumundete Viertel, in dem es immer nach faulem Fisch, billigem Wein, Kot und Essig stank, erst recht an warmen Tagen und Abenden. Sie kannten es zur Genüge, weil es gerade hier immer wieder zu Streitereien zwischen den Bewohnern, ihren Sklaven und auch Fremden kam, die, sofern es sich um Delikte handelte, die das Gewerbe- und Handelsinteresse berührten, in die Kompetenz des Curulischen Aedilen Gaius Volcatius Tullus gehörten.
Sie hielten sich aber auf der Verlängerung des Clivus Suburanus, der hier in das Argiletum mündete, wo des Morgens die zahllosen

* *Lictor:* Amtsdiener der höheren Magistrate. Sie trugen diesen die *Fasces* voran – die Rutenbündel mit Richtbeil als Zeichen der Amtsgewalt römischer Beamter.

** siehe unter »Die Verfassung der Republik« im Anhang.

Buden der verschiedenen Handwerker und auch der Buchhändler aufgebaut waren. Längst war hier alles fortgeräumt, hinter Bretterverschlägen verstaut, hinter Eichentüren verschlossen, und nur der zahlreiche Unrat erinnerte daran, daß hier tagsüber das städtische Leben gleichsam aus den Nähten platzte. Morgen früh, vor Sonnenaufgang, würden Sklaven der hier ansässigen Händler und Handwerker mit Reisigbesen und versprühtem Wasser dem Schmutz und Staub zuleibe gehen. Jetzt war alles ruhig.
Sie erreichten das südöstliche Ende des Forums, sahen rechts die Gerüste an der Basilica Aemilia, die im privaten Auftrage des diesjährigen Consuls Lucius Aemilius Lepidus Paullus renoviert, verschönert und ausgebaut wurde. Paullus suchte damit sein Ansehen und die Gunst beim Volk zu vergrößern, wie es vor ihm schon Sulla mit dem Bau des Tabulariums, des Staatsarchivs zu Füßen des Capitols, getan hatte, wie es jüngst Pompeius mit der gigantischen Anlage seines Theaters samt gewaltiger *Porticus** und Garten auf dem Marsfeld erreichte und wie es als letzter nun auch Gaius Iulius Caesar anstrebte, indem er hinter der Curia ein gewaltiges Areal an Land zusammengekauft und mit der Planung eines neuen Forums längst begonnen hatte; nicht genug damit, hatte er auf der Südseite des Forums, der Aemilia gegenüber, die alte Basilica Sempronia fast ganz abreißen und mit einem vergrößerten Wiederaufbau beginnen lassen, der schon jetzt eine Monumentalität ahnen ließ, die jene der alten Gerichts- und Markthalle in den Schatten stellen würde.
Sie hielten sich schon auf der linken Straßenseite, weil sie bei der Einmündung in die Via Sacra – die Heilige Straße – gleich nach wenigen Schritten das Volcatische Haus am Palatin** erreichen würden.
Doch da stutzte Alexander, und auch Archelaos blieb stehen.
»Hm... Riecht zweifellos durchaus nach kleinen Hölzchen und Bälkchen, die munter vor sich hin brennen. Archelaos?!«
»Du sagst es, Thebaner.«
»... aber so, als sie nicht freiwillig vor sich hin bröseln!«
»Als ob! *Sic est!* – So ist es! Als ob da jemand mit einem hübschen Flämmchen nachgeholfen hat! Alexander?!«
»Durchaus, ja. Kenne das aus Gallien! Da brannte mal so ein gan-

* *Porticus:* Säulengang.
** siehe unter »C.V.T.s Haus am Fuße des Palatins« im Anhang.

zes Städtchen namens Avaricum ab. Waren aber selbst schuld an sich, diese gallischen Knaben. Hatten was dagegen, daß unsere Jungs über ihr Mäuerchen kletterten. Ha'm uns mit Feuerkügelchen eingedeckt, daß es eine wahre Freude war. Haben sie ihnen aber zurückgeworfen. Hatten das aber durchaus nicht so gerne. Wurde ja auch sehr heiß als solches.«

»Wem sagst du das! Waren ja beide dabei.«

Alexander nickte eifrig: »Wollten ja nur Gleiches mit Gleichem vergällen. – Komm, Pirat! Hier stinkt's gewaltig!«

Und er meinte das im doppelten Sinne. Sie waren im übrigen nicht die einzigen, denen der frische Brandgeruch in die Nase gestiegen war. Aus den Obergeschossen der Häuser reckten sich die Köpfe der Menschen, von Kindern, von griesgrämigen Männern und Greisen. Jeder fragte jeden, doch alle wußten nichts Genaues.

Alexander und Archelaos ritten im Schritt weiter, dem Brandgeruch nach. Er schien aus einer Seitengasse beim Forum zu kommen. Nein, es war noch weiter entfernt, als sie dachten.

»Widerlich!« bemerkte Archelaos und hustete. Sie hatten mittlerweile beide Basiliken passiert und das Comitium, den Versammlungsplatz des Volkes, erreicht.

»Links!« rief Archelaos. »Es kommt aus dem Velabrum!«

Sie ritten zurück, erreichten den Vicus Tuscus, der zum Forum Boarium führte, und sahen die Ursache des aufdringlichen Brandgeruches: Etwa hundert Schritt weiter hatte sich eine Menge neugieriger Gaffer versammelt und blockierte die ganze Breite des Vicus. Natürlich machte niemand Platz, als die beiden Reiter heran waren. Alexander und Archelaos ließen auch zunächst nur ihre Blicke schweifen – und erfaßten eine infernalische Szene. Da brannte auf der rechten Straßenseite ein ganzer Gebäudekomplex nieder, ein vierstöckiges Haus, und man erkannte mit einem Blick, daß da nicht mehr viel zu retten war.

»Beim Styx*!« rief Archelaos und beugte sich im Sattel vor.

»Was hast du, mein Junge?« rief Alexander gegen das Knistern der Flammen und beugte sich zu Archelaos hinüber, in dessen Gesicht sich die Glut der berstenden, sprühenden und zerfallenden Deckenbalken, Sparren, Bretter und Latten in wildem Lichtertanz spiegelte.

* *Styx:* bei Homer Fluß der Unterwelt, der oftmals bei Schwüren angerufen wird. Das Wasser war für Menschen und Tiere tödlich.

»Weißt du, wem das Haus hier gehört!?« rief Archelaos.
Er mußte den Ruf gegen das Bersten und Krachen wiederholen, ehe der Freund verstand.
»Kann mich als solches nicht erinnern«, gab der zurück. Und Archelaos, die Hand wie ein Schalltrichter am Mund, rief: »Nicomachus!«
»Wie?«
»Nicomachus! Der vornehme Tuchhändler!«
»Hasse vornehme Tuchhändler!«
»Dein gutes Recht! Aber es ist der Laden und das Haus von Nicomachus dem Tuchhändler!«
»Sein gutes Recht!«
Schon während dieses lauthals gebrüllten Dialogs hatte Alexander mit flinkem Auge das Tun und Treiben der verschiedenen Leute beobachtet, und es schien ihm, als ob er drei Gruppen ausmachen könne: Eine war intensiv mit Löschen beschäftigt, Männer schleppten Amphoren, Krüge und sonstige Behälter mit Wasser und suchten damit des Feuers Herr zu werden; eine zweite kämpfte verzweifelt gegen die Flammen an und versuchte, was an Mobiliar im Untergeschoß noch zu retten war, herauszuholen; die dritte Gruppe war die größte – es waren diese Gaffer, die tatenlos umherstanden und, sei es gelähmt, sei es gierig, dem tödlichen Spiel der Flammen passiv zuschauten.
Und dann bemerkte Alexander noch etwas: Er sah, wie da zwei Burschen, deren Gesichter von Ruß geschwärzt waren, sich sehr tolpatschig beim Transport der Behälter anstellten, denn in ihrer Nähe barsten hier eine Amphore, dort ein Krug, weil sie den Trägern abrupt in den Arm gefallen waren, so als ob sie stolperten. Doch Alexander hatte sehr wohl gesehen, daß dieses Stolpern gekünstelt war.
Alexander sprang vom Pferd, warf Archelaos die Zügel zu und drängte sich durch die Gaffer nach vorne. Jemand reichte ihm mit der größten Selbstverständlichkeit eine Amphore, Alexander griff sie und machte sich damit auf den Weg zum Eingang von Nicomachus' Laden. Er hatte den halben Weg zurückgelegt, als ihm ebendieser Mensch mit dem unkenntlichen Gesicht in den Weg trat und, nachdem er so tat, als ob er stolperte, auf Alexander zufiel. Doch hatte dieser damit gerechnet und konnte den Stoß des fallenden Körpers auffangen, so daß er selbst nicht strauchelte, vielmehr dem Mann einen derben Stoß mit der Hüfte und der Amphore ver-

setzte, so daß jener rücklings zu Boden ging. Dabei beobachtete Alexander genau seine Augen. Sie zogen sich blitzschnell zusammen und schienen Alexander zu mustern, einzuordnen, abzuschätzen, kamen aber wohl zu keinem Ergebnis. Er war sehr schnell wieder auf den Beinen und machte sich nun verbal an den Sohn aus Theben heran: »Kannst du Esel nicht aufpassen?«
Das hätte er nicht sagen dürfen, denn er hatte den Satz kaum beendet, als Alexander den Krug einem anderen weiterreichte, der ihn auch sogleich forttrug, dann den Burschen mit eisernem Griff am Oberarm packte und vor sich hinstellte. Dann nahm er kurz Maß, wippte zweimal locker auf den Zehen und versetzte ihm in unwahrscheinlich schneller Folge eine Ohrfeige, einen Schlag in den Magen und einen Tritt gegen das Schienbein, daß der Bursche so schnell weder mit den Augen noch mit seinem Verstand folgen konnte, denn als er wieder zu sich kam, saß er neben dem Eingang auf dem nassen, vom Löschwasser schlammigen Boden. Alexander schüttete einen Krug Wasser über ihm aus – »Das ist gut gegen den Durst!« –, beugte sich vor, riß ihn nach oben und erkundigte sich: »Noch Fragen?«
Der Fremde stierte ihn nur wie betrunken aus weit geöffneten Augen an.
»Na, dann eben nicht... Herhören!« Das tönte sogar über das Prasseln hinweg, und die ganze Umgebung lauschte der folgenden Aussage zur Person: »Du hattest die durchausige Ehre mit Alexandros Volcatianos Tullos, Sohn des Alexandros aus Theben, Freund des Gallischen Krieges und Feind aller Großmäuler, insbesondere angesichts solcher Meere von Flammen! Herhören! Nimm deine wackligen Beinchen in die Hand und verschwinde! So dir dein Leben nicht aus Versehen abhanden kommen soll! Und jetzt verschwinde!«
Flink wie ein Wiesel suchte der Bursche das Weite, und Alexander sah, wie ihm ein zweiter, wahrscheinlich der, den er eben schon gesehen, eifrig folgte.
»Na also!« Er klopfte sich den Schmutz von den Händen und nahm dem nächsten, der ihm entgegenkam, die Amphore aus der Hand. »So mußt du mit diesen Halunken reden!«
Der Amphorenträger nickte. Er schien am Ende seiner Kraft. Alexander starrte das rußverschmierte Gesicht an und stutzte: »Nicomachus?! Beim Mercurius! Solltest bei deinem Leisten bleiben und feine Tuniken nähen, Mann!« Er setzte die Amphore ab

und musterte sein Gegenüber. Nicomachus nickte abwesend. Er atmete schwer, zitterte am ganzen Körper.
»Warum nur!« Er begann zu weinen, zu schluchzen. »Warum nur mir?! Was habe ich ihnen denn getan!?« Er weinte, und die Tränen bildeten durch den Ruß schlierenartige Rinnen auf den Wangen.
»Wem?« fragte Alexander zurück. »Wem hast du was getan?«
»Den... den...« Nicomachus ruderte mit der Hand in der Luft, suchte nach Worten, und dann stieß er hervor: »Den... den Göttern! Den Göttern!« Er schluchzte wieder.
Alexander rüttelte ihn. Der Händler ließ alles mit sich machen.
»Ist da noch jemand drin?« schrie Alexander ihm zu.
»Ja.«
»Wer?«
»Der Meister der Näher!«
»Wo?«
»Ich... irgendwo... ich weiß es nicht...«
Alexander ließ den Mann mit der Amphore stehen, nahm dem nächsten Träger den Krug aus der Hand und schüttelte sich das Wasser über die Kleidung. Dann griff er von dem Stapel Tücher, die man gerettet hatte, ein Stück, tauchte es in Wasser, hielt es sich vor Mund und Nase, wollte hinein, als er unvermittelt Archelaos' Stimme neben sich hörte: »Du mußt langsam gehen. Keine Hast! Das kostet Luft!«
Alexander blickte zur Seite und sah den Freund neben sich, ebenfalls mit einem Tuch vor dem Gesicht und in nasser Kleidung.
»Wer hat die Pferde?«
»Nicomachus!«
»Gut! Komm, Pirat!«
Sie gingen auf den Eingang zu, aus dessen oberem Teil dunkler schwarzer Rauch um den Türsturz quoll und vom Sog des Feuers der oberen Stockwerke in die Höhe gerissen wurde. Immer neue Wolken folgten nach.
Sie kannten die Räume im Untergeschoß gut, da sie sich seit über einem Jahr ihre Kleidungsstücke nur noch von Nicomachus, einem der besten, elegantesten und darum auch teuersten Schneider von Rom, anfertigen ließen. Seine Sklaven und freien Gesellen saßen bei Tage hier, in diesem schlauchartigen Gang, bei der Arbeit, während sich in den Nebenräumen verschiedene Lager und Werkstätten befanden. Da sie ihre Körper und Tuniken genäßt hatten,

war die Hitze hier unten, wo der Sog des Feuers Frischluft von draußen anzog, gerade noch erträglich. So schnell sie konnten, eilten sie von Raum zu Raum und warfen in jeden einen kurzen Blick hinein. Im Schein der brennenden Truhen, Regale, Teppiche und Stoffe waren alle Details zu erkennen: Sie sahen, daß die Decke zum Obergeschoß aus steinernen Gewölben bestand, die wohl dem Druck der von den oberen Stockwerken stürzenden brennenden Hölzer und auch dem Gewicht der eingefallenen Mauerteile standhalten würden. In keinem der Räume fanden sie einen Menschen, sei er nun tot oder lebendig.
»Komm!« rief Alexander. Sie stürzten auf den mittleren Gang und suchten die Treppe nach oben, von der sie hofften, daß sie aus Stein errichtet war. Und so war es auch. Auf schräg gemauertem, einem schiefen *Aquaeductus* gleichenden Gewölbe, stieg sie in schönem Schwung nach oben. Da hier keine Flammen tobten, erreichten sie die Höhe des Bodens vom ersten Stockwerk, und hier hatten die infernalischen Geister ganze Arbeit geleistet. Sämtliche Holzdecken der Obergeschosse waren zerstört, verbrannt, gestürzt, die Reste – und das war immer noch eine Masse an Holz – lagen zuhauf in chaotischem Durcheinander auf dem steinernen Boden, zum Teil brennend, zum Teil bereits zu Asche zerfallen, manche auch unversehrt.
Hier war kein Durchkommen, die Hitze war tödlich. Außerdem bestand die Gefahr, von herabstürzenden Mauerteilen und brennenden Balken erschlagen zu werden. So stierten sie nur schwer atmend in das Wirrwarr. Und da sahen sie es! Mitten darin lag etwas Längliches, Dunkles, Verkohltes. Dieses Etwas hatte nur noch entfernt Ähnlichkeit mit einem Menschen. Es zeigte sich nur noch in der vagen Form aus *Corpus*, Kopf und Extremitäten. Sie blickten sich mit zusammengepreßten Lippen an. Hier war nichts mehr zu retten. Wortlos machten sie sich auf den Rückweg, waren froh, die kühle Abendluft in sich saugen zu können, als sie die Straße erreicht hatten.
Alle da draußen starrten sie an, so als ob sie dem Hades* entstiegen waren, folgten ihnen mit den Blicken, machten Platz, als sie sich zu Nicomachus hin bewegten, der – die Zügel beider Pferde in der unruhigen Hand – sie erwartete.
Alexander maß ihn mit langem Blick und sagte dann: »Herhören!

* *Hades:* Unterwelt.

Wohnte da oben ein Sterblicher, bevor diese elende Hütte ein Raub der Flammen?«
Sie nahmen dem Meister die Zügel ab und erwarteten die Antwort.
»Ja.«
Von den Seiten her hatten sich Neugierige genähert, hielten die Köpfe schief, um sich kein Wort entgehen zu lassen, und Alexander mußte sie zurückdrängen.
»Wer?« fragte Archelaos.
»Glaukos.«
»Aha!« stellte Alexander fest. Es klang drohend, und alles horchte auf. »Herhören! Und was war Anbetracht dessen die göttliche Aufgabe dieses Glaukos als solchem, als er noch sterblich war?«
»Bitte? Wie?... Was?« Nicomachus verstand nicht gleich, und Archelaos mußte ihm den Inhalt der eindeutigen Frage erklären.
»Was soll das?« rief Nicomachus entsetzt. »... als er noch sterblich?!... Soll das etwa heißen, daß er... daß er...« Mit weit aufgerissenen Augen blickte er abwechselnd Alexander und Archelaos an, warf dann einen langen Blick nach oben, zu den Fenstern des ersten Stocks, aus denen jetzt nur noch weißgrauer Rauch stieg.
»Ist er etwa da oben? Ja, aber warum denn... Glaukos!? Mein lieber Glaukos!« Er weinte bitterlich, und seine Trauer übertrug sich auf zahlreiche der Zuschauer, die anscheinend den Genannten kannten, sich nun über die Augen strichen, schnäuzten und die zugleich alles zu erhaschen suchten, was des weiteren hier noch gesprochen werden könnte: Sie hingen am Gesicht und an den Lippen von Alexander, Archelaos und Nicomachus – und die Freunde wurden wieder einmal mehr an eine glotzende Hammelherde hinter dem Zaun erinnert, die in tumber Neugier auf alles achtete und nichts begriff.
Mittlerweile hatten sich Nachbarn genähert, suchten Nicomachus zu trösten und führten ihn hinweg in eines der folgenden Häuser. Er ließ alles mit sich machen.
Das Haus des Tuchhändlers war gänzlich zerstört. Man achtete nun darauf, die rechts und links anschließenden Gebäude zu retten, was schließlich gelang, da man die Speicher und Dächer immer wieder kübelweise mit Wasser einfeuchtete.
»Ein Glück, daß das Haus ganz aus Stein gemauert ist!« sagte in der Nähe ein alter Mann.

»Welches Haus?« fragte Archelaos.
»Na, das von Nicomachus! Es steht schon lange, ist älter als die Häuser rechts und links.«
Sie blickten nach oben und nickten. Die anschließenden Häuser waren im oberen Teil halb aus Holz, halb aus füllendem Ziegelmauerwerk errichtet, und sie ständen nicht mehr, falls das Haus des Tuchhändlers in gleicher Art errichtet worden wäre.
»Wohnst du hier?«
»Ja, gleich nebenan. Im zweiten Stock.«
»Name!« bellte Alexander und reckte sich.
»Kerasos.«
»Soll wohl 'n Witz sein, he!« brummte Alexander, denn das Wort bedeutete »Kirsche«.
Doch der Alte lächelte milde. »Wenn du meinst...«
»Wie? Herhören! Scheinst immer noch nicht als solches begriffen, mit wem du die durchausige Ehre an sich! Werde dich lehren, wie man...«
Da stieß Archelaos ihn an, und tatsächlich hielt der Freund an sich, murmelte jedoch etwas Unverständliches vor sich hin.
Archelaos aber nickte dem Mann freundlich zu, und dieser erklärte: »Ich stamme aus der Stadt Kerasos am Pontos Euxeinos*.«
»Schöne Stadt!« lobte Alexander, um den Anschluß wieder zu bekommen.
Dann befahl er: »Nun sprich und sag an, Kirschbaum: Wie entstand das Feuer als solches?«
»Hm...« Kerasos rieb sich das Kinn und dachte nach, den Blick auf die Reste der Flammen und in die Glut gerichtet. »Wenn du ein solches Haus, fest gemauert und mit Gewölben als Decke, in Brand stecken willst, dann mußt du dich schon gewaltig anstrengen.«
Die Freunde blickten sich kurz an, dann fragte Archelaos: »Willst du damit sagen, daß dieses Haus angezündet worden ist?«
»Genau das! Wie erklärt ihr euch sonst, daß ausgerechnet unter den Gewölben, hier im Erdgeschoß, die Flammen so wüteten?«
Die Freunde nickten langsam. Dann gab Alexander dem Mann ein Zeichen, ihm einige Schritte zur Seite zu folgen, wo sie nicht von den Neugierigen belästigt werden konnten; außerdem waren die

* *Pontos Euxeinos:* Schwarzes Meer. Die römische Schreibweise ist *Pontus Euxinus.*

Pferde wegen der Nähe der Brandstelle allmählich unruhig geworden.
Längst hatte die Dämmerung eingesetzt, und das Licht der Flammen, die auf den Gewölben über dem Erdgeschoß immer noch Nahrung in gestürzten Balken fanden, war nun heller als das des schwindenden Tages.
Archelaos stieß den Freund an und gab ihm ein Zeichen zu schweigen, worauf Alexander sein »Na, dann eben nicht...« brummte, aber die Schultern oben behielt.
»Was bist du von Beruf, Kerasos?« fuhr Archelaos mit seinen Fragen höflich fort, denn er hatte schon nach den ersten Antworten des Mannes gemerkt, daß er, falls er Sklave war – sein Name konnte dies bedeuten: der Mann aus der Stadt Kerasos –, mit subtileren Dingen zu tun haben mußte.
»Nun«, lächelte Kerasos. »Ich bin *Scriba,* Schreiber.«
»Ach!«
»Ja, warum denn nicht?« lächelte Kerasos.
»*Scilicet* – natürlich«, meinte Archelaos. »Bist du in Diensten der Stadt?«
»Nein. Ich bin weder fest bedienstet noch unfrei!« Er sagte es mit einem gewissen Stolz und hob dabei den Kopf.
»Was dann?« fragte Archelaos.
»Ich bin mein eigener Herr. Ich schreibe für jeden, der bezahlt, verstehst du?«
»Verstehe.«
»Herhören!« schaltete sich Alexander ein. »Schätze, daß der liebe Kerasos uns noch eine durchausige Menge als solche zu erzählen hat. Was hältst du davon, wenn wir ihn zu einer göttlichen Erbsensuppe mit Speck einladen?«
»Sehr viel, Thebaner! Bei Asconius?«
»Bei Asconius!«
Mittlerweile waren einige der bei Nicomachus arbeitenden Leute eingetroffen, und einer wandte sich an Alexander: »Verzeih, edler Alexandros!«
»Dir immer! Hervorragend! Nicht wahr, Archelaos!«
»Du sagst es.«
Nun wandte sich der Sohn aus Theben dem Sklaven zu: »Was ist, mein Junge?«
Der Sklave – er mochte um die Dreißig sein – machte ein zu Tode erschrockenes Gesicht. Er mußte zweimal schlucken, ehe er wei-

tersprechen konnte: »Weißt du, ob... ich meine, die Leute hier sagen, ihr wäret in dem Haus gewesen...«
»Ja, und?« fragte Archelaos.
»Habt ihr... Glaukos! Habt ihr ihn...«
»Ja«, sagte Alexander. »Wir haben ihn gefunden...« Er beschrieb ihm mit wenigen Worten die Umstände und den Zustand des Toten. Er hatte den letzten Satz noch nicht beendet, als der Sklave vor ihm lauthals zu schluchzen begann. Betroffen schwiegen die Freunde, und auch der Schreiber Kerasos hatte keinen Trost für den Mann, der allem Anschein nach seinen besten Freund verloren hatte. So ließen sie ihn weinend gehen. Sie selbst wandten sich ebenso schweigend den Pferden zu und machten sich auf den Weg zu Asconius.

2

Wir haben den Asconius und sein Etablissement nun schon mehrmals kennengelernt und ausführlich beschrieben, so daß wir uns hier auf das Wesentliche beschränken können, um das Vorherige in lebhaftere Erinnerung zu rufen.
Asconius war ein Mann, der, aus dem Nichts römischer Namenloser kommend, es über die Zwischenstation einer billig anbietenden Garküche mit *Thermopolion* – einer Theke mit heißen Getränken – zum Besitzer eines mittlerweile hochfeinen Speise- und Trinklokals gebracht hatte, in dem fast nur noch Angehörige der Oberschicht verkehrten, weil die Preise für die verschiedenen exotischen Speisen – wie Muräne mit Pilzen, Flamingoschenkel und anderes – für einen normalen Sterblichen nicht mehr erreichbar waren. Hatte er vor zwei Jahren das ganze Lokal mit Marmor auskleiden und geschmackvoll ausmalen lassen – worauf sich der Preis für einen Falerner* prompt vervierfachte –, so hatte er im letzten Jahr nach hinten heraus ein heimeliges Gartenrestaurant mit Lauben und Rankenwerk angelegt und die Räume des Obergeschosses gründlich überarbeiten und renovieren lassen. Und in diesem Jahr trug er sich mit dem Gedanken, noch einen Gebäudekomplex für größere Gesellschaften anbauen zu lassen.

* *Falerner:* häufig getrunkener Wein aus der Campania.

Im übrigen hatte er sich in verschiedenen Vierteln eingekauft und betrieb in der ganzen Stadt eine Kette von *Thermopolia,* die den gewünschten Erfolg bald überschritten, da er größten Wert auf das Können seiner Köche, auf die Sauberkeit der Einrichtung und die Freundlichkeit seiner Bedienung legte. Und in diesen Lokalen, wo man für wenig Geld satt werden konnte, brachte die Menge der Kunden den Verdienst.

Er selbst freilich blieb in diesem Hause, wenige Schritte von der Abzweigung des Clivus Scauri zum Caelius, und residierte hier wie ein König. Zu den wenigen alten Stammkunden, die – aufgrund ihrer finanziellen Potenz – ihm treu geblieben waren, gehörten Alexander und Archelaos, da sie selbst in der gleichen Zeit vom abhängigen Sklaven zum erfolgreich agierenden, sich selbst verantwortlichen *Libertus,* dem Freigelassenen, der Volcatier avanciert waren.

Dennoch legte Alexander – wie wir schon öfters erlebt haben – größten Wert auf das, was er unter altrömischen Werten verstand: preiswerte Erbsensuppe mit Speck plus nicht zu teuren Falerner von mindestens drei Jahren Alter. Was er nicht wußte: Asconius, der vor niemandem mehr Respekt hatte als vor Alexander, hatte der Bedienung eingeschärft, den »Freund des Gallischen Krieges« wie den »König von Ägypten« zu behandeln, ihm jeden Wunsch von den Lippen zu lesen, ihm nie – bei ihrem Leben! – einen Grund zur Nörgelei zu geben und – das wichtigste! – von allen Angeboten stets ein Drittel im Preis herunterzugehen.

Als die drei – Alexander, Archelaos und Kerasos – endlich an einem freien Tisch saßen, kam denn auch sogleich Asconius in eigener Person, um sich nach dem Befinden und den Wünschen seiner hochwohlgeborenen Gäste zu erkundigen. Der wirtschaftliche Erfolg seiner Lokale und Herbergen fand besonders Ausdruck in den, nun – man mußte schon sagen: in den Jahresringen seines Bauches; der stand so weit über, daß Asconius seine Zehenspitzen kaum noch eigenen Auges sehen konnte.

Mit ausgebreiteten Armen kam er auf den Tisch zu, seine roten Bäckchen schlenkerten bei jedem Schritt, das ganze Gesicht schien Wohlwollen und Freude.

»Ah! Welch ein Tag!« begann er. »Der edle Alexandros Volcatianos mit dem edlen Archelaos, Sohn des Archelaos!«

»Sag das noch mal!« donnerte Alexander ihn an, überrascht, daß Archelaos nun der Sohn des Archelaos sein sollte.

»Wie?« Schon zuckte es erschrocken um die fetten Mundwinkel, und Asconius hielt vorsorglich einen gewissen Abstand zu dem Sohn aus Theben ein, um nicht in die Reichweite von dessen muskulösen Armen zu gelangen.
»Herhören! Kann mich als solcher nicht entsinnen, Sohn eines gewissen Archelaos, Sohn des Archelaos! Verstanden? Fortan und ansonsten stets noch immer ›Archelaos, Sohn des Piraten‹! Hüte deine Zunge, daß du seine tapferen Vor- und Nachfahren hier und heute in Frage stellst, dergestalt du aus einem tapferen Piraten einen feigen Patrizier machst! Haltung, Mann! Dissiplin! Piraterie! Das waren Männer! Rom braucht sie! Wegtreten!«
»Wie?« Asconius beugte sich vor, wie stets aufs neue verwirrt von den barocken Windungen solcher Alexandrinischer Regungen und Kausalitäten, die einem Sophisten zur Zeit der Vorsokratiker zur Ehre gereicht hätten.
»Ich... ich... ich... ich wollte doch nur...«, stotterte der Wirt und putzte sich mit der Serviette über die Stirn.
»Ich auch!« grollte Alexander. »Das übliche! Mit Speck! Drei Portionen. Und dazu einen dreijährigen Falerner!«
»Sehr wohl. Einen dreijährigen...« Er ging, hielt nach fünf Schritten inne und fragte: »Darf es auch ein vierjähriger sein?«
»Sicher. Wenn er dasselbe kostet wie ein dreijähriger.«
»Selbstverständlich. Ein vierjähriger als dreijähriger.« Er trippelte davon, mit den Lippen den Verlust überschlagend und die Zahlen tonlos vor sich hin murmelnd. Alexander aber wandte sich Kerasos zu: »So mußt du mit diesen Brüdern reden, daß es eine wahre Freude ist. Nicht wahr, Archelaos!«
»*Sic est.* – So ist es. *Et gratias ago.* – Und ich danke dir.«
»Wofür?«
»Das war das erste Mal, daß jemand in Rom öffentlich meine Vorfahren, die Piraten von Kilikien, gelobt hat. Das Essen geht auf meine Rechnung!«
»Ich danke dir.«
»Ich nehme den Dank an.«
Kerasos, der diesem verrückten Dialog, dieser ganz unglaublichen Art und Weise von Rede und Gegenrede gefolgt war, der dabei höchst erstaunt den Kopf von einem Sprecher zum anderen gewandt hatte, der außerdem feststellte, daß dieser allem Anschein nach potente Wirt keinen Einspruch wagte, als er – so sah es Kerasos – hier in seinem eigenen Lokal verschaukelt wurde – kurz, Ke-

rasos wußte mit einemmal nicht mehr so recht, was er von den beiden zu halten hatte, die sich übrigens auch nicht im geringsten dadurch gestört fühlten, daß einige Gäste an anderen Tischen hinter der Hand flüsterten und mit den Fingern herüberwiesen, tuschelten und kicherten.
Vielmehr wurde Alexanders Gesicht nun sehr ernst, er wandte sich beinahe gravitätisch an Kerasos und begann: »Nun erzähl uns mal immer wieder, wie es zu diesem zweifellos hübschen Feuerchen an sich gekommen.«
»*Bene*, da gibt's nicht viel zu erzählen. Das Haus brannte auf einmal.«
»Wann?«
»Heute abend.«
»Wann?«
»Ich sagte: Heute abend.«
»Wann?«
»Bitte?« Entgeistert starrte Kerasos Alexander, dann hilfesuchend den Archelaos an, und dieser erklärte seelenruhig: »Der edle Alexandros möchte wissen, ob diese elende Behausung schon zur zweiten, zur dritten oder vierten Nachtwache* oder zu welcher sonstigen Stunde in Flammen aufging.«
»Ach sooo! – Na, ich schätze, so gegen die elfte Stunde.«
»Warum?« fragte Alexander.
»Wie? – Was weiß ich!?«
»Warum nicht?«
»Wie? – Weil... weil ich... Verdammt noch mal, du stellst komische Fragen!« Er schien beleidigt.
»Herhören! Ob diese durchausigen Fragen als solche komisch, entscheide ich! V'standen?!«
Kerasos schüttelte leicht den Kopf und nahm sich vor, von nun an vorsichtiger mit seinen Antworten zu sein, da man ihm von klein auf eingeschärft hatte, mit Irren sehr vorsichtig umzugehen und ihnen stets und in allem zu Willen zu sein.
Da kam Heraklius, einer der ersten Bediensteten des Asconius, mit der Suppe und dem Falerner. Wortlos stellte er alles auf den Tisch, legte akkurat die Löffel neben die kleinen Schüsseln, stellte die Karaffe Wein daneben, darum herum drei Becher, trat dann einen ganzen Schritt zurück und verbeugte sich sehr tief vor Alexander

* siehe unter »Tageseinteilung« im Anhang.

und Archelaos. Wieder traute Kerasos kaum seinen Augen, und seine Verwirrung stieg.
»Habe ich an alles gedacht, Herr?« wandte sich Heraklius an Alexander, und die Frage war schon eine halbe Selbstanklage.
»Das Brot noch, mein lieber Junge. Das Brot.«
»Sehr wohl. Das Brot.«
Während er das Gewünschte holen ging, traten drei Knaben mit Wasser in Schüsselchen und Tüchern heran, und die Gäste wuschen sich ihre Finger, Alexander und Archelaos auch die Gesichter. Danach gab Archelaos jedem der drei ein kleines Trinkgeld, und sie zogen sich unter Verbeugungen zurück. Und als dann endlich das Weißbrot kam, machten sie sich über die Suppe her, und binnen kurzem war die große Schüssel in der Mitte des Tisches leer, denn Alexander hatte gleich drei Portionen zu sich genommen. Als dann abgeräumt war und nur noch Karaffe und Becher auf dem Tisch standen, konnte Archelaos endlich fortsetzen.
»Wo war der edle Nicomachus zur selbigen Stunde?«
»In seinem Hause, denke ich.«
»So!« – Es klang drohend. »Und warum wohnt er nicht in der elenden Hütte?«
»Was weiß ich. Ist ihm wohl zu unruhig.«
»Wo wohnt er denn?« fragte Archelaos.
»Auf dem Cispius.«
»Soso. Oben oder unten?«
»Oben.«
Das hieß also, daß Nicomachus sich zwischen den Etablierten, den Senatoren* und Rittern**, niedergelassen hatte, denn unten waren ja die Quartiere der Armen und der Proleten.
»Wer hat ihm Bescheid gegeben, daß es in seinem Laden und der Werkstatt brannte?«
»Keine Ahnung.«
»Hm...« Archelaos überlegte, und Alexander unterbrach ihn nicht, da er wußte, wie systematisch sein Freund in solchen Fällen mit seinen Fragen, Feststellungen und Ermunterungen vorging.

* *Senator:* Angehöriger des Senats; siehe auch unter »Die Verfassung der Republik« im Anhang.

** Der römische *Ritterstand* galt nach den Senatoren als zweiter Stand im römischen Staate. Es wurde nur derjenige in den Ritterstand aufgenommen, dessen Vermögen sich auf 300000 Sesterzen belief. Die Ritter betrieben hauptsächlich Handels- und Kapitalgeschäfte in großem Ausmaße.

»Waren Laden und Werkstatt schon geschlossen?«
»Ja, sicher. Der Hauptbetrieb ist morgens, gleich nach Sonnenaufgang. Das geht dann so bis gegen die sechste Stunde. Danach ist nur noch wenig los. Na, und so gegen die achte oder neunte Stunde macht er dann den Laden dicht.«
»Wie?« fragte Archelaos.
»Na, wie alle reichen Ladenbesitzer. Er schließt die Tür mit mindestens zwei Schlössern.«
Archelaos nickte in Gedanken. »War jemand im Hause? Ich meine, wohnt jemand im Hause?«
»Wohnen? Wohnen eigentlich nicht.«
»Wie meinst du das?«
»Na, weil das ganze Haus von unten bis oben als Lager für die Stoffe dient.«
»Die kann er ja als solche immer mal wieder vergessen«, warf Alexander ein.
»So ist es«, pflichtete Kerasos bei.
»Aber«, Archelaos zwinkerte mehrmals, »wie kam dann dieser Glaukos ins Haus?«
»Ach, der Glaukos!« nickte Kerasos eifrig.
»Ja«, ermunterte Archelaos ihn. »Was ist das für ein Mann – ich meine, was war das für ein...«
»Glaukos? – Er war sozusagen das Mädchen für alles, wie man so sagt.«
»War Nicomachus mit ihm näher bekannt? Kann man sagen, daß die beiden Freunde waren?«
Ohne zu zögern, kam die Antwort: »Ja, das kann man ohne weiteres sagen.«
»Ist Nicomachus verheiratet?«
»Ja. Und sogar sehr glücklich.«
»Kinder?«
»Ja, drei. Zwei Töchter und ein Sohn.«
»Alter?«
»Hm, der Junge müßte... na, er ist wohl Anfang Zwanzig, die Töchter so zwischen fünfzehn und zwanzig.«
»Verheiratet?«
»Eine, die ältere.«
»Mit wem?«
»Mit einem Ritter.«
»Kenne ich ihn?«

»Möglich. Asonius.
»Hm... Und die jüngste?«
»Nicht verheiratet. Aber es dürfte Nicomachus wohl nicht schwerfallen, sie an den Mann zu bringen.«
»Verstehe.«
»Hat Nicomachus Feinde?«
»Sicher. Wer so reich ist, hat immer Feinde. Habt ihr keine? – Oh, Verzeihung!«
Die beiden Freunde preßten die Lippen zusammen und lächelten sich an, dann tönte Alexander: »Herhören! Ob wir Feinde als solche, tut dieserhalben an sich überhaupt nichts zur Sache. Suche mir unsere Feinde selbst aus, verstanden?«
»Oh, ich wollte dich nicht beleidigen.«
»Schade.«
»Bitte?«
»Wenn du mich beleidigen willst, kannst du haben!«
»Aber ich will dich doch nicht beleidigen!«
»Und ich sagte: Schade!« Und nach einer kleinen Pause meinte der Thebaner: »Na, dann eben nicht...« Aber er behielt die Schultern oben.
»Aber nun sag an, Freund«, nahm Archelaos den Faden wieder auf. »Wie erklärst du dir das Feuer?«
»Nun, wenn es Winter wäre, würde ich sagen: Da ist dem lieben Glaukos ein Kohlebecken umgefallen, und die glühenden Kohlen sind durch das Zimmer gerollt. Aber wir haben noch Spätsommer, warme Tage, da heizt niemand...«
»Also?«
»Wenn du mich fragst...«
»Wir fragen!« grollte Alexander.
»...dann handelt es sich hier zweifelsfrei um Brandstiftung.«
»Wieso an sich freien Zweifels?« fragte Alexander.
»Weil du dich schon sehr anstrengen mußt, ein ganzes, fest auf steinernem Fundament stehendes Haus in Brand zu stecken, daß es vom Erdgeschoß bis zum Speicher lichterloh brennt!«
»Hm... Aber eines verstehe ich nicht«, sagte Archelaos leise und schaute Kerasos interessiert an. »Wieso ist es diesem Menschen im ersten Stock, diesem...«
»...Glaukos!« rief Kerasos und nickte.
»...ja, diesem Glaukos nicht gelungen, sich über die steinerne Treppe nach unten zu retten?«

»Ja, genau das habe ich auch schon die ganze Zeit gedacht. Sicher gibt es dafür eine natürliche Erklärung: Er ist durch den Rauch vergiftet worden – oder aber von herabstürzendem Gestein und Balkenwerk erschlagen worden...«
»Augenblick!« wandte Archelaos ein. »Das ist erst am Höhepunkt des Brandes geschehen. Er hätte ohne weiteres vor dem Feuer fliehen können!«
»Nicht wenn es unten ausbrach!« meinte Kerasos.
»Das würde aber voraussetzen, daß da unten ein ganz hübsches Feuerchen loderte! Alexander?!«
»Freien Zweifels! Ja! Müßte so warm wie im untersten Hades sein, wo du die Eier nur in der Hand zu halten brauchst, und schon sind sie als solches durchaus gar.« Er setzte sich plötzlich sehr gerade, nahm Kerasos in den Blick, so daß diesem bereits mulmig wurde – und dann teilte er mit: »Es sei denn, dieser arme Junge namens Glaukos war bereits vorher zum Eierhalten abmarschiert!«
»Wie?« Kerasos wandte sich hilfesuchend an Archelaos, doch der lächelte nur, und Alexander verdeutlichte: »Sagte: Der arme Junge war längst nicht mehr sterblich, als die armselige Hütte über seinen Häuptern zusammenbrach, weil er samt seiner unsterblichen Seele allenthalben bereits auf dem Weg ohne Wieder- noch Umkehr sich befand.«
»Willst du damit sagen, er war bereits tot, als das Feuer ausbrach?«
»*Sic est!* – Besser als umgekehrt. Archelaos!«
»*Scilicet!* Natürlich. Ein schneller, schmerzloser Tod!«
»Ja, aber... wieso denn?«
»Das werden wir Anbetracht dessen feststellen! – Heraklius!«
Heraklius, der gerade drei Tische weiter die Reste einer Mahlzeit einsammelte, ließ alles stehen und liegen, putzte sich die Hände an der Schürze ab und eilte herbei.
»Darf ich fragen, ob es euch gemundet hat?«
»Es hat. Archelaos!?«
»Ganz hervorragend. Hier! Das ist für dich!« Er reichte dem überraschten Heraklius zwei Denare* und zahlte dann die Suppe, den Speck und den Wein. Es war noch nie vorgekommen, daß Heraklius von Alexander ein solches Trinkgeld erhalten hatte.
So konnte denn auch Alexander, als sie draußen waren, nicht län-

* *Denar:* siehe unter »Münzen« im Anhang.

ger an sich halten und brummte: »Lächerhaft! Einfach lächerhaft! Das verdirbt doch nur und insbesondere den Charakter! Trinkgeld ist aller Laster Anfang! Einfach lächerhaft! Solche Un... solche Unsummen!«
Doch Archelaos überhörte die Rüge, denn er war mit Kerasos bereits zwei Schritte voraus, in Richtung Forum. Die Pferde hatten sie bei Asconius untergestellt.
»Na warte, das wird er büßen. Wie sagte der Freund des Herrn, der Dichter und Praefect* Quintus Cornificius: Wen der Gott verderben will, den schlägt er zuvor mit Wahnsinn...«

3

Als sie den Brandort wieder erreichten, standen nur noch wenige Nachbarn vor dem zerstörten Haus und stellten Mutmaßungen über die Ursache der Katastrophe an. Aus der Ruine des Hauses, von dem – außer im Erdgeschoß – oben nur noch die nackten und über den Fenstern geschwärzten Mauern standen, stieg weißer Dampf nach oben.
Sie machten auf der gegenüberliegenden Seite des Vicus halt und schauten eine Weile auf das geschändete Haus, dessen Schätze – die Stoffe, Pelze, Seiden, Teppiche hatten wohl einen Wert von einigen hunderttausend Sesterzen** – zum Großteil vernichtet waren, wenn nicht durch das Feuer, so durch das anschließende Löschen mit schmutzigem Wasser und das hastige Ablegen auf der Straße.
Mittlerweile waren alle hier arbeitenden Sklaven und freien Gesellen erschienen und palaverten mit ernsten Gesichtern. Alexander verspürte große Lust, sie der Reihe nach zu verhören, doch dazu hatte er kein Recht. Ja, mit einemmal wurde er sich bewußt, daß ihn das alles überhaupt nichts anging: Er und Archelaos hatten sich lediglich auf dem Rückweg von Tusculum*** in die Stadt

* *Praefect:* allgemeiner römischer Amtstitel des militärischen und zivilen Dienstes.
** *Sesterz:* siehe unter »Münzen« im Anhang.
*** *Tusculum* (heute: Frascati): alte Latinerstadt auf den *Montes Tusculani,* den tusculanischen Bergen, den nordwestlichen Ausläufern der Albaner Berge, in der Nähe der Via Latina.

befunden! Und der Zufall wollte es, daß ausgerechnet, als sie vom Argiletum aufs Forum ritten, ihnen dieser beißende Brandgeruch in die Nase gestiegen war. Aber er hatte zwei Argumente, mit denen er die Verspätung vor dem Herrn entschuldigen konnte: Das Haus gehörte dem reichen Tuchhändler Nicomachus, der die Bewohner aller Volcatischen Häuser in Rom einkleidete, Gaius Volcatius und sogar den Patron Lucius Volcatius. Der zweite Grund aber mußte den Herrn als solchen unbedingt interessieren. »Wenn ich ihm durchaus sage«, begann er wie üblich mit Selbstgesprächen, »wenn ich ihm sage, da in dieser armseligen Hütte dieses Meisters der Tuche liegt eine... eine... eine hübsche Leiche herum, dann habe ich zweifellos das Interesse des Herrn geweckt. Er kann nämlich nicht nein sagen, wenn er mit einer Leiche... Und ausgerechnet in diesem Hüttchen des braven Nicomachus! Verdächtig! Sehr verdächtig! Freien Zweifels wird der Herr mich loben für meinen herrlichen Einsatz. Na also!«

Und plötzlich sagte er sehr laut zu Kerasos: »Herhören! So gehe denn hin und besorge uns eine Fackel oder Lampe samt Licht! Wegtreten!«

Kerasos, der sich inzwischen an die Alexandrinische Sprachregelung etwas gewöhnt hatte, nickte und eilte, das Gewünschte zu holen, kam auch nach wenigen Augenblicken mit zwei Sturmlaternen zurück.

Alexander griff sich eine und ging mit langsamen, sichernden Schritten ins Haus. Unten hatte sich nichts verändert, außer daß nun einige Dinge, die eben noch intakt waren, zu Asche verbrannt waren. So ging er weiter zur Treppe, die im Bogen nach oben führte, und die beiden folgten ihm.

Als sie das Ende der Treppe erreicht hatten, hielten sie an und blickten auf den Boden des großen Raumes, den man durch eine Türöffnung sah. Die Tür war längst zu Asche verbrannt.

Alexander stutzte: »Wo ist dieser Unsterbliche? Als ich eben hier, lag er dort zwischen den Balken!«

»Ich nehme an«, sagte Kerasos leise, »seine Angehörigen haben ihn...«

»Hatte er denn solche als solche?«

»Ich glaube ja.«

»Wieso glaubst du, wenn du es durchaus nicht oder überhaupt nicht weißt?«

»Es ging da die Rede von einer Schwester.«

»Name?«
»Wie? – Keine Ahnung.«
»Alter?«
»Ich weiß nicht. So wie er?«
»Verheiratet?«
»Möglich.«
»Herhören! Ich liebe stetige, freudige, kernhafte Antworten! Befleißige dich unbedingt selbiger!«
»Ja, aber ich weiß doch nicht, ob er...«
»Hm... Schon mal... schon mal...« Er wollte natürlich wie üblich nach der Dienstzeit des Gegenübers fragen, hielt die Frage jedoch plötzlich zurück und meinte: »... schon mal öfter schlechten Umgang als solchen gehabt?«
»Wer? Ich?«
»Nein. Glaukos, als er noch sterblich war.«
»Nicht daß ich wüßte.«
Alexander reagierte nicht, sondern ging in den Raum, leuchtete mit der Laterne den Boden ab.
»Abdrücke! Abdrücke von den Knaben, die den armen Glaukos geholt haben. Archelaos!«
»Sicher. Sieht ganz so aus.«
»Herhören! Du wirst von nun an die Augen und Ohren offenhalten! Dir wird nichts entgehen, nichts überhören! Solltest du etwas sehen oder hören hören, unverhofft Meldung! Verstanden?«
»Ja. Aber wo?«
Archelaos beschrieb es ihm, und Alexander entließ ihn wohlwollend: »War dir eine große Ehre, mit uns zusammenzusein. Anbetracht dessen du schreiben und lesen kannst, wirst du alles schriftlich erledigen. Haltung! Mann! Sauberkeit! Dissiplin! Augenmaß! Gehör! – Weiter so! Werde dich lobend erwähnen. Wegtreten!«
Erst als er auf der Treppe war, wagte Kerasos, dreimal kräftig den Kopf zu schütteln. Er sagte aber nichts; dennoch können wir uns den Inhalt seiner Gedanken lebhaft vorstellen.
Alexander aber faßte den Freund plötzlich bei der Schulter und stellte fest: »Was hältst du von den beiden Knaben, die diese Anrempelspiele machten?«
»Dasselbe wie du.«
»Hervorragend! Dacht' ich's doch. – Das wird den Herrn ja immer mal wieder freuen.«

»Wollen wir's hoffen...«
Sie machten sich auf den Heimweg.

4

Die »Zwillinge«, die beiden Lictoren, waren von Gaius Volcatius nach Einbruch der Dunkelheit nach Hause geschickt worden.
»Wär' ja auch noch schöner! In der Dunkelheit hier in dieser heiligen Halle herumlümmeln! Latschen schon den ganzen Tag über mit dem vollkommenen Dreck des gesamten Forums, des Marsfelds, des Viehmarkts und des Comitiums hier herum, und nur den unauffälligen Mühen meines hehren Weibes Melitta ist es zu verdanken, daß sich hier nicht der Stall des Augias als solcher!«
Archelaos schwieg dazu, denn diesen Sermon gab es an jedem Abend zu hören, ganz gleich, ob die »Zwillinge« noch im Hause waren oder nicht. Er schien durch sie in gleichem Maße gereizt zu werden wie gewisse Hunde durch eilige Botengänger mit brieflicher Nachricht. Aber wir kennen ja den Grund: Beide Lictoren gehörten zusammen mit fremden Wachtposten, fremden Sekretären und fremden Hausmeistern zu jener Spezies Mensch, die ihre Autorität nur von oben geliehen hatten, sich jedoch so gebärdeten, als wären sie ebenso wichtig, wenn nicht wichtiger als ihre Herren; und diese Einstellung wirkte auf Alexander so wie ein rotes Tuch auf einen Stier.
»Na also...«, brummte er und trat zwischen den Säulen ins Atrium. Auf der gegenüberliegenden Seite ging gerade Syphax, der Numider, und Alexander fragte ihn freundlich: »Hör mal her, mein Junge!« Der Sklave blieb sofort stehen, wandte sich ganz Alexander zu, verbeugte sich und erwartete die Frage.
»Kannst du uns sagen, wo sich der Herr als solcher aufhält?«
»Jawohl, Herr!«
»Hervorragend! Archelaos?!«
»*Certo.* – Gewiß.«
»Nun? Wo?«
»Im Keller.«
»Hm? Was macht er als solcher im Keller?«
»Er ist dort zusammen mit dem Praefecten.«
»Ach!«

»Ja, sie richten dort ein Archiv ein.«
Alexander ging mit großen Schritten durchs Atrium: »Da unten ist es genauso wie hier oben. Nur anders...«
Vom hinteren Flur aus erreichte man über eine Treppe, die Gaius im letzten Jahr hatte renovieren und mit hellem Travertin belegen lassen, mehrere Räume im Untergeschoß. Sie hatten der vorherigen Besitzerin, einer wohlhabenden Witwe, als Abstellkammern gedient, und dort hatte sich allerhand Plunder gefunden, der schließlich drei Wagenladungen ausgemacht hatte. Gaius hatte diese Gewölbe sämtlich neu verputzen, kalken und nach dem neuesten Stil der Wandmalerei, den er besonders in Pompeji kennen- und schätzengelernt hatte, ausschmücken lassen.* Im nächsten Jahr, wenn er – wie er hoffte – wieder mehr Zeit für sich und seine privaten Interessen haben würde, sollten die Böden dieser Räume mit Mosaiken ausgelegt werden. Alexander wußte, daß Gaius dieses Archiv in einem der Räume einrichten wollte, war aber selbst noch nie dort unten gewesen. Und ohne besondere Erlaubnis von Gaius hätte er es auch nicht gewagt, dort einzudringen. Das gleiche galt selbstverständlich für Archelaos, zu schweigen von den Sklaven im Hause.
Da die Lampen an den Wänden entzündet worden waren – wofür stets Gaius' Leibsklave, der stille, bescheidene Menander, zuständig war –, brauchten sie nicht im Dunkeln nach den Stufen der steilen Treppe zu tasten. Aus dem letzten Raum links, dessen Tür offenstand, fiel helleres Licht in den Vorraum und warf interessante perspektivisch verzerrte Schatten zwischen die gewaltigen Pfeiler, die auch den Boden des darüber befindlichen Atriums trugen. Und an den Gewölben flackerte es unruhig, weil die Flämmchen der Öllampen durch den Luftzug, den ihr Vorbeigehen verursachte, zitterten. Als sie näher kamen, hörten sie Quintus Cornificius sagen: »... also ich finde, du übertreibst da gewaltig! Ordnung ist wichtig und praktisch – *certo* –, aber was du hier treibst, ist schon Fanatismus!«
»Hüte deine Zunge, Dichterfürst!« spöttelte Gaius, und Alexander und Archelaos grinsten sich zu, denn sie wußten, wenn die beiden da drinnen in dieser leicht ironischen, leicht blödelnden Weise miteinander umgingen, war der Herr besonders guter Laune. Eben fügte Gaius noch hinzu: »Ordnung ist das halbe Leben!«

* vgl. Band 6.

Cornificius erwiderte: »Solange du dich selbst morgens wiederfindest, geht das ja an. Es soll ja Leute geben, die alles vergraben.«
»Ihr gutes Recht!«
Die kurze Pause nutzten Alexander und Archelaos, traten mit forschem Schritt in den Archivraum, an dessen Wänden schon die neuen Regale angebracht waren, bauten sich sehr senkrecht auf, rissen mit ungeheuer zackigem Schlag die Rechte nach oben – und dann meldete Alexander: »Alexandros Volcatianos Tullos und Archelaos aus Tusculum wie befohlen! Befehl wie erwartet! Die Jungs wissen als solche Bescheid, und Birria wird sich um sie kümmern!* Ansonsten keine besonderen Vorkommnisse! Es sei denn...«
Gaius Volcatius und Quintus Cornificius hatten sich beim Eintreten und Melden der beiden umgedreht, hatten der korrekten Rückmeldung nach Art der Zehnten** gelauscht, und Gaius wollte schon wohlwollend nicken, als er auf sie zuging, sie von oben bis unten musterte und in scharfem Ton rügte: »*Per deos!* – Bei den Göttern! Wie seht ihr denn aus!? Hatte ich euch nicht befohlen, ihr solltet höflich mit den Leuten umgehen, euch weder provozieren noch in Schlägereien verwickeln lassen?! Ihr seht aus, als ob ihr geradezu dem Hades entstiegen wärt!«
Er trat einen Schritt zurück; zwischen seinen Brauen hatte sich eine drohende senkrechte Falte gebildet, die Lippen waren ärgerlich zusammengepreßt. Dann fuhr er fort: »Verdammt noch mal! Muß ich euch denn jedesmal erklären, daß ihr in der Öffentlichkeit im Namen des Curulischen Aedilen tätig seid? Ihr macht nicht nur euch, sondern mir Unehre! Ich bin enttäuscht von euch. Schämt euch!«
Hatte er nun erwartet, die beiden würden ihn um Abbitte, Verständnis, Entschuldigung angehen, so sah er sich, als er in ihre Augen blickte, getäuscht. Sie zeigten beide nicht das geringste Maß an Demut, Schuld und Gewissensbissen. Cornificius, der das gleiche längst bemerkt hatte, stützte das Kinn in die Hand und lächelte, denn er ahnte, daß nun eine höchst bilderreiche, plastische

* Birria war seit kurzem für alle möglichen und unmöglichen Dinge auf dem Tusculanum, dem Landsitz der Volcatier in Tusculum, tätig; vgl. auch Band 8.

** Wenn hier des öfteren von »der Zehnten« oder von »Caesars Zehnter« die Rede ist, so ist hier Caesars berühmte X. Legion gemeint, seine Elite-Legion.

Geschichte folgen würde, in ihrer dramatischen Farbigkeit den beliebtesten Stücken der Saison wohl gleichrangig.
»Jawohl!« tönte Alexander ohne Anlaß, denn er schämte sich durchaus nicht.
»Was ›Jawohl‹?«
»Wir haben dem Curulischen Aedilen samt Gaius Volcatius Tullus Ehre als solche!«
»Na, da bin ich aber gespannt!«
»Jawohl! Gespannt!«
»Ich höre!«
Und nun begann eine Rückschau auf alles, was sich seit ihrem Eintreffen in der Urbs* zugetragen hatte. Da war die Rede von »ungeheuren Decken, die samt ihren Bewohnern einstürzten«, von »Amphoren, so groß wie ein Mann«, deren nassen Inhalt er »bis aufs Dach geschüttet« habe. Gegen Ende hieß es dann: »So drangen wir schließlich, keine Gefahr scheuend, bis ins Innerste des Häuschens vor, eroberten über die Treppe durchaus das obere Stockwerk – und was fanden wir...« Er beugte sich vor, riß die Augen irrsinnig weit auf und fuhr fort: »Einen Unsterblichen, Herr!«
»Aha.«
»Ja. Aber er hatte durchaus als solcher an Größe verloren, dergestalt er geschrumpft war. Archelaos?!«
»Er war es.«
»Na und?« meinte Gaius. »Das soll ja vorkommen, daß es bei einem Hausbrand Tote gibt.«
Alexander reckte sich, bewegte mehrmals lautlos die Lippen und erklärte dann seinen Verdacht, daß es beim Brande dieses Hauses nicht mit rechten Dingen zugegangen war, denn »...erstens spricht alles dafür, daß die Hütte gegen ihren Willen brannte; zweitens stinkt alles dafür, daß dieser Schrumpfknabe namens Glaukos ebenfalls gegen seinen Willen unsterblich wurde; und drittens waren da zwei Knaben, die ein neues Rempelspiel spielten...«
»Bitte was?« Gaius hatte bisher interessiert zugehört. Alexander erklärte es. Dann schloß er, nach abermaligem Recken: »Anbetracht dessen und dergestalt wir unter Einsatz unserer Leben...«

* *Urbs* (wörtlich: Stadt, Hauptstadt): Spricht man jedoch wie in diesem Falle von »der Urbs«, so ist damit Rom gemeint.

»... unseres!« verbesserte Cornificius. »Unseres Lebens!«
»Genau! Und darum besteht zweifellos durchaus die Möglichkeit, selbiges noch eine Weile hinzubringen und deinem Namen und Amte, Herr, grenzenlose Ehre! ›Recht so!‹ sagen die Leute. ›Weiter so! Ihr habt eurem Curulischen Herren Ehre!‹ «
Er schloß, hielt aber den Blick hart auf Gaius gerichtet, wobei er sehr wohl merkte, wie Cornificius kaum noch an sich halten konnte: Er hatte erreicht, was er wollte!
Gaius hüstelte. »Hm...« Er blickte kurz den Praefecten an. »Unter diesen Umständen will ich von einer Bestrafung nicht nur absehen, sondern ich denke, ihr habt euch sehr korrekt verhalten. Ich bin sehr zufrieden mit euch.«
Die beiden strahlten, und der Sohn aus Theben brummte sein »Na also...«
»Herhören!«
Die beiden nahmen erneut eine wahnwitzig gerade Haltung ein, und Gaius fuhr fort: »Haltet mich gelegentlich auf dem laufenden. Aber der Fall gehört – wenn es denn Brandstiftung war – vor ein Kriminalgericht. Tut mir leid für Nicomachus. Ein ordentlicher Mann! Leider gibt es zuwenig von seiner Art. Aber er wird aufgrund seines finanziellen Polsters den Schaden ohne weiteres überleben. Geht euch frisch machen und eßt zu Abend! Haltet euch morgen früh für Aufträge in der Stadt bereit! Es gibt eine Menge zu erledigen. Wegtreten!«
Zack! – flog bei beiden die Rechte in die Höhe; dann verließen sie nach einer Kehrtwendung das Gewölbe.
»Findest du nicht«, fragte Cornificius den Freund, »daß sich in letzter Zeit die Brände im Velabrum und im Argiletum häufen?«
»Vielleicht. Aber der Sommer war sehr trocken in diesem Jahr. Ein Glück, daß nicht die ganze Stadt eingeäschert wurde. – Ich verstehe nicht, daß der Senat sich nicht dazu durchringen kann, die Bauvorschriften zu verschärfen.«
»Ich schon.«
»Bitte?«
»Das würde die Geschäftswelt nicht mitmachen. Man müßte Zwischen- und Doppelwände bauen sowie die Obergeschosse mit viel Geld renovieren. Dazu kannst du keinen zwingen.«
»Warte's ab! Wenn die halbe Stadt einmal ein Aschenhaufen ist, wird man da einiges ändern. – Komm, reich mir mal die Rollen da aus der kleinen Kiste... Danke!«

5

Wie immer hatte sich Gaius für den folgenden Tag einen Plan gemacht, an den er sich zwar nicht starr hielt, der aber die Zeit und ihren Ablauf überschaubar machte, denn nichts haßte er mehr als Leerlauf. Diese Einstellung hatte sich auf das gesamte Personal des Hauses übertragen – ausgenommen Alexandros aus Theben; aber für ihn galten ja seit jeher eigene Regeln, die zu respektieren bei allen Mitgliedern der *Familia,* der Sklavenschar, eine Selbstverständlichkeit war.
Gaius hatte sich für den Vormittag verschiedene Dinge vorgenommen: Zunächst waren einige Akten durchzuarbeiten, die die üblichen Delikte kleiner Habenichtse unter den Händlern beinhalteten; dann hatte sich Curio angemeldet und mitgeteilt, er müsse ihn sprechen – und wenn Curio aktiv wurde und sich nach hier bemühte, ging es um wichtige Dinge; ja, und vielleicht würde er die Zeit finden, an seiner Stellungnahme vor dem Senat* zu arbeiten, wobei es um Fragen der Ausbesserung von Straßen, Toren und Wasserleitungen ging; am frühen Nachmittag wollte er dann im Hause seines Vaters, des Patronus Lucius Volcatius Tullus, sein und dort nach dem Rechten schauen, denn er hatte Lucius seit über einer Woche nicht gesehen.
Gleich nach dem Frühstück schickte er Alexander und Archelaos mit einigen Papieren und Erlassen zum Praetor** C. Titius Rufus, um von ihm – der in diesem Jahre als *Praetor urbanus,* als oberster Richter in Sachen, die die Bürgerschaft betrafen, fungierte – das Placet für einige Maßnahmen zu bekommen.
Die Zusammenarbeit mit Titius war das vergangene halbe Jahr über sehr erfreulich gewesen. Es handelte sich bei diesem Mann nicht um einen Abkömmling aus dem sabinischen Geschlecht aus

* *Senat:* das offizielle Beratungsgremium des römischen Staates. Die Gesamtzahl der Mitglieder betrug zunächst 300, unter Sulla 600. Unter Caesar setzte sich der Senat zeitweilig aus 900 Mitgliedern zusammen. Voraussetzung für die Aufnahme in den Senat – die Zugehörigkeit endete erst mit dem Tod – war die Quaestur. Berufen wurden die Senatoren von den Censoren. Die Senatoren durften seit 218 v. Chr. Italien nicht verlassen und keinen Handel treiben (siehe auch unter »Die Verfassung der Republik« im Anhang).

** *Praetor:* siehe unter »Die Verfassung der Republik« im Anhang.

Reate – einer von ihnen hatte eine der Banden des Publius Clodius* vor Jahren angeführt –, sondern er stammte aus einer Familie, die sich schon vor Jahrzehnten aus Italien nach Südspanien begeben hatte, von wo ein Seitenzweig wiederum den Weg nach Rom zurückgefunden hatte. Gaius hatte Titius für einen der folgenden Abende, zusammen mit Curio und Cornificius, eingeladen.

Es war um die beginnende zweite Stunde, Gaius ging in die Bibliothek, um sich über ein bestimmtes Ereignis unter der Herrschaft Sullas in einer Darstellung, die Selenus verfaßt hatte, Gewißheit zu verschaffen, als Menander den »Praefecten und Dichter Quintus Cornificius« meldete.

Er hatte dies gerade zu Ende gebracht, als Cornificius auch schon, etwas außer Atem, im Raum war und, statt einer freundlichen Begrüßung, schimpfte: »Also weißt du, das nimmt ja nun allmählich Formen an!« Er riß einen Stuhl vom mittleren Eichentisch, warf sich darauf und atmete schwer.

Gaius schaute sich das eine Weile an, dann fragte er: »Sag mal, sind die Furien hinter dir her? Oder hast du noch nicht gefrühstückt?«

Doch Cornificius ließ sich nicht besänftigen, sondern führte erregt aus: »Also, da kommt doch gestern abend mein Hausmeister ganz gedrückt zu mir...«

»Hatte Alexander mit ihm was zu schaffen?« lächelte Gaius.

»*Mitte iocos!* – Laß die Scherze!«

»Ich scherze nicht... Weiter!«

»Er kommt also ganz gedrückt, und ich sehe, daß ihm etwas sehr peinlich ist, weil er so herumdruckst. Ich frage ihn, ob er krank sei, ob er Schmerzen habe, ob er einen Alptraum gehabt habe... Nichts von dem. Ich dringe in ihn, er habe doch etwas! Und endlich rückt er Stück für Stück mit folgender Geschichte heraus: Er sei am späten Nachmittag für die Herrin, meine Schwester, einige Dinge besorgen gegangen, wie Papyrus und ähnliches. Als er bei dem Händler...«

»... am Argiletum?« fragte Gaius dazwischen.

»*Sic est.* – Ja. Als er dem Händler die verlangten Münzen auf den

* *Publius Clodius Pulcher* war 58 v. Chr. Volkstribun und im Jahre 56 Aedil. Er beherrschte mit seinen Banden, deren Tyrannei stark zum Niedergang der Republik beitrug, in den fünfziger Jahren die Straßen Roms. Am 18. Januar 52 wurde Clodius von der Bande seines Gegners Milo erschlagen.

Tisch gelegt habe, da habe sich der Mann geweigert, das Geld anzunehmen.«
»Warum?«
»Weil es... gefälscht sei!«
»Bitte?«
»Du hörst doch! Weil es gefälscht sei!«
»Wußte er, daß du der Herr des Hausmeisters bist?«
»Das weiß ich nicht, aber ich denke schon. Das ist ja das Peinliche an der Sache.«
Gaius begriff natürlich. Er fragte: »Wo hast du die... Hast du die Münzen dabei?«
»Ja. Hier!« Cornificius warf einen kleinen Beutel auf den Tisch; Gaius griff sich ihn, öffnete den Verschlußriemen und schüttete den Inhalt auf die Eichenplatte. Es waren etwa fünfzehn Denare. Gaius beugte sich darüber und betrachtete sie sehr genau, nahm auch diesen und jenen zwischen Daumen und Zeigefinger, roch an ihnen, wog sie spielerisch in der Hand, warf sie hoch und fing sie wieder auf.
»Die sollen gefälscht sein?«
»Was weiß ich!?« Cornificius stand auf und zuckte mit den Schultern.
»Hm.« Gaius setzte sich und reihte die Münzen in zwei Gruppen nebeneinander. »Sie tragen verschiedene Legenden*, gemäß den verschiedenen Münzmeistern. Und entsprechend wechseln auch die Darstellungen... Hier eine Münze aus der Zeit des Münzmeisters Gaius Mamilius Limetanus. Sie zeigt eine Mercurius-Büste und den als Bettler heimkehrenden Odysseus zusammen mit dem Hund Argus... Diese hier ist von Marcus Volteius und zeigt die Fassade des capitolinischen Iupiter-Tempels. Auf der Rückseite der Kopf des Iupiter...« So nahm er Stück für Stück in die Hand, betrachtete es genau, und schließlich, als er die letzte Münze zurück auf den Tisch gelegt hatte, stellte er fest: »Ich kenne diese Münzen. Sie stammen alle aus den letzten fünf Jahrzehnten... Warte...« Dann rief er laut: »Menander!«
Schon nach wenigen Augenblicken war der Grieche im Raum und fragte nach dem Wunsch seines Herrn. Gaius trug ihm auf, aus der Geldtruhe im Atrium die gleichen Münzen herauszusuchen, die

* Die sich auf Münzen befindenden Namen und Umschriften nennt man Legenden (von *legere* = lesen).

hier auf dem Tisch lagen. Menander prägte sich Bild und Legende der verschiedenen Stücke ein und ging.

»Sag mal...«, Gaius lehnte sich zurück, stellte die Hände gegeneinander und sah zu Cornificius hinüber, der auf der anderen Seite des Tisches vornübergebeugt stand, »mit welcher Begründung hat denn dieser... dieser Händler das Geld zurückgewiesen?«

»Das weiß ich nicht. Mein Hausmeister sagte nur, er habe dessen Annahme verweigert. Es sei gefälscht.«

»Hm.« Gaius blickte wieder auf die Münzen. Sie sahen zum Teil alt aus; andere schienen stark abgegriffen, denn die Konturen der Buchstaben oder der dargestellten Köpfe oder Symbole wirkten wie verwaschen.

Da kam Menander mit einem Lederbeutel voller Denare zurück, und Gaius sagte: »So, Menander, nun lege die entsprechenden Stücke parallel zu diesen hier auf den Tisch!«

Menander schüttete die mitgebrachten Stücke zwei Handbreit neben die aufgereihten und suchte flink die entsprechenden Denare mit gleicher Legende beziehungsweise mit gleichem Bild heraus, die er neben den scheinbar gefälschten in Linie anordnete. Dann beugten sich alle drei über die Tischplatte und suchten mit den Augen irgendwelche Unterschiede festzustellen. Cornificius drehte die eine oder andere Münze um, verglich die Rückseiten, seufzte und legte alles wieder zurück auf die Platte.

»Also ich kann da keinen Unterschied erkennen. Teils sind diese hier, teils die anderen abgegriffener oder am Rande beschädigt.«

In diesem Augenblick polterten zwei Gestalten ohne anzuklopfen in den Raum, und eine tiefe Stimme dröhnte: »Befehl wie ausgeführt! Sämtliche Knaben wurden benachrichtigt. Keine besonderen Vorkommnisse. Es sei denn...«

Die drei am Tisch, die diese letzte Bemerkung stets als Ankündigung außerordentlicher Ereignisse kannten, wandten denn auch prompt den Kopf zu Alexander hin, und Gaius fragte ungehalten: »Nämlich?!«

Alexander erwiderte: »Es gäbe welche!«

»Bitte?«

»Es gäbe welche als solche!«

»Was soll das heißen?«

Da reckte sich Archelaos, der neben Alexander stand, und erklärte: »Alexandros meint: Es sei denn, es gäbe welche!«

»Hervorragend!« lobte Gaius, und alle starrten ihn an, da sie nicht

wußten, was er meinte. Doch Gaius lachte kurz auf und sagte zu Alexander: »Du machst Fortschritte in der latinischen Sprache. Es ist das erste Mal, daß du korrekt den Konjunktiv gebrauchst. Weiter so!« Er nickte ihm lächelnd zu, und Alexander strahlte. Und da alle übrigen ihn anstarrten, zog er vor Verlegenheit sein Kurzschwert – das er bei Gängen in der Stadt stets am Leibe trug – aus der Scheide, betrachtete es, nickte und steckte es zurück.
»Herhören!«
Der Befehl erlöste ihn, und er stand senkrecht. »Ihr werdet noch einmal in die Stadt gehen.«
»Jawohl!«
»Zuvor werdet ihr in das Haus des Dichterfürsten Cornificius gehen und dessen Hausmeister mitnehmen!«
Bei Nennung dieses Begriffes horchte Alexander auf, beugte sich vor und tönte: »War auch höchste Zeit, diesen Knaben in den Carcer Mamertinus* abzuschieben, Herr! Wird mir eine durchausige zweifellose Ehre als solche!« Er rieb sich die Hände.
Gaius und Cornificius warfen sich mit zusammengepreßten Lippen einen Blick zu, dann sagte Cornificius: »Hör zu, mein Junge...« Der »Junge«, der so noch nie von Cornificius angeredet worden war, stutzte und wurde verunsichert. »Ihr geht zusammen mit Antipas – so heißt der Mann – ins Argiletum. Worum es geht, wird euch Antipas unterwegs erklären.«
Alexander schluckte, dann wandte er sich an Gaius: »Herr, muß... muß das sein?!« Er hielt den Kopf schief und lauschte auf die Antwort.
»Es muß. Und sei höflich zu ihm. Er hat die Gicht.«
»Das kommt nur vom blöden Rumsitzen in dem Kabüffchen... von dem blöden...«
»Jetzt ist es aber gut! Ich bestehe darauf, daß du höflich bist!«
Alexander bewegte lautlos die Lippen, und alle wußten, daß er in seiner Muttersprache einige saftige Flüche und Verwünschungen von sich gab.
»Ist noch was?« fragte Gaius.
»*Non est.* – Es ist nicht. Ist es?«
»*Bene.* Wiederhole den Auftrag!«
»Herhören! Antipas abführen! Höflich! Es muß sein!«
»Korrekt! Es geht um Münzfälschungen. Ihr werdet feststellen,

* *Carcer Mamertinus:* Staatsgefängnis.

ob auch bei anderen Händlern Klagen vorliegen. Ich verlange gute Arbeit! Kluge Zurückhaltung! Alles im Auge behalten! *Invitat culpam, qui peccatum praeterit!* – Wer Unrecht übergeht, reizt zu neuem Unrecht! Noch Fragen?«

»Keine Fragen.«

»Wegtreten!«

Sie grüßten, machten kehrt und eilten davon.

»Menander!« Der Angesprochene verneigte sich leicht. »Du gehst sofort zum Hause am Caelius und bittest den Selenus hierher. Sag ihm, es gehe um Dinge von amtlicher Wichtigkeit; er müsse wieder einmal helfen. Spute dich!«

Menander verneigte sich und ging.

Melitta schaute zur Tür herein und fragte, ob Gaius bezüglich des Essens besondere Wünsche habe.

»Ja, in etwa einer Stunde kommt vielleicht Curio...«

»Curio?!« rief Cornificius dazwischen.

»Ja«, nickte Gaius. Dann wandte er sich Melitta zu: »Du weißt, er mag gerne kandierte Kirschen. Sieh zu, daß du noch welche findest, sonst besorge welche – egal wo!«

Melitta nickte kurz und ging, zusammen mit Smyrna ein leichtes fruchtiges Frühstück mit Gebäck, kandierten Früchten und einem leichten hellen Wein zusammenzustellen. Sie wußte, daß auch Gaius sehr gerne diese in Honig gezuckerten Kirschen mochte. Aus diesem Grunde hatte sie im Frühjahr eine ganze Reihe mittlerer Amphoren damit angesetzt.

Cornificius, der Melitta sehr mochte, blickte ihr nach und sagte unter leichtem Kopfschütteln: »Ich möchte nur wissen, wie unser Sohn aus Theben an diese Frau gekommen ist!«

»Frag ihn doch bei Gelegenheit...«

»Na, dann eben nicht...«

»Dein Glück, daß er das nicht gehört hat.«

»Ich hoffe nur, meinen Antipas heute noch lebend wieder anzutreffen.«

»Nun, es geschehen bisweilen noch Wunder. Im übrigen soll es Ausnahmen geben.«

»Bitte?«

»Na, warten wir's ab... *Ad rem!* Zur Sache! Wenn also dieser Mensch, der Bücher und Schreibutensilien verkauft, auf Anhieb gefälschte Münzen erkennt, dann schließe ich daraus, daß ihm solche Stücke nicht zum erstenmal vor Augen gekommen sind.«

Cornificius nickte, und Gaius fuhr fort: »Ich entsinne mich, daß zur Zeit Sullas des Glücklichen vor dreißig Jahren und davor vereinzelte Fälle von Fälschungen auftraten, so daß damalige Praetoren sich gezwungen sahen, mit der Kraft der Gesetze dagegen vorzugehen. Ich bin da neulich durch Zufall auf diese Dinge gestoßen, als ich andere Maßnahmen aus diesen Jahren, die meine Tätigkeit als Aedil betreffen, studierte. Und wenn sich diese Fälschungen wieder häufen sollten, kommen wir nicht umhin, uns auch näher mit der früheren Gesetzgebung zu befassen. – *Per deos!* – Bei allen Göttern! Als ob wir nicht schon genug Ärger hätten!«
Er schlug zornig die Faust in die andere Hand, doch Cornificius erklärte ungerührt: »*Iniuriam ipse facias, ubi non vindices!* – Wenn du Unrecht nicht verfolgst, begehst du es selbst! Also, frisch ans Werk. Warten wir ab, was unser Selenus dazu zu sagen hat.«

6

Das morgendliche Leben Roms näherte sich seinem Höhepunkt, als Alexander und Archelaos das Forum erreichten. Dies war zwar nicht der schnellste Weg zum Esquilinus – im Gegenteil! –, aber sie hatten ausgemacht, sich noch einmal an der Brandstelle umzuschauen.
Dort waren Sklaven des Nicomachus dabei, den Schutt aus der Hausruine zu räumen, draußen auf Karren und Wagen zu schütten, die dann zum Tiberhafen gebracht wurden. Der Unrat wurde dort in für solche Zwecke bereitstehende große Kähne gekippt, die ihn tiberabwärts nach Ostia und in die angrenzenden Sumpfgebiete brachten.
Alexander und Archelaos stellten sich dazu und betrachteten alles mit ruhigem Interesse.
»Hervorragend! Räumen, daß es eine wahre Freude ist. Archelaos?«
»*Sic est.*«
Eben kam Nicomachus aus dem Hause, finster das Gesicht, ja geradezu abweisend. Er sprach mit einem Mann, wohl einem seiner Freigelassenen, ohne ihn dabei anzuschauen, denn sein Blick ging ins Leere.
»Sieht schlimmer aus für ihn, als ich dachte«, sagte Archelaos.

»Herhören! Brennende Häuschen sehen immer schlimmer aus, als du dachtest. Insonderheit solche, die gefüllt mit den herrlichsten Stoffen, so der Erdkreis bereit! Dazu noch ein Unsterblicher namens Glaukos, der, als er noch sterblich war, seinem Herrn stets zu Diensten. – Im übrigen, Pirat, hast du natürlich recht. Der edle Nicomachus macht ein Gesicht, als er mehr als ein Haus verloren...«

»... als ob! Als ob er mehr...«

»Eben. Aber das Gesicht als solches sieht durchaus nicht so aus, als er uns Rede und Antwort...«

»... als ob! Als ob er uns Rede und Antwort!«

»*Bene.* Weißt du, ich habe dir gestern noch nicht alles als solches...«

»*Quod dicis!* – Was du nicht sagst!«

»Ja.«

»Was denn?«

»Wie?«

»Was du mir noch nicht gesagt...«

»Nichts. Warum?«

»Was du mir noch nicht gesagt hast!«

»Das will ich dir doch eben zu dieser heiligen Frühe sagen.«

»Bei Apollo, dem Führer der lieblichen Musen! Dann tu's doch endlich!«

»Wie? Du läßt mich ja Anbetracht dessen durchaus nicht zu Wort kommen! Du redest in letzter Zeit überhaupt mehr, als verboten ist! Das... das... das kannst du doch nicht so einfach mit mir machen!«

Archelaos stöhnte auf und blickte gen Himmel.

»Was ist mit dir? Is' was?«

»Es ist nichts. Ist es?«

»Dann wollen wir den edlen Nicomachus vorsichtig...«

Sie gingen über die Straße und näherten sich frontal dem traurigen Besitzer der Ruine. Erst im letzten Augenblick bemerkte Nicomachus sie. Er schien Alexander wiederzuerkennen, denn ein freundliches Lächeln vertrieb für eine Weile die Trauer aus seinen Zügen.

»Ah, der edle Alexandros! Und der edle Archelaos!« Er hatte in ihnen die betuchten Kunden erkannt.

»Hervorragend! Archelaos?!«

»Sicher. Hat ein gutes Gedächtnis!«

»Ich danke euch.« Er sagte es leise, blickte beide abwechselnd an. »Ihr habt gestern abend beherzt zugegriffen.«

»Tun stets nur unsere Pflicht! Archelaos?!«

»Immer!«

»Hast uns damals hübsche Tuniken verkauft?«

»Ja, aber...«

»Waren geschmackvoll! Legen größten Wert als solchen eben darauf. – Aber nun sag an, Meister der Stoffe: Du machst Anbetracht dessen ein Gesicht, als mehr als das Häuschen an sich verbrannt...«

Während Archelaos noch den Kopf leicht tadelnd schüttelte, beobachtete Alexander genau die Augen des Händlers, sah, wie sie unruhig von einem zum anderen huschten. Dazu knetete er seine Finger. Hastig sagte er nun: »Ja, wenn ihr wüßtet, welch ein... welch ein Vermögen da verbrannt ist.«

»Das kann solcherart nicht sein, da ich und der edle Archelaos davon ausgehen, daß du in diesem lausigen Städtchen eine ganze Reihe solcher hübschen Häuschen an sich besitzest, dergestalt du sie nach ebenso hübschen Feuerchen wie gestern abend beherzt unter den Nagel als solchen gerissen,* daß es eine wahre Freude ist. Nicht wahr, Archelaos?«

»Ganz meiner Meinung!«

»Wie? Du meinst meiner!«

»*Recte.* – Korrekt.«

»Na also...« Dabei ließ er nicht seinen festen, packenden Blick von Nicomachus, und er sah, wie diesem weder die Frage noch der Blick angenehm waren. »Herhören!« fuhr er fort. »Wenn du dem edlen Alexandros oder Archelaos wichtige Dinge als solche mitzuteilen hast, dann solltest du nicht zögern. Beherzt! Voll!«

»Wie?«

»Vertrauensvoll! – Sag an, Freund...«, er näherte sich dem Gesicht des Händlers bis auf eine Handbreit, »wer waren die beiden Knaben, die gestern dieses Rempelspiel veranstalteten?«

»Wie? Ich weiß nicht, was du meinst.«

»Du warst aber in meiner stetigen Nähe an sich! Warum willst du es leugnen! Wer waren diese hübschen Athleten?«

»Ich weiß es nicht.«

* Das hieß, daß er wie weiland Licinius Crassus in der Stadt zerstörte Häuser billig kaufte, sie restaurierte und mit hohem Gewinn vermietete.

»Warum nicht?«
»Wie? Was weiß ich! Ich kenne sie nicht!«
Alexander warf Archelaos einen Blick zu, sah, wie dieser nickte, und fuhr fort: »Kann dir den guten Rat an sich geben, deinem verlorenen Gedächtnis als solchem auf die Sprünge zu helfen, da es zu deinem eigenen Vorteil. Du weißt, wo wir unsere Tage hinbringen...«
Bisher hatte Nicomachus leicht genickt, nun fragte er, was Alexander meinte, und Archelaos nickte: »Der edle Alexandros meinte, du wissest, wo wir wohnen.«
»Ja«, nickte Nicomachus. »Ich weiß, wo ihr... Ich werde zu gegebener Zeit kommen.«
»Hoffentlich«, schloß Archelaos das Gespräch, »wird es dir noch früh genug möglich sein. *Vale!* – Leb wohl!«
»*Valete!*« Der Tuchhändler verbeugte sich sehr tief, und sie sahen, wie ihm dabei das Blut in den Kopf schoß. Sie gingen. Und da sie beide grübelten, schwiegen sie eine ganze Weile. Erst als sie den Platz des Forums bereits verlassen hatten, nickte Archelaos und sagte: »Für mich steht fest, daß dahinter mehr steckt, als er uns zuzugeben im Augenblick bereit ist.«
Alexander entgegnete lapidar: »Du bist ganz meiner Meinung.«

Längst schon waren Legionen von Müßiggängern, Habenichtsen und Stadtstreichern unterwegs, und Alexander hatte Mühe, einige hartnäckige Bettler loszuwerden.
»Werde Anbetracht dessen nächstens die niedlichen Hündchen als solche mitnehmen. Werden diesen Knaben durchaus gutes Benehmen an sich beibringen. Sollte nämlich verboten werden.«
In den *Tonstrinae*, den Barbierstuben, hatten sich geschwätzige Kunden schon zahlreich versammelt, um sich keine Neuigkeiten entgehen zu lassen. Die Läden der Barbiere befanden sich in großer Zahl hier beim Forum und in der Subura. Wer zu Hause keinen eigenen Sklaven hatte, der ihm die Kultur des Haares und des Bartes – sofern er einen trug – besorgte, ging des Morgens in die Barbierstube, ließ sich den Bart über den Kamm mit der Schere stutzen oder mit dem Messer rasieren, die Haupthaare frisieren oder auch durch Brennen kräuseln.
Auch das Nägelschneiden wurde in den *Tonstrinae* besorgt. Zu diesem Zweck hatten die *Tonsores*, die Barbiere, eine ganze Garnitur verschiedener Scherchen und Feilen bereitliegen.

Andere Lokale, in denen schon seit Sonnenaufgang viele ärmere Leute warteten, waren die Buden der Ärzte, die *Tabernae medicorum*. Die erste Einrichtung dieser Art, eine chirurgische Klinik, hatte vor einhundertsiebzig Jahren (219 v. Chr.) der Peloponnesier Archagathos, der das Bürgerrecht für seine herausragenden Erfolge erhielt, in Rom gegründet, und seitdem hatten sich viele auswärtige Ärzte aus Griechenland, aus Asien, Babylonien und Ägypten in der Hauptstadt angesiedelt, zumal das Geschäft in der Regel sehr einträglich war. Geborene Römer widmeten sich sehr selten der Medizin. Kranke, denen ihr Leiden das Ausgehen gestattete, kamen in die Buden der Ärzte, holten sich dort Rat und Medikamente, ließen sich operieren. Besonders häufig fanden sich die Augenkranken ein, um sich entzündete Lider mit einem Balsam einsalben zu lassen.
Da wir uns in Kürze mit einem Fall beschäftigen werden, in den unser alter Bekannter, der hocherfahrene und geachtete Arzt der Volcatier, Athenodoros, verwickelt sein wird, wollen wir es hier bei diesen wenigen Hinweisen belassen – ohne freilich auf Alexanders Kommentar, der das Treiben dieser »Brüder« kannte und viele ihrer Betrügereien durchschaute, zu verzichten: »Lächerbar! Geradezu allgemeingefährlich, wie diese Knaben mit den Einzelteilen fremder Sterblicher umgehen, als es ihre eigenen!«
»... als ob! Als ob es ihre eigenen!«
»Sage ich ja! Sollte verboten werden! Werde im Senat einen Antrag stellen. Hoffe auf zahlreiche Unterstützung!«
Gebildete Leute, oder die sich dafür hielten, besuchten gerne die *Tabernae librariae*, die Läden der Buchhändler. Allerdings hatte mancher Buchhändler seine Ware nur in einem Schrank, welcher am Pfeiler einer Säulenhalle – der Basilika Aemilia etwa – oder an einer anderen passenden Stelle mit einer Kette befestigt war, und der Kundige wußte, hier würde er besonders billige und neuere Ausgaben finden. Die meisten *Librarii* freilich hatten Buden. Hier waren Buchtitel, Anzeigen neuer Schriften, einzelne Gedichte oder ganze Gedichtrollen, die ihre Verfasser unters Publikum bringen wollten, angeschlagen. Literaten, Dichter und Schöngeister kamen daher hier häufig zusammen, um die Novitäten kennenzulernen und sich darüber zu unterhalten.
Interessantester Teil – ja man kann sagen: Schmuck der Straßen – waren die Läden der Kaufleute und Handwerker mit ihren mannigfachen Waren und Produkten. Gewöhnlich hatten die Hand-

werker in demselben Lokal, in dem sie die gefertigten Waren zum Verkauf ausstellten, auch ihre Werkstätten, entweder im Laden selbst oder in Räumen dahinter, natürlich auch in den Stuben des Obergeschosses, zu denen vom Laden aus eine Treppe hinaufführte.

»Komisch! Durchaus komisch an sich!«

»Was ist komisch?«

»Daß die Brüder ausgerechnet dem lieben Nicomachus sein Häuschen angezündet, dergestalt sie hier eine unbedingt größere Auswahl hatten! Nicht wahr, Archelaos?«

»Du sagst es.«

Die Läden der Handwerker wie der Kaufleute hatten nach der Straßenfront hin breite und glänzend aufgemachte Schau-Fenster, damit die ausgestellten Waren den Vorübergehenden möglichst sichtbar waren. Sie waren fast ganz offen – fast, denn ein gemauerter Ladentisch sperrte in der Regel diese Öffnung, so daß zum Eintritt nur ein schmaler Durchgang blieb. In diese Theke waren, wie das Geschäft es verlangte, Öffnungen für Krüge, Amphoren oder sonstige Gefäße eingelassen, sofern es sich bei deren Inhalt um flüssige, körnige oder pulvrige Waren handelte, die darin aufbewahrt und zum Kauf angeboten wurde.

Alexander blieb in der Nähe eines Buchhändlerstandes stehen.

»Schätze, der kleine Kahlkopf da vorne ist es!«

»Wer? Wen meinst du?«

»Den Falschgeldmünzer.«

»Du meinst den Münzgeldfälscher!«

»Nein, ich meine den Falschmünzgelder! Weiß doch noch, was ein Münzfalschgelder ist!«

Sie sahen hinüber. Der Kahlköpfige saß auf einem Hocker und las in einer Rolle.

»Wie kann er davon als solcher nur leben? Komm, Pirat, es wird Zeit, uns den Hausmeister Antipas des edlen Praefecten und Fürsten der Dichter vorzunehmen!«

Sie verließen das Argiletum und die in der Nähe liegenden *Horrea chartaria*, die Papierlager. Die Gegend zwischen der Velia und den Carinae, also zwischen der an den Palatinus im Norden anstoßenden Anhöhe und dem im Westen des Esquilinus liegenden vornehmen Stadtteil, dieses Areal gehörte seit über einhundert Jahren zu den begehrtesten Wohngegenden der römischen Oberschicht. Hier standen die Häuser des Tullius Hostilius, der Valerier, Spu-

rier und Cassier. Auf den Carinae hatte Pompeius sein Haus, beim Tempel der Erdgöttin Tellus befand sich das Anwesen von Ciceros Bruder Quintus. Iulius Caesar hingegen hatte in einem bescheidenen Haus in der Subura gewohnt, bevor er nach seiner Wahl zum Oberpriester in die Domus publica auf dem Forum zog.
Auf dem Esquilinus gab es nur wenige öffentliche Gebäude. Bei den meisten handelte es sich um Zweckbauten und mehrere kleinere Bäder. Auch die Tempel waren nicht zahlreich, obwohl die Entstehung einiger in eine sehr frühe Zeit zurückging, so die Tempel der Diana und der Fortuna Virgo, beide vom König Servius Tullius am äußersten Westrand des Hügels errichtet. Der Tellus-Tempel in den Carinae war erst vor fünf Jahren (54 v. Chr.) von Quintus Cicero restauriert worden. Auf einer Wand des Tempels war eine große Karte Italiens gemalt.
Das Haus des Cornificius lag am Clivus Cullius, der in schneller Steigung den Clivus Suburanus erreichte und weiter bis zur Porta Esquilina führte.
»Hübsche Gegend an sich!« lobte Alexander, und Archelaos ergänzte: »Vornehm! Still! Hier läßt's sich leben.«
»Möchte nur wissen, was die Bauplätze als solche heute kosten, dergestalt sie kein Sterblicher mehr bezahlen wird!«
»Kannst den Antipas ja mal danach fragen.«
»Wie? Antipas? Wer ist das? Ist das... ist das... ist das etwa der Hausmeister des edlen Cornificius?«
»*Hic est!* – Er ist's.«
»Frechheit!« Aber er sagte nicht, ob er damit Antipas oder Archelaos meinte.
Des Cornificius Haus, dessen Lage sie von Gaius' Beschreibung her gut kannten, war eines der ältesten am Platze. Es war nicht sehr groß, nicht so groß wie das der Volcatier am Caelius, zu schweigen von Gaius' Haus am Palatin. Dafür machte es, schon auf den ersten Blick, einen äußerst gepflegten Eindruck, was man von einigen anderen Häusern dieser Gegend nicht sagen konnte.
Die Haustür befand sich hier nach sehr alter Art noch innerhalb der vier Wände des Eingangs am Ende des nach vorne offenen *Vestibulums*, des Flures, so daß ein Teil von ihm vor der Türe lag, was bei regnerischem oder stürmischem Wetter den Vorteil hatte, daß man zunächst unter sein Dach treten konnte und dann erst nach den Schlüsseln greifen mußte, geschützt vor der Unbill der Natur.

Alexander reckte sich und brummte: »Geh du voran und betätige den Klopfer!«
»Wieso ich?«
»Weil ich es sage!«
»Dein gutes Recht. Also klopfe auch selbst! Wer ist denn immer auf Hausmeister so schlecht zu sprechen? Ich vielleicht? – Wer sucht denn immer Streit mit ihnen? Ich vielleicht? – Wer legt sich denn immer mit fremden Wachtposten, fremden Sekretären und fremden Lictoren an? Ich vielleicht? – Also erledige das bitte selbst!« Archelaos betrachtete mit größtem Interesse und einem kühlen Lächeln auf den Lippen seine Fingernägel, rieb sie am Ärmel und wartete der Dinge, die da kommen sollten.
»Na, dann eben nicht! Aber das... das wird er mir büßen!« Alexander machte Anstalten, den bronzenen Türklopfer zu bewegen und – wie Archelaos ahnte – ihn mit großer Gewalt gegen das Holz zu donnern. Darum hob Archelaos den warnenden Zeigefinger und sagte: »Die Tür ist mindestens einhundert Jahre alt. Cornificius wird an ihr hängen. Es sei denn, du willst ihm zum Geburtstag eine neue schenken.«
Alexander – den Klopfer schon erhoben – preßte die Lippen fest zusammen und brummte: »Es ist un... es ist ungeheuerlich, was man sich in diesem Städtchen alles als solches bieten! Das werde ich dir nie, nie vergessen! Was hast du mir eigentlich getan, daß du so... so...«
Doch er kam nicht mehr dazu, den Satz zu vollenden, auch nicht, den Türklopfer zu bewegen, denn die Tür öffnete sich von allein – so schien es –, und die Überraschung der beiden war groß, als sie in ein unglaubliches Gesicht blickten: Gerahmt von einem wunderbaren dunkelbraunen Bart, zeigte es feine Fältchen, besonders an den Schläfen, und gerade in diesem Augenblick reihten sie sich parallel nebeneinander, denn die dazugehörigen blauen Augen lachten die beiden an, und es war ein Lächeln von der Art, der man nicht leicht widerstehen kann. Dann vernahmen die Volcatier eine angenehme Baritonstimme: »Aha!« Freilich, dieses »Aha« war von einer besonderen Art! Es war nicht wie das »Aha« des Alexander, wenn jener eine gesetzesbrecherische Beobachtung machte und mit diesem »Aha« alles im Umkreis von zehn Schritt aufhorchen ließ. Nein, dieses »Aha« hier drückte freundliche Überraschung aus, so als ob jemand angekommen war, auf den man jahrelang vergebens gewartet hatte, den man nun empfing, als wäre

er wie Odysseus zwanzig Jahre unterwegs gewesen. Und weiter hieß es: »Das können doch nur Alexandros, Sohn des Alexandros aus Theben, und Archelaos der Kilikier sein!«
»Wie willst du solches als solches wissen?« herrschte Alexander ihn prompt an. Doch der Mann behielt seine freundliche Mimik bei, ergänzt nun durch eine einladende Geste mit der Hand, und sagte: »Oh, liebe Freunde! Das fragt ihr noch? Nach dem, was mein Herr Cornificius mir von euch erzählt hat, konnte es niemand anderes sein. Wie schön, daß ihr endlich einmal den Weg unter das Dach dieser ärmlichen Hütte gefunden habt!«
Alexander war perplex. Er wußte eine Weile nicht, was er sagen sollte. Er stand nur so da, ließ die Arme baumeln und starrte den Antipas – denn um diesen mußte es sich handeln – an, holte dann sein Kurzschwert aus der Scheide, betrachtete es und steckte es wieder weg.
»Wollt ihr nicht hereinkommen?«
»Selbstverständlich!« sagte Archelaos, drückte sich an seinem Freunde vorbei und betrat den inneren Teil des Flures, so daß Alexander wohl oder übel folgen mußte, dabei von Antipas' Arm freundlich geleitet.
Als sie drinnen waren, rief Antipas nach einem Sklaven, dem er auftrug, ein köstliches Frühstück für die Gäste zu bereiten. Dann geleitete er sie selbst durchs Atrium ins *Tablinum** und nötigte sie, Platz zu nehmen. Alexander ließ alles über sich ergehen.
Er merkte sehr wohl, daß Antipas ihm eine große Ehrerbietung entgegenbrachte, und gerade das konnte er nicht fassen. Denn noch nie, solange er in diesem »lausigen Städtchen« lebte, war ihm vorgekommen, daß ein fremder Hausmeister ihn mit der größten Selbstverständlichkeit freundlich, ja liebenswürdig behandelte. – Oder war das vielleicht gar nicht der Hausmeister?
»Herhören!« Antipas war ganz gespannte Aufmerksamkeit. »Bist du hier der Meister des Hauses? Dergestalt du auf alles achtest, was dir vor Augen und Ohren kommt?«
»Ja, so kann man es nennen. Du hast das sehr hübsch gesagt: Was man vor Augen und Ohren bekommt! Sehr hübsch!«
Er lachte freundlich, und Alexander sah sich gezwungen, seine mürrische Miene etwas aufzuhellen.
Antipas fuhr fort: »Aber das kennst du ja. Man hat sich um alles

* *Tablinum:* Raum des Hauses zwischen Atrium und Innenhof.

zu kümmern. Muß darauf achten, daß die Faulpelze von Sklaven alles wieder an den richtigen Platz bringen. – Tja, ich bin hier in der Tat so etwas wie ein Mädchen für alles. Ihr versteht?«
Er lächelte sie an, und sie lächelten zurück, Alexander immer noch etwas gequält.
Das Essen kam, und Antipas sorgte selbst, daß die beiden die besten Stücke vom Kuchen, vom Honiggebäck, von den Plätzchen bekamen. Er selbst aß wenig, mehr aus Höflichkeit, und die beiden Besucher waren von seiner herzlichen Fürsorge sehr angetan.
»Ihr hättet euch ruhig früher schon einmal hier einfinden können, zumal der Ruf eurer Taten euch weit vorauseilt!«
Er meinte das, wie sie spürten, tatsächlich ernst, und Alexander kam nun nicht umhin, der herzlichen Begrüßung und Beköstigung Rechnung zu tragen, was er auf seine Weise tat.
»Herhören!« Antipas hörte aufmerksam her. »Da du ja an sich nicht nur der Meister des Hauses, sondern ebenso, wie du selbst soeben sagtest, auch für alles ein Mädchen, dergestalt du dich um alles kümmern, insonderheit die Faulpelze, so allenfalls unter diesem Dache ihr Unwesen wie in dem unsrigen, kurz: Ich und der edle Archelaos sehen uns durchaus gezwungen, dich in deiner göttlichen Ruhe zu stören, dergestalt wir dazu den Auftrag deines und unseres Herrn als solchen haben.«
»Ich verstehe.« Er lächelte sie beide an. »Aber wie lautet euer Auftrag?«
Sie erklärten es ihm, sahen dabei, wie das Freundliche langsam aus dem Gesicht von Antipas wich und einem großen Ernst Platz machte. Dann rief er: »Selbstverständlich! Es ist ja auch eine Ungeheuerlichkeit! Ich habe mich schon gefragt, habe mir tausendmal überlegt, wie ich wohl in den Besitz dieser falschen Münzen gekommen bin. Man müßte sich tatsächlich die Mühe machen und das gesamte flüssige Geld, das sich im Hause befindet, untersuchen und prüfen, ob sich darunter falsche Stücke befinden. Aber ich kenne mich darin nicht so sehr aus.«
»Das wird Selenus schon machen, wenn Cornificius es wünscht«, sagte Archelaos und fuhr fort: »Erlaube die Frage...«
»Bitte!«
»Bist du nur bei diesem... diesem Buchhändler darauf angesprochen worden oder auch von anderen?«
»Auch von anderen – freilich nicht, weil sie das Geld von mir bekommen hatten!«

»Ach!«
»Ja, sondern sie erzählten es mir als Neuigkeit.«
»Warum?« fragte Alexander.
»Weil ich oft bei den *Librariis* zu tun habe. Wir kennen uns schon lange, und da plaudert man eben über dieses und jenes.«
»Und jenes?«
Er schien solche Alexandrinischen Marotten aus Erzählungen seines Herrn zu kennen, denn prompt gab er zur Antwort: »Jenes war wie dieses.«
»Sehr gut! Archelaos?«
»Hervorragend. – Aber nun sollten wir gehen. Der Herr wartet!«
»Ja, selbstverständlich«, sagte Antipas, erhob sich und ließ sich einen Umhang bringen. Alexander nahm angenehm zur Kenntnis, daß in diesem Hause eine strenge Ordnung, eine klare Hierarchie zwischen den verschiedenen Ebenen des Personals herrschte, und Antipas wurde ihm immer sympathischer.
»Lobenswert hier! Sauberkeit! Ordnung! Dissiplin! Rom braucht sie!«
»Sehr wahr, ja. Lieber Freund, wenn du wüßtest, wie man hinter ihnen her sein muß.«
»Wem sagst du das!« grollte Alexander. »Mein armes Weib kann davon ein Lied singen! Und nun noch diese... diese... diese Zwillinge!« Er meinte die beiden Lictoren von C. V. T.
»Ja, kenne sie. Stehen den ganzen Tag nur in der Gegend herum. Halten sich für was Besonderes! Bringen nur den ganzen Dreck des Forums ins Haus.«
»Hervorragend! Archelaos?!«
»Du sagst es!«
Und dann sagte Alexander: »Komm, lieber Freund, gehen wir zu diesem lausigen Buchhändler. Wie heißt der Knabe als solcher?«
Archelaos traute kaum seinen Augen, denn Alexander hatte Antipas dem Hausmeister – dem Hausmeister! – traulich eine Hand auf den Arm gelegt und führte ihn so einige Schritte bis zum Vestibulum.
»Hm, er heißt Hippias, ist Grieche und ist noch nicht lange hier.«
»Sollte aber länger hier sein, so er sich solcher Frechheiten als solcher erdreistet. Nicht wahr, Antipas?«
»Du sagst es, *amice*, Freund.«
»Kaum zu fassen...«, murmelte Archelaos und blickte ihnen nach.

Ehe sie das Haus verließen, sagte Antipas einem Sklaven, daß er – falls die Herrin Cornificia in der Zwischenzeit zurückkomme und ihn vermisse – mit den beiden Volcatiern in die Stadt sei. Es handele sich um diese Falschgeldangelegenheit.
»Dann kommt!« Sie verließen das Haus.

Es war dann doch nicht dieser Kahlkopf, den sie eben bei ihrem Gang über das Argiletum beobachtet hatten, doch Hippias hatte seine Bude keine drei Schritte weiter. Zwischen dem Buchhändler – er hatte schönes, volles Haar und trug einen Vollbart – und Antipas mußte es gestern zu einem unangenehmen Wortwechsel gekommen sein, denn Hippias zog die Stirn in Falten, als er Antipas wiedererkannte. Dann wurde er spöttisch: »Na, willst du mir noch mehr von diesen Stücken bringen?«
Alexander, der – wie wir wissen – alles, nur nicht Spott im falschen Augenblick ertragen konnte, Alexander sagte: »Augenblick!«, schob Antipas zur Seite und erreichte mit drei gewaltigen Schritten den Tisch des Buchhändlers, hinter dem er auf einem Bastsessel saß und anscheinend an einer alten Buchrolle Ausbesserungsarbeiten durchführte. Davor baute er sich auf: »Herhören!«
Der Mann wollte dies wohl, kam aber nicht dazu, denn plötzlich neigte sich Alexanders herkulische Gestalt nach vorne. Mit beiden Armen packte er sich den erschrockenen Mann bei den Schultern, hob ihn über den Tisch zu sich, setzte ihn dann auf die Kante desselben und fuhr fort: »Wie kommst du elendige Buchrolle dazu, den edlen Antipas, Sohn des Antipas, in Diensten des herausragenden Praefecten und Fürsten der Dichter als solchen zu verdächtigen, dergestalt du wohl einmalige Frech- und Kühnheit des gesamten Erdkreises an sich für dich beanspruchst, insonderheit diesen edlen Mann an den Rand des Abgrundes!?«
Da er diesen gigantischen Satz, der seine Wirkung nicht verfehlte, in Griechisch, seiner Muttersprache, von sich gegeben hatte, war er fast fehlerfrei. Hippias versuchte, sich aus den Pranken Alexanders zu lösen, doch dieser lockerte den Griff in keiner Weise, so daß die Situation, in der sich der Buchhändler befand, geradezu lächerlich war.
Archelaos stieß den Freund an und sagte in scharfem Ton zu Hippias: »Sag an, Meister! Ist dir solches schon öfters passiert?«
»Wie? – Ich rede nicht, wenn mich dieser... dieses... Ungeheuer festhält!«

Da Alexander erneut zupacken wollte, legten nun beide, Archelaos und Antipas, ein gutes Wort ein, und endlich kam der Mann frei.
»Also...«, schnaufte er, »das ist mir in meinem ganzen Leben noch nicht...«
»Aber nun ist's eben, nicht! Hüte also nächstens deine Zunge, ehe du antwortest, auf daß es dir gutgehe auf Erden! Und nun sprich – und zwar die Wahrheit! Du scheinst nicht zu wissen, wen du vor dir hast! Hier steht Alexandros, Sohn des Alexandros aus Theben, Freund des Gallischen Krieges und des Proconsuls beider Gallien, in Diensten des unvergleichlichen Curulischen Aedilen Gaius Volcatius Tullus, und ich sage dir: Hüte sie! Haltung, Mann! Beherzt! Man braucht es! – Na also...«
Entgeistert blickte Hippias einige Male in die Runde, doch die beiden anderen ermunterten ihn lediglich durch Nicken mit dem Kopfe, endlich zu antworten.
»Ja, also, es ist schon verschiedene Male passiert.«
»Wieviel verschiedene?«
»Wie? – Also, ich denke, so an die zehn-, zwölfmal.«
Archelaos pfiff durch die Zähne und fragte: »Was waren es für Leute, die mit falschem Geld zahlten? Waren es ehrenwerte Männer wie Antipas, die durch irgendein Versehen zu diesem Geld kamen?«
»Ehrenwert... Wie will ich das wissen? Viele sogenannte Ehrenmänner stellen sich später als...« Er brach ab und schwieg.
»Als was?« fragte Alexander und kam näher.
»Nichts. Als nichts heraus!«
»Dein Glück!«
Archelaos fuhr fort: »Kanntest du jemanden von ihnen?«
»Nein. Es waren Gesichter, die ich noch nie gesehen hatte. Es mochten wohl Fremde sein. Wer will das wissen!?«
»Ich!« dröhnte Alexander.
»Aber ich sagte doch schon, wer will das wissen!«
»Eben! Ich!«
Antipas schaltete sich ein und sagte freundlich: »Ich glaube, wir sollten noch bei einigen anderen fragen. Wir danken dir, Hippias. Und denk an meine Bestellung!«
»Gewiß, Herr! Gewiß!« Er verbeugte sich, drehte sich um und begann, den Tisch aufzuräumen, auf dem während der vorherigen Szene einiges in Unordnung geraten war.
»Netter Mensch, dieser Hippias. Sehr freundlich!« sagte Alexander.

»Ja, das ist er immer.« Antipas mußte lachen. »Er wird dich von nun an zu seinen besonderen Freunden zählen.«

Die Gespräche mit einigen anderen Händlern brachten an den Tag, daß es sich keineswegs um einen Einzelfall bei Hippias handelte. Alle konnten sie falsches Geld, das sie behalten hatten, vorweisen. Alexander tauschte es gegen richtiges ein und nahm die gefälschten Stücke an sich, um sie Gaius zur Prüfung mitzubringen.
»Sag mal...«, wandte sich Alexander danach an Antipas, »geh als solcher mit zu unserer elenden Hütte. Dein Herr Cornificius ist noch da, dann bekommst du gleich mit, was der edle Selenus gleich von sich gibt, dergestalt er einen Vortrag darüber!«
Antipas willigte gern ein und begleitete sie nach Hause.

7

Als sie das Haus am Palatin betraten, hatte man sich dort bereits in der Bibliothek versammelt, denn Selenus war vor wenigen Augenblicken eingetroffen. Er hatte freilich noch nicht mit der Deutung der Münzen begonnen, sondern betrachtete sie, indem er ein Stück nach dem anderen vom Tisch nahm, es nahe an Auge und Nase führte – genauso wie es vorhin Gaius gemacht hatte. Die übrigen – es waren Gaius, Cornificius, Menander – schwiegen und verfolgten mit großem Interesse das Tun des gelehrten Griechen.
In diese ruhige Szene platzten die drei Ankömmlinge, und Alexander meldete nach einer äußerst zackigen Begrüßung: »Befehl wie befohlen!« Und dann begann er, ohne weiter auf Selenus und dessen Tun zu achten, mit seinem farbigen Bericht über »diesen Knaben namens Hippias, der es Anbetracht dessen durchaus für notwendig, über die edlen Geldstücke, so ihm der edle Antipas gehändigt, nicht nur die Nase zu rümpfen, sondern auch«!
»Ja?«
»Haben ihm aber unbedingt gutes Benehmen an sich beigebracht. Archelaos!«
»*Sic est.* Wird es nicht so schnell vergessen.«
Nun ließ sich Selenus von Cornificius und von Antipas detailliert berichten, wie sie darauf aufmerksam gemacht worden waren, daß es sich um Falschgeld handelte. Ebenso nahm er interessiert zur

Kenntnis, daß auch bei anderen Händlern solche Münzen aufgetaucht waren. Dann griff er sich mit der rechten Hand – wie es seine Art war, wenn er sehr intensiv nachdachte – kurz ans Kinn, verschränkte die Arme und lehnte sich zurück. Alle, die ihn kannten, wußten, daß nun eine fundamentale Belehrung über die Herstellung von Falschgeld fällig war, denn es gab nichts, womit sich Selenus nicht irgendwann intensiv beschäftigt hätte. Sein Wissensdurst war unersättlich.

»Zweifellos...«, begann er, und ein feines Lächeln spielte um seine Lippen, »ist die Erfindung des Geldes älter als die des Falschgeldes – aber vielleicht ist sie nur wenige Augenblicke älter...«

Man schaute sich in der Runde an, und alle Mundwinkel hoben sich zu einem heiteren Lächeln.

»Auch ein Kunstwerk«, fuhr er fort, »wird erst angenommen, wenn es alt ist. Also muß ein Fälscher darauf achten, seine Fälschung alt erscheinen zu lassen. – Ich komme gleich darauf zurück.« Er machte eine Pause, um den rechten Anfang zu finden, und seine Zuhörer wagten keine Zwischenfrage.

»Die Methoden passen sich dem jeweiligen Stand der Technik und dem Können des Fälschers an, sind aber oft auch um vieles primitiver, weil die technischen Hilfsmittel zu teuer sind oder der Fälscher nicht raffiniert genug. Das Fälschen der Münzen ist ja viel älter, als wir gemeinhin anzunehmen geneigt sind. In der Frühzeit bereicherten sie sich, indem sie die Ränder der Münzen befeilten und beschnitten, um auf diese Weise einen Bestand an Gold und Silber zu erhalten. Dies dürfte die einfachste und älteste Form des Münzbetruges gewesen sein, dem heute zuvorgekommen werden soll, indem man den Münzen einen gezahnten Rand gibt. Man nennt diese Stücke *Serrati*, ›Gesägte‹, von *Serra*, der Säge. Sie erhalten diese Einkerbungen in ihrem Rand, um zu zeigen, daß sie bis in ihren Kern hinein aus dem gleichen edlen Material sind. So wie dieser Silberdenar hier...« Er hob ihn hoch und zeigte ihn. Man schaute kurz hin und nickte beifällig.

»Diese Einkerbungen werden natürlich schon im Schrötling, dem Rohling der Münze, angebracht, bevor er in den Prägestock kommt.« Er legte die Münze zurück und wandte sich einer anderen zu.

»Wesentlich schwieriger, dafür aber auch gewinnträchtiger, ist das Aushöhlen der Münze...« Er griff nach einem ledernen Beutel, den er neben sich liegen hatte, und entnahm ihm eine Münze.

»Ich sammle gerne solche Dinge...« Er legte das Exemplar vor sich auf den Tisch, und alle starrten darauf.
»Woher hast du sie?« fragte Cornificius.
»Aus Griechenland. Aber es ist eine Münze aus Syrakus.« Er ließ sie herumreichen. »Na, wie macht man das?«
Archelaos meldete sich und erhielt das Wort.
»Sie wird vom Rande her angebohrt, und mit spitzen, scharfen, harten und bohrenden Instrumenten wird ein Teil des Inneren herausgekratzt.«
»So ist es.«
Doch Alexander brummte: »Jetzt wird er auch noch Falschmünzgelder! Sollte an sich verboten werden...«
»Das Problem ist«, fuhr Selenus fort, »den entstandenen Gewichtsverlust wieder auszugleichen. Das geschieht dadurch, daß ein geeignetes, minderwertiges Metall, wie zum Beispiel Blei oder Zinn, in den Hohlraum gegossen wird. Das ist hier geschehen!« Er hielt das Stück hoch. »Freilich ist das Bohrloch im nachhinein sehr schwer unkenntlich zu machen, wie ihr hier seht!«
Auch diese Münze wanderte um den Tisch, man sah genau hin, nickte, murmelte etwas.
»Die nächste Methode ist noch schwieriger. Handelt es sich doch hierbei um das Aufspalten der Münze in der Mitte durch eine feine Säge. Man kratzt einen großen Teil des Edelmetalls aus dem Inneren heraus, füllt den entstandenen Hohlraum mit Blei auf und verbindet die beiden Hälften wieder kunstvoll miteinander. Das Ergebnis seht ihr hier: einen ›Subaeratus‹...«
Subaeratus bedeutet, daß sich *sub aere*, unter dem Edelmetall, dem *Aes*, ein minderwertiges Metall befindet.
»Doch ist es auch hier sehr schwierig, die Fälschung spurenlos zu vertuschen. Der gelötete Rand wird einem geübten Betrachter nicht entgehen. Freilich gibt es auf diesem Gebiet große Könner – wie ich an den Fälschungen sehe, die hier von Cornificius mitgebracht worden sind. Es gibt da ungemein geschickte Fälscher, die jede äußerlich sichtbare Spur der Fälschung zu beseitigen in der Lage sind; und dennoch...« Er hielt einen Denar zwischen Daumen und Zeigefinger, schlug mit einem metallischen Schreibgriffel dagegen, wodurch die Münze etwas in die Höhe geschleudert wurde und einen hellen Klang von sich gab.
Dann nahm der gelehrte Grieche einen anderen Denar, ließ ihn ebenfalls klingen und sagte mit leichtem Lächeln: »Ihr habt selbst

den Unterschied im Klang gehört. Eine der beiden Münzen ist gefälscht. Welche ist es?«
Cornificius tippte auf die, die er zuerst geworfen hatte, und Selenus nickte: »Ja, sie klingt eben nicht rein, weil zwei verschiedene Metalle dreifach nebeneinanderliegen. Wenn eine Münze so klingt, sagt sie dem Kenner, daß sie falsch ist. Der gemeine Mann, der darin keine Übung besitzt, wird freilich kaum in der Lage sein, einen Unterschied herauszuhören. Unser Hippias freilich scheint sich darauf spezialisiert zu haben.«
»Sollte sich Anbetracht dessen an sich durchaus auf seine lausigen Bücher! Sind zur Hälfte auch gefälscht als solche! Sollte unbedingt verboten werden! Nicht wahr, Antipas?!«
»Wie? – Ja, du sagst es...«
Selenus aber fuhr in seinen Erläuterungen fort: »Will man also Denare – und nur bei ihnen lohnt sich die Mühe, da sie aus Silber sind – gewinnbringend fälschen, muß man folgende Voraussetzungen beachten...«
Nun waren die Zuhörer, besonders Gaius und Cornificius, bei der Sache.
»Erstens: Man muß sie in großer Menge herstellen, da sich nur dann der Aufwand lohnt.
Zweitens: Man muß über hervorragende Kenntnisse in der Metalltechnik verfügen – oder jemanden in seinen Diensten haben, der über diese Fähigkeiten und Kenntnisse verfügt.
Drittens: Die gesamte Produktion muß – da man ja größere Mengen herstellt – unbedingt im verschwiegenen, das heißt in abgelegenen, versteckten Räumen oder Werkstätten, vor sich gehen.
Dies alles setzt voraus, daß ein Mann, der heutzutage im großen Stil Denare fälschen will, über hervorragende Leute, Geräte und Räumlichkeiten verfügen muß, wenn er Erfolg haben will. Im übrigen muß er von einem ganzen Stab von Mitarbeitern unterstützt werden, denn er kann sich ja nur dann zufriedengeben, wenn das von ihm gefälschte Geld in großen Mengen unter die Leute gebracht wird.«
Er schaute in die Runde, sah ernste Gesichter, die das Gehörte verarbeiteten, und so nickte er und fügte noch an: »Aber ich habe noch zwei Fälschungsverfahren vergessen, und sie können in der Hand eines Meisters durchaus am überzeugendsten gelingen.
Das eine ist das Verfahren des Versilberns oder des Vergoldens.
Dazu nimmt man eine geeignet erscheinende Münze aus weniger

edlem Metall – etwa Kupfer, Bronze oder eine andere Mischung –, macht sie glühend und taucht sie in flüssiges Silber oder Gold. – Eine solche Fälschung zu entdecken ist bei den geringen exakten Kenntnissen unserer Bevölkerung ungemein schwierig, denn nur wenige vermögen zu erkennen, daß dieser oder jener ältere Münztyp nicht in Gold oder Silber, sondern nur in Erz kursiert. Will der Fälscher also sichergehen, so muß er zunächst die goldene oder silberne Originalmünze in Erz nachbilden, sie also entweder nachgießen oder einen entsprechenden Stempel schneiden lassen und sie dann nachprägen, um sie schließlich zu versilbern oder zu vergolden.«

Er räusperte sich kurz und fuhr dann, da man nicht zwischenfragte, fort: »Ich komme zum letzten Verfahren, und es ist das beliebteste, das auch die meiste Verbreitung findet: Ich meine den Guß. Hierzu ist eine Gußform notwendig, die man sich bei einiger Sachkenntnis gut selbst herstellen kann. Als Material kommen Ton, Gips oder ein fester Brei aus Ziegelmehl in Frage, in die man die Vorder- und Rückseite der Münze, die man nachzugießen gedenkt, abdrückt. – Das Material muß dann zunächst trocknen, um anschließend gebrannt zu werden. Danach hat man die aus zwei Teilen bestehende Form, die nun einen Einfüllstutzen und eine Öffnung haben muß, aus der die Luft entweichen kann. Die beiden Teile werden aneinandergesetzt, und nun kann der Guß erfolgen. Man nimmt dazu meist Blei oder Zinn oder eine Legierung beider Metalle. – Die nach dieser Methode gegossene Münze ist aber noch verschönerungsbedürftig. Zunächst muß der Gußzapfen abgetragen werden. Dann ist der Grat zu beseitigen, der immer am Rande sitzt; denn nie passen beide Formteile so glatt und nahtlos aufeinander, daß nicht Gußmasse zwischen sie eindringen würde. Nach Beseitigung dieser großen Mängel ist vielleicht noch hier und da eine Unschärfe des Münzbildes oder der Schrift durch Nachziselieren zu beheben – ja, und dann muß die Münze, sofern sie nicht durch die benutzte Legierung ein ›echtes‹ Aussehen hat, noch versilbert werden.«

»*Incredibiliter!* – Unglaublich!« rief Alexander. »Sollte durchaus verboten werden!«

»Nun hat«, fuhr Selenus fort, »auch diese Art der Fälschung ihre Mängel und Schwächen. Ist es dem Hersteller gelungen, die verräterischen Spuren des Gießrandes zu beseitigen und hat seine Münze den Glanz eines echten Stückes, so haften ihr doch eine

Anzahl weiterer Schwächen an, die sich nicht abstellen lassen, weil sie in der Natur der Methode liegen. Beim Trocknen und Brennen der Form zieht sich die Münze etwas zusammen, schrumpft also, und das in sie eingedrückte Münzbild tut dies auch. Beim Guß selbst kommt nun noch eine weitere Tendenz zur Verkleinerung hinzu, weil das Metall, welches die Hohlform in flüssigem Zustand zunächst ausfüllt, beim Erkalten gleichfalls schrumpft. Man spricht da von ›Schwund‹. Dieser ist natürlich bei den einzelnen Metallen verschieden stark. Am größten ist er bei denen mit sehr hohem Schmelzpunkt, am niedrigsten also bei Zinn und Blei, denen dann Silber, Bronze und Gold folgen. Eine nach dem Original abgeformte gegossene Münze ist also immer kleiner als das Original und daher auch in allen Fällen leichter als dieses. Eine gegossene Münze wäre auch bei gleicher Größe leichter als eine geprägte – immer die gleichen Legierungen vorausgesetzt –, weil letztere durch den Druck der Prägung ein festeres Gefüge der feinsten Teilchen aufweist, was zu einem höheren Gewicht führt.«
Der Grieche machte eine Pause, um einen Schluck Wein zu sich zu nehmen, und niemand wagte es, seinen konzentrierten Gedankengang zu stören. Selenus räusperte sich und fuhr fort: »Die gegossene Münze hat, wenn sie nicht nachträglich bearbeitet und versilbert wird, eine Gußhaut mit rauher Struktur der Oberfläche, die porös wirkt. Eine Nachbearbeitung durch Ziselieren und Polieren beseitigt diese Schwächen nicht völlig. Warum? – Weil die feinen porenartigen Löcher weit in die Tiefe reichen und daher nicht entfernbar sind.«
»Durch Nacharbeiten«, wandte Gaius ein, »kann man diese Fehler aber doch beseitigen.«
»Durchaus nicht, denn durch einen geschliffenen Diamanten betrachtet, lassen sich die Bemühungen des Fälschers ohne weiteres erkennen und entlarven seinen Betrug. Im übrigen ...« – er lehnte sich zurück – »... wirkt sich der von mir eben geschilderte ›Schwund‹ auch auf die Einzelheiten der Münze, nämlich auf das Bild und die Schrift, aus. Beide verlieren die Härte und Schärfe ihrer Konturen, wodurch die Güsse als Fälschungen bloßgestellt werden können. Und werden diese Schwächen durch Ziselieren behoben – eine langwierige Arbeit –, so bleiben wiederum Reste dieser Behandlung erkennbar. Kurz, der Fälscher hat mit seinem Nachguß viele Sorgen und erlebt nicht immer den Genuß reiner Freude ...«

»Die Freude reinen Genusses ist selten! Archelaos?!«
»*Sic est.*«
»Ich komme zum Schluß«, sagte Selenus und überging den Alexandrinischen Einwurf. »Das letzte Verfahren, das ich nenne, ist das aufwendigste, zugleich aber auch das, was bei entsprechender Könnerschaft den größten Erfolg verspricht. Es sind Stempel zu schneiden, die dem Original möglichst nahekommen müssen. Das Münzbild wird zumeist positiv wie das Original in den Stahl geschnitten und dieser dann gehärtet. Die Patrize wird dann unter Anwendung eines möglichst hohen Druckes in ungehärteten Stahl abgesenkt und ergibt so die Matrize, das negative Abbild. Gehärtet, wird jenes zum gebrauchsfähigen Stempel. – Auch bei dieser Methode kann der Fälscher nur gewinnen, wenn er Münzen aus Silber oder Gold nachprägt, deren Schrot und Korn er wesentlich verschlechtert. Bei Bronzemünzen lohnt sich der Aufwand nicht. – Ich danke für eure Aufmerksamkeit.«
Er neigte sich leicht vor, und in der Runde wurden Rufe laut wie »Hervorragend!«, Vorbildlich!«, und man akklamierte lebhaft.
»Ein Glück«, rief Cornificius, »daß Selenus kein Fälscher ist! Seine Fälschungen wären perfekt!«
»Sind sie ja!« bemerkte Gaius trocken. »Oder hast du schon einmal eine Fälschung als solche entdeckt? Alexander?!«
»He? – Herr, damit spaßt man nicht...«
»Wer spaßt denn?«
»Na, dann eben nicht...« Er motzte, erhob sich und schickte sich an, den Raum zu verlassen.
Wie üblich, kam der Befehl, als er die Tür erreicht hatte.
»Alexander! Herhören!«
Er wandte sich um, ließ aber Kopf und Schultern hängen: »Wenn man in diesem Hause nicht mehr die Würde... die Würde des Menschen als solche... dann kann man ja gehen.«
»Sicher, mein Junge, später! Aber zuvor wirst du zusammen mit Archelaos dem Selenus zur Hand gehen, denn ich nehme an, daß er diese Münzen der Reihe nach untersuchen wird. Seid ganz bei der Sache! Dabei könnt ihr eine Menge lernen! Werdet es brauchen können, wenn ihr von nun an ein besonderes Auge auf sämtliche Münzen des Forums haben werdet! – Herhören! Ich erwarte von euch ganzen Einsatz! Disziplin! Größte Aufmerksamkeit und Vorsicht! Ich vermute, daß dahinter eine großangelegte Aktion steckt. Haltet euch jederzeit bereit!«

Schon während dieser Ansprache war Alexander zu herkulischer Größe gewachsen. Nun dröhnte er: »Jawohl! Selenus zu Händen! Münze ganz bei der Sache! Lernen! Besonderes Auge! Dissiplin! Aktion! Jederzeit!«
»So ist es. Wegtreten!«
Sie rissen die Rechte nach oben, grüßten zackig und hielten sich von nun ab an Selenus, der ihnen mit einem Kopfnicken zeigte, welche Stücke sie mitnehmen sollten. Dazu erklärte er: »Ich werde sie mit zum Caelius nehmen. Dort können wir sie in aller Ruhe untersuchen. Wenn ihr so freundlich wäret...«

Zusammen mit Selenus verließen sie den Raum. Selenus versprach, in etwa einer Stunde das Ergebnis seiner Untersuchungen hier bekanntzugeben.
Als sie gegangen waren, fragte Cornificius den Freund: »Warum hat er nicht gleich gesagt, was er davon hält?«
»Na, du kennst doch Selenus! Er sagt nur dann etwas, wenn er von einer Sache überzeugt ist. Dazu muß er die einzelnen Stücke gründlich untersuchen. Er ist ja auch ein großer Kenner der metallischen Stoffe und somit auch aller Fälschungen von Edelmetallen.«
»Beim Iupiter! Er sollte sein Wissen schriftlich niederlegen, damit auch andere Sterbliche etwas davon haben!«
»Er ist dabei! Er ist dabei!«
»Ach?!«
»Ja, aber er wird erst an die Öffentlichkeit treten, wenn er selbst der Meinung ist, das Werk vollendet zu haben. Da dies aber wahrscheinlich erst gegen Ende seines Lebens der Fall sein wird, können wir uns auf eine Wartezeit von einigen Jahrzehnten gefaßt machen.«
»Ich bewundere ihn«, sagte Cornificius. »Vor allem, weil er bei seinem gigantischen Wissen diese... diese herzliche Bescheidenheit nicht verloren hat.«
»Ja, ich weiß, was du meinst. Ich komme mir bisweilen immer noch wie ein Schuljunge vor, wenn er, so wie eben, aus dem Stegreif ein Privatissimum über Münzfälschung von sich gibt. Genausogut würde er dir einen dreistündigen Vortrag über die Geschichte der athenischen Bergwerke, über die Geschichte der Ptolemäer oder über die stoische Auffassung bei Poseidonius halten... Aber zur Sache! Was hältst du nun davon?«

»Wir sollten mit einer Wertung warten, bis wir das Ergebnis der Untersuchung durch Selenus kennen. Er wird ja wohl mit einer eigenen Theorie nicht hinterm Berg halten...«
Dann gingen sie für eine halbe Stunde in die Kellergewölbe, und Cornificius half dem Freund beim Einräumen, Sortieren und Gliedern des Archivs.

8

Bereits nach einer halben Stunde kehrte Selenus mit Alexander und Archelaos zurück, und gespannt folgten Gaius, Cornificius und Menander ihnen in die Bibliothek, wo Selenus sogleich verschiedene Münzen auf der Tischplatte ausbreitete, eine sehr feine Waage danebenstellte und ein sauberes, unbeschriebenes Blatt Papyrus dazulegte.
»Bitte, setzt euch!« lud er alle mit einer Handbewegung ein, und sie leisteten Folge. Dann warf er einen prüfenden Blick auf die Anordnung der Münzen, lächelte verschmitzt und sagte, von einem zum anderen blickend: »Versucht, die richtigen von den falschen zu unterscheiden. Wie ihr die falschen herausfindet, ist eure Sache.«
Gaius und Cornificius auf der einen, Alexander, Archelaos und Menander auf der anderen Seite begannen mit der Untersuchung, und nun zeigte sich, daß Alexander und Archelaos bei der vorherigen Prüfung durch Selenus sehr gut aufgepaßt hatten, denn binnen kurzer Zeit hatten sie einige Stücke herausgefischt, gesondert geordnet und meldeten: »Das sind sie.«
Selenus wartete, bis die andere Seite fertig war. Nun prüfte er die Entscheidung, wählte bei Gaius einige Stücke aus und legte sie zur Seite, fügte statt dessen andere ein. Dann erklärte er, zu Alexander und Archelaos gewandt: »Sehr gut, meine Freunde! Eure Wahl war richtig, sie sind alle falsch!«
Die beiden blickten sich an, schlugen sich auf die Schulter, und Alexander strahlte: »Herhören! Werde ab hier und heute sämtlichen lausigen Geldmünzfälschern... also den Geldfalschmünzern... auf ihre Fingerchen! Sollte an sich durchaus verboten werden!«
»Einverstanden!« sagte Gaius. »Genau dieser Aufgabe werdet ihr

beiden in den nächsten Stunden und Tagen nachgehen. Aber davon gleich mehr... Ich sehe, daß ihr gut aufgepaßt habt und schnell in der Lage seid, falsche von richtigen Münzen zu unterscheiden. Hervorragend! Nicht wahr, Cornificius?«
»Sehr wahr, ja. Lobenswert!« nickte dieser zu Alexander hinüber, und der so überaus Geehrte wußte sich vor der Fülle des Lobes nicht zu lassen, zog sein Schwert aus der Scheide, betrachtete es, murmelte »Man tut, was man kann!« und steckte die Waffe wieder weg.
Gaius aber forderte den Selenus auf, das Ergebnis seiner Untersuchung zu kommentieren, und der Grieche begann auf der Stelle: »Auffallend ist, daß, was die Methode der Fälschungen angeht, in sämtlichen Fällen der komplizierteste Weg gegangen, die schwierigste Technik angewendet wurde – gehe ich doch davon aus, daß einige plumpe Fälschungen älteren Datums sind und folglich nicht vom gleichen Fälscher stammen wie die technisch hervorragenden, die ich meine. Was ich sagen will, ist dies: Der Fälscher hat zum einen neue Stempel schneiden lassen, um damit minderwertige Metallmischungen zu prägen. Er hat aber auch von vorhandenen guten Exemplaren Abgüsse und davon Patrizen hergestellt. Beide Produkte hat er dann auf eine sehr feine Art versilbert. Hier!« Er reichte verschiedene Denare herum, und alle betrachteten sie mit größtem Interesse.
»Gut«, nickte Gaius, »aber nun sage uns, welche Schlüsse du daraus ziehst!«
Selenus wartete einige Augenblicke, bis alle mit dem Betrachten der Stücke fertig waren, dann lehnte er sich zurück und sagte: »Aus dem vorhandenen Material kann man eine ganze Reihe von Schlüssen ziehen über... über den Urheber des Ganzen, über seine Möglichkeiten, sein technisches Können...«
»...auch über seine Motive?« warf Gaius dazwischen.
»Vielleicht, vielleicht. Wir müssen darüber reden. – Aber zunächst das, was man zweifelsfrei feststellen kann! Erstens: Der Fälscher verfügt über großes, ja man muß sagen, hervorragendes, wenn nicht geniales Können! Vom Äußeren her ist dieser Denar hier nicht von einem echten zu unterscheiden, es sei denn, man nimmt die Waage...« Er demonstrierte es und zeigte, daß das gefälschte Stück ein wenig leichter war als der echte Silberdenar. »Er verwendet eine Mischung aus Blei und Zinn, die dem Gewicht des Silbers am nächsten kommt, was zur Folge hat, daß ein normaler

Händler – sei er nun Buchhändler oder Töpfer – mit seiner vergleichsweise primitiven Waage kaum einen Unterschied feststellen wird. Und er ist, wie ihr seht, ja auch sehr gering.«
»Aber... wie hast du denn...«, rief Cornificius.
»Ganz einfach! Man kratzt das Silber etwas vom Rand ab und zieht die Münze an dieser Stelle unter nicht allzu starkem Druck über ein Blatt Papyrus...« Er machte es vor. »Dann stellst du fest, daß es einen deutlichen, scharf konturierten Strich gibt. Wenn du das mit einem unverfälschten Silberdenar machst, wird die Spur wesentlich undeutlicher. Bitte...« Sie versuchten es der Reihe nach und fanden seine Angaben bestätigt.
»Hervorragend! Archelaos?!«
»Sehr! Ja!«
»Es könnte sogar der Fall eintreten«, fuhr Selenus fort, »daß der gefälschte Denar vom Gewicht her dem echten gleichkäme... Nun, das würde der Fall sein, wenn der Fälscher eine größere Menge Blei nähme, denn Blei ist von seinem Artgewicht her etwas schwerer als Silber. Aber solche Fälschungen sind sehr selten, weil ein Kind sie entlarven könnte: Eine in der Hauptsache aus Blei bestehende Münze ließe sich sehr leicht mit den Fingern biegen, ohne daß man sie erwärmen müßte. Im übrigen brächte man sie schon über einem kleinen Feuer zum Schmelzen. – Aus der Härte dieser Münze schließe ich, daß er wahrscheinlich noch ein drittes Metall in den Schrötling eingeschmolzen hat. Halten wir also fest!
Erstens: Unser Mann muß über großes Wissen in der Metallurgie und über großes Können in der Handhabung der Metalle verfügen.
Zweitens: Er fälscht Denare in großem Stil. So gelungene, um nicht zu sagen: perfekte Fälschungen bedürfen einer Menge Vorbereitungen und Arbeitsgänge. Es würde sich nur lohnen, wenn man eine große Anzahl von Stücken herstellt...«
»Heißt das«, fragte Cornificius dazwischen, »daß er auch eine gewisse Anzahl von Helfern haben muß, um zu diesen Ergebnissen zu kommen?«
»Ja, ganz ohne Zweifel«, nickte Selenus. »Er muß ja mit jemandem zusammenarbeiten, der ihm die verschiedenen Metalle besorgt, ohne dazu lästige Fragen zu stellen. Er muß ferner – sofern er selbst nicht der Stempelschneider ist – einen solchen Fachmann kennen und für sich arbeiten lassen. Schließlich muß er Leute ha-

ben, die das eigentliche Prägen erledigen, und er muß auch Leute haben, die das Geld unters Volk bringen.«
»Hm...« Gaius überlegte, sagte dann: »Also könnte man sagen, daß er – na, sagen wir: daß er etwa fünf Leute für sich arbeiten läßt?«
»Sicher. Mindestens fünf. Es könnten mehr, auf keinen Fall aber weniger sein.«
»Gut, fahr bitte fort, Selenus!«
»Gerne... Ich komme zum dritten Punkt: Er muß einen ganz bestimmten Grund haben, um in dieser Menge und dieser Qualität Münzen zu fälschen. Ich glaube, daß hier unser Ansatzpunkt liegen muß, wenn wir uns auf seine Spur setzen wollen.« Er blickte in die Runde, und alle nickten lebhaft Beifall. »Nun, es ist nach dem vorher Gesagten klar, daß wir es hier mit einem *Falschmünzer* und nicht mit einem *Münzfälscher* zu tun haben...«
»Augenblick bitte, Selenus!« warf Cornificius ein. »Würdest du uns bitte den Unterschied zwischen beiden Begriffen erklären?«
»Nun, der *Falschmünzer* beschäftigt sich mit der Fälschung des umlaufenden, gültigen Geldes. Und er macht sich eines schweren Verbrechens gegen die *Res publica*, gegen den Staat und das Gemeinwohl, schuldig. Der *Münzfälscher* dagegen ist an Fälschung des schmutzigen umlaufenden Geldes überhaupt nicht interessiert. Dieses schätzt er nur als klingende Münze im eigenen Beutel. Ihn interessiert die einzelne, seltene Münze aus alter Zeit, die es nicht mehr als Zahlungsmittel gibt. Er ist sozusagen ein Kunstsammler, der aus seiner Leidenschaft heraus zum Fälscher wird, um in den Besitz des erstrebten Stückes zu gelangen, das er selbst aber nie bezahlen könnte. Aber ich komme am Ende noch darauf zurück... Ich habe, um die Prüfung von weiterhin auftauchenden Stücken zu erleichtern, meinen Schreibern einige Hinweise diktiert, die ich jedem von euch zur Verfügung stellen möchte. Damit ist es sehr einfach, Münzen auf ihre Echtheit hin zu prüfen...«
Er verteilte die Blätter, und sie lasen die Hinweise über die Klangprobe, die Biegeprobe, die Schreibprobe, die Prüfung der Metallfärbung, die Münzbilder und ihre Schärfe beziehungsweise Unschärfe und schließlich über die Beschaffenheit des Randes.
»Ich möchte euch zum Schluß nun doch noch einige Gedanken weitergeben, die mir bei der Prüfung durch den Kopf gegangen sind, weil ich mich schon öfters mit der anstehenden Frage befaßt habe – freilich in einem anderen Zusammenhang –, nämlich mit

der Frage nach den Gründen: Was veranlaßt einen Menschen, irgendwann mit der Falschmünzerei zu beginnen? Nur auf den ersten Blick scheint die Antwort leicht, klar und rational zu sein: Weil er Gewinn haben will! – Freilich ist dem nicht immer so...«
Er machte eine Pause, um sich zu konzentrieren, und die Zuhörer schwiegen erwartungsvoll, denn wie so oft hatte Selenus der Sache eine interessante Wendung ins Allgemeine gegeben; im übrigen aber konnten die Gedanken, die er nun entwickeln würde, durchaus nützlich im Zusammenhang mit der Suche nach dem Urheber des Ganzen sein.
»Der Fälscher gleicht in gewisser Weise dem Hochstapler – gibt sich doch der Hochstapler für eine Person aus, die in der Hierarchie der Menschen höhergestellt ist, als er selbst es ist, und erzielt damit einen Zuwachs an Geltung oder Besitz. Er täuscht sein Gegenüber, indem er seine Persönlichkeit verfälscht. Beim Fälscher nun ist das hochstaplerische Element auf die Gegenstände verschoben, die er herstellt. Er täuscht einen höheren Wert dieser Gegenstände vor, indem er sie als echt ausgibt.
Nun unterscheiden sich allerdings der Münzfälscher oder der Falschmünzer vom Hochstapler durch ihr handwerkliches Talent. Der Hochstapler ist – wie soll ich sagen: gekennzeichnet durch etwas, das ich mit... mit ›Weichheit‹ umschreiben will, denn sie ist es, die es ihm ermöglicht, sich vollkommen dem Gegenüber anzupassen. Er verspricht selten Konkretes, erweckt außerdem den Anschein, sich völlig für den anderen einzusetzen, und das ist das Betörende an ihm. Der Fälscher dagegen verfügt meist über ein großes handwerkliches Vermögen, das die Voraussetzung seiner Fälschertätigkeit ist.
Es kann natürlich der Fall eintreten, daß beide, Hochstapler und Fälscher, in einer Person vereint sind. Dann führt dieser Betrüger eine doppelte Existenz, insofern er einem durchaus angesehenen Beruf nachgeht und im geheimen mit ganzer Kraft, Fertigkeit und Phantasie an der Verwirklichung seiner betrügerischen Herstellung von Münzen arbeitet. Er wird dies, wie die Berichte zeigen, wie ein Besessener tun und sich von nichts und niemandem davon abbringen lassen...«
»Erlaube eine Frage...«, bat Cornificius.
»Bitte!«
»Was ist aber, wenn der Mann, von dem du redest, die Münzen nicht selbst fälscht, sondern von einem anderen fälschen läßt? Ich

meine, wie steht's dann um die von dir genannten Charaktereigenschaften?«
Selenus lächelte: »Nicht anders! Denn auch dieses Vorgehen erfordert minuziöse Planung, Einschätzung aller Risiken, Verlust und Gewinn. – Ich gehe noch einen Schritt weiter und behaupte, daß in einem solchen Fall die Besessenheit noch größer sein könnte, da dieser Mensch mit Sicherheit in noch weitaus größerem Maßstab seine Fälschungen plant und durchführt.«
»Gut«, bohrte Cornificius weiter, »aber dann geht er doch auch ein größeres Risiko ein! Er muß mehr Leute beschäftigen, also ist die Gefahr größer, daß einer der Burschen plaudert!«
»Nein. Je größer die Organisation, um so größer die Disziplin. Ein Mann, der schon so weit fortgeschritten ist, scheut sich überhaupt nicht, mit den allerschärfsten Mitteln gegen Undiszipliniertheit, Trägheit, Feigheit oder was auch immer vorzugehen. Er hat nicht nur viel Geld investiert, sondern er braucht die Befriedigung seines krankhaften Ehrgeizes.«
Gaius meldete sich zu Wort: »Damit wären wir bei der Frage nach den möglichen Motiven. Ich meine, was bringt einen Mann dazu, Geld zu fälschen? Ist er arm? War er reich und will verlorenes Vermögen auf diese verbrecherische Weise wiedergewinnen?«
Selenus wandte sich Gaius zu und sagte: »Ich bin dir dankbar für diese Frage, da sie mich dahin führt, womit ich enden wollte... Ich muß etwas ausholen. Es ist bekannt, daß spezielle Talente – ähnlich wie Schönheit und Reichtum – eine solide Berufsentwicklung verhindern können.«
»Wie das!?« rief Gaius, und Cornificius sagte: »Das mußt du uns erklären! Reichtum und Schönheit? Hinderlich? Nicht möglich!«
»Doch-doch!« lächelte Selenus. »Nehmen wir ein schönes, hochtalentiertes Kind. Es hat die Möglichkeit, eben durch sein Talent und seine Schönheit so viel Geltung zu erlangen, daß es zunächst auf die Bestätigung verzichten kann, die aus einer regelmäßigen, aber anstrengenden Arbeit erwachsen kann – oder nicht?«
»Gewiß«, nickte Gaius.
»Wenn nun aber sein Talent nicht zu seiner Berufsentwicklung verwendet werden kann, dann wird sein Geltungsanspruch nicht befriedigt werden können. Was macht dieser mittlerweile herangewachsene Mensch? Der Anspruch wird zunächst durch Größenphantasien, durch Größenvorstellungen seiner eigenen Person

ausgeglichen. Ihr alle kennt solche Fälle von jungen Männern, die jedem auf die Nase binden, was sie nicht alles können und was sie demnächst Großes vollbringen werden – während in Wahrheit nichts davon vorhanden ist. Das geht so weiter, bis schließlich die Notwendigkeit entsteht, dem gewissermaßen selbst entworfenen hohen Ideal von der eigenen Persönlichkeit realiter nachzukommen. Das Talent, insbesondere eine handwerkliche Fähigkeit, ist im Vergleich zu Schönheit und Reichtum noch am beständigsten und bietet sich daher als Grundlage für die Laufbahn, sozusagen den *Cursus honorum** des Fälschers an. Zum Fälscher muß der Betreffende wahrscheinlich deshalb werden, weil er die in seiner Kindheit entstandenen Größenphantasien durch eine einfache handwerkliche Tätigkeit im üblichen Rahmen nicht mehr befriedigen kann. Auf diese Weise kann sogar ein Talent noch ein weiteres spezifisches Motiv für die hochstaplerische Fälscherkarriere abgeben!«
Er hatte geendet, lehnte sich entspannt zurück und erwartete die Fragen. Als diese nicht sofort kamen, hängte er noch an: »Setzt statt handwerklichem Talent kaufmännische Fähigkeiten ein, und ihr werdet einsehen, daß das Gesagte in einem solchen Falle auch für den gilt, der nicht selbst die Fälschungen herstellt, wohl aber die Fäden des gesamten Unternehmens in der Hand hält.«
Sie waren alle sehr beeindruckt und dachten lange schweigend über das Gehörte nach.
Schließlich sagte Gaius: »Ich danke dir sehr für deine Mühen, Selenus, und ich denke, du hast uns reichlich Stoff zum Nachdenken gegeben. Dennoch möchte ich zum Schluß fragen: Was aber ist, wenn der Unbekannte seine Fälschungen nicht aus den von dir genannten Gründen herstellt, sondern aus – nun, sagen wir: aus politischen?«
»Lieber Gaius...« Das klang schon ein wenig ungehalten. »Das von mir in Kürze Ausgeführte gilt grundsätzlich für alle denkbaren Gründe! Sollten sich dahinter, wie du annimmst, politische Gründe verbergen, dann würde dies nicht meinem Gedankengang widersprechen.«
»Natürlich.« Gaius lächelte seinem ehemaligen Lehrer zu, und dieser lächelte zurück, und Gaius hatte den unausgesprochenen Rüffel wohl erkannt und akzeptiert, wie denn Selenus der einzige

* *Cursus honorum:* Karriere, Laufbahn.

Mensch außer seinem Vater und Cornificius war, der ihn ungestraft tadeln durfte.
Selenus, der seine Aufgabe als beendet ansah, erhob sich. »Ich habe noch eine Menge für den Patron zu erledigen... Falls ihr noch Fragen habt, schickt jemanden herüber zum Caelius.«
Auch Gaius war aufgestanden und geleitete den Griechen aus dem Raum.

9

So ausführlich, subtil und anregend des Selenus Ausführungen auch waren, brachten sie die Ermittlungen zunächst keinen Schritt weiter, da es sich um allgemeine Wertungen handelte.
»Nun gilt es«, sagte Cornificius, »den Mann zu finden, auf den die von Selenus genannten Kriterien zutreffen. Und das wird nicht einfach sein, zumal wir nicht den leisesten Hinweis zu seiner Person haben.«
»Hm...«, machte Gaius, und Cornificius spann seinen Gedanken weiter: »Du kannst ja nicht befehlen, die gesamte Innenstadt zu besetzen, vor jeden Laden einen Posten zu stellen und die Leute ihr Geld vorzeigen zu lassen.«
Gaius ging einige Schritte auf und ab. Dabei hielt er, wie stets, wenn er grübelte, die linke Hand am Kinn. Dann blieb er vor Alexander und Archelaos stehen, was diese in Erwartung eines Auftrages zu einer sehr senkrechten Haltung veranlaßte. Als dann aber kein Befehl kam, ließen sie sich wieder hängen. Dennoch grüßten sie und verließen dann ohne ein Wort den Raum.
Gaius wollte sich zusammen mit Cornificius wieder in den Keller begeben, um letzte Hand an das Archiv zu legen, als Syphax der Numider den Raum betrat, sich artig verbeugte und meldete: »Herr, verzeih die Störung...«
»Ja?«
»Da ist ein... da ist der römische Ritter Aurelius Serenus und möchte dich unbedingt sprechen.«
Gaius seufzte und warf Cornificius einen langen Blick zu, und Cornificius hob resignierend die Schultern, worauf Gaius befahl, den Mann hereinzuführen. Schon im Türrahmen begann es – und wir kennen seine Aufgeregtheit beim Eintritt von zahlreichen Ge-

legenheiten: »Also, ich muß schon, nicht wahr, ich muß schon sagen! Das... das... das ist mehr als ein Schelmenstreich! Mehr als ein Schelmen...«
»Was?« fragte Gaius. »Was ist ein Schelmenstreich?«
»Wie? – Ich grüße euch, liebe Freunde! Wir haben uns lange nicht...«
»Oh, ich denke, es ist erst wenige Wochen her.«
»Wenige Wochen? Es ist erst... So? Wie die Zeit vergeht, ja. Aber es ist mehr als ein...«
»... Schelmenstreich!« ergänzte Cornificius.
»Wie? – Woher? Woher weißt du davon?«
»Ich weiß nichts. Es sei denn, du wirst es uns kundtun.«
»Kundtun? Aber gewiß doch. Darum bin ich ja hier. So setzt euch doch!« Er selbst nahm auf dem nächsten Stuhl Platz.
»*Ecce!* – Da, seht!« rief er und knallte eine Münze auf den Tisch. Gaius und Cornificius warfen einen kurzen Blick auf die Münze, starrten dann sich und schließlich Aurelius an, und Cornificius bemerkte trocken: »Es handelt sich, wie du wissen solltest, um eine Fälschung der Art, daß man eine hervorragende Mischung aus Blei und Zinn für den Kern verwandte, einen neuen Stempel schnitt und in den Schrötling schlug und dann das Ganze noch hübsch versiegelte.«
»Wie? Es handelt sich um...? Woher... Wieso weißt du...?« Aurelius war sprachlos vor Staunen, aber nur eine kleine Weile; denn auf die Frage von Gaius, ob er noch mehr davon habe, rief er: »Mehr? Ich? – Einen ganzen Beutel voll! Einen? – Mehrere!«
»Wie bist du in ihren Besitz gekommen?«
»Besitz? Ich? – Wieso denn ich? Einer meiner Leute kam zurück mit der... der Meldung, daß...«
»Von wo? Von wo kam er zurück?«
»Von wo? Von irgendeinem... irgend so einem Händler aus der inneren Stadt!«
»Von welchem Händler? Bitte, genau!«
Er dachte nach. »Von einem Papyrushändler. Er sollte neues...«
»Kennst du den Mann?«
»Ja, natürlich. Ich kaufe bei ihm seit Jahrzehnten! Es ist Hippias!«
»Sag das noch mal!« rief Cornificius und beugte sich vor.
»Wie? Ich? Noch mal? – Ja, natürlich gern: Hippias! Es ist Hippias, bei dem ich schon seit langem kaufe.«

»Hast du weitere dieser Münzen dabei?«

»Ja, natürlich. Hier...« Er stellte einen Lederbeutel auf den Tisch.

»Welchen Wert stellen alle gefälschten Denare dar?«

»Wert? Na, so an die sechsundfünfzig.«

Gaius sagte: »Würdest du das gefälschte Geld bitte hierlassen!«

»Hierlassen? Warum denn? Und wer... wer bezahlt mir die...?«

»Ich.« Gaius gab dem Menander Anweisung, Aurelius Serenus sechsundfünfzig Silberdenare auszuhändigen.

Während Menander ging, das Geld zu holen, setzte Gaius das Verhör fort, nun doch sehr viel strenger: »Wie hast du bemerkt, daß es sich bei diesen Denaren um gefälschte handelt?«

»Ich? Ich habe nichts, gar nichts... Nein, mein Sohn, der mich um etwas Kleingeld bat...«

»Welcher Sohn?«

»Der ältere. – Man verweigerte die Annahme, als er... ja, was wollte er denn bezahlen? – Als er in Aricia* war und in einer Schenke einen Becher Wein bezahlen wollte.«

»Wie heißt der Besitzer?«

»Probatius.«

Gaius notierte den Namen und sagte: »Wir werden das nachprüfen.«

»Wie? Nachprüfen? Warum denn das? Habe ich etwa...«

»Nein, nein«, beruhigte ihn Cornificius. »Wir sind mitten in Ermittlungen. Und deine Nachricht kommt uns sehr gelegen. Solltest du mehr in dieser Angelegenheit hören, bitten wir dich, uns dies nicht vorzuenthalten.«

Menander kam und schüttete dem Aurelius die Denare in einen anderen Beutel.

»Darf man denn erfahren, wie weit... ich meine, wie weit diese Ermittlungen...«, fragte Aurelius mit sichtlicher Neugier.

»Nein«, sagte Cornificius und drängte den Besucher zur Tür. »Ein andermal. Wir haben viel zu tun. Der edle Alexandros wird dich zur Tür begleiten.« Er rief nach ihm.

Prompt erschien der Thebaner. Alexander tat es mit einem steifen »Bitte durchaus zu folgen!« Und ehe sich Aurelius versah, stand er schon auf der Straße.

* Stadt am Südwesthang der Albaner Berge.

»Da ist doch etwas faul!« rief Gaius, ging zum Tisch und verglich die Münzen, die Aurelius mitgebracht hatte, mit den früheren, die von Cornificius stammten. Sie waren von der gleichen Art der Fälschung.
»Hervorragend gemacht! Sogar künstlich nachgedunkelt, damit die Fälschung nicht auffällt«, bemerkte Cornificius.
Gaius wartete, bis Alexander zurückkam; und als der kam, brummte er: »Unverschämtheit an sich!«
»Was?« fragte Gaius.
»Das!« Er warf einen Denar auf den Tisch.
»Was ist damit?«
»Den lumpigen Bleiklumpen hat er mir geschenkt! Frechheit! Sollte an sich verboten werden!«
Gaius nahm den Denar in die Hand, betrachtete ihn, prüfte ihn durch Kratzen, Schlagen und den vergeblichen Versuch, ihn zu verbiegen. Dann legte er ihn auf den Tisch und sagte leichthin: »Ich weiß gar nicht, was du hast!? Der ist echt!«
Er hatte den Satz kaum beendet, als Alexander die Hand ausstreckte und den Denar blitzschnell in seinem Brustbeutel verstaute. Die anderen, die das verfolgten, warfen sich mit zusammengekniffenen Lippen einen verständnisvollen Blick zu, den Alexander nicht zu bemerken schien, denn er machte ein auffallend zufriedenes Gesicht, ja, er begann auf seine falsche Art zu pfeifen.
»Es reicht!« sagte Gaius, und Alexander grollte beleidigt: »Wenn man in diesem Hause sich nicht mehr über korrektes Geld freuen darf, dergestalt die Welt voll von falschem, kann man ja gehen...«
Er schickte sich an, mit gekrümmtem Rücken die Bibliothek zu verlassen, als der erwartete Befehl ihn innehalten ließ: »Alexander! Herhören!«
Er machte kehrt und lauschte – freilich immer noch in dieser elendigen krummen Haltung. »Du machst dich sofort mit Archelaos auf den Weg nach Aricia! Diesen Probatius verhören! Seid freundlich zu ihm! Ihr seid am Abend wieder zurück! – Vergeßt nicht: Ihr sprecht in meinem Namen!«
»Jawohl!« Er war wieder ganz der alte, reckte sich, dehnte seine mächtigen Schultern und dröhnte: »Herhören! Aricia! Freundlich! Abend verhören! Namen nicht vergessen!«
»Sehr korrekt! Wegtreten!«

Archelaos hatte sich mittlerweile dazugesellt, und nach einem sauberen Gruß, an dem jeder Centurio aus Caesars Zehnter seine Freude gehabt hätte, verließen sie den Raum.
Gaius und Cornificius aber schwiegen eine ganze Weile, betrachteten dabei die gefälschten Münzen, und schließlich sagte Gaius: »Seltsam, was er da über diesen Hippias gesagt hat. Wie erklärst du dir das?«
Cornificius antwortete erst nach einem Augenblick der Besinnung: »Hm, es sieht so aus, als ob er doppeltes Spiel treibt.«
»Wie meinst du das?«
»Aus einem Grunde, den wir noch nicht kennen, reklamiert er bei dem einen die falschen Münzen, gibt sie dem anderen aber mit. – Na, es könnte einfach so sein: Er hat noch mehr von diesem Zeug und will es auf diese Weise loswerden.«
»So könnte es sein. Aber dagegen spricht die Menge! Wenn er die falschen Denare wieder loswerden will, wird er doch nicht so plump vorgehen! Da stimmt etwas nicht...«
Sie starrten die Münzen an, und nach einer Weile schlug Cornificius vor: »So kommen wir nicht weiter. Während wir hier sitzen und grübeln, verteilt der Bursche munter weiter seine falschen Denare unters Volk...«
»Unters Volk?« Gaius blickte plötzlich auf. »Wieso denn unters Volk?«
»Wieso nicht? Was... meinst du denn?«
Gaius war aufgestanden, stützte sich am Tisch mit beiden Händen ab und erklärte: »Wenn du falsche Denare in großen Mengen hergestellt hast und sie nun loswerden willst, was machst du dann?«
Er blickte den Freund gespannt an, und Cornificius zögerte nicht mit der Antwort: »Ich würde versuchen, das Geld in kleinen Mengen beim Kauf dieser und jener Dinge an den Mann, an den Händler zu bringen.«
»Sicher...«, nickte Gaius, stellte sich aber die Situation vor und schränkte ein: »Dann brauchst du lange Zeit, um die Münzen loszuwerden, ich meine, mit Gewinn loszuwerden! Denn du hast dir ja all die viele Mühe gegeben und viel Geld in die Sache gesteckt, um damit am Ende reichen Gewinn zu machen. Das heißt also: Mit kleinen Mengen wirst du's nicht weit bringen. Es sei denn, es würde dir Freude und Genugtuung bereiten, zu sehen, daß du die Leute übers Ohr gehauen hast. Danach sieht mir die Sache aber nicht aus.«

»Du meinst, er hat versucht – und es ist ihm gelungen! –, zu Tausenden falsche Denare loszuwerden?«
»Ja.«
»Aber wie denn?«
»Das müssen wir herausfinden! Es muß zu machen sein!« Gaius schritt energisch im Raum auf und ab, sprach dabei weiter: »Für mich steht fest, daß dieser Hippias in irgendeiner Weise mit der Sache zu tun hat, und sei es nur, daß er um die Hintergründe weiß. Sollte er darum wissen, dann hat er sich strafbar gemacht, indem er an den jungen Aurelius falsche Denare weitergegeben hat.«
»Und was ist, wenn Aurelius das nur erfunden hat?«
»Nein! – Seinen Söhnen traue ich es zu, aber ihm... Warte! Wir sollten uns in jedem Fall seinen Ältesten einmal vornehmen.«
Er läutete. Menander kam, und Gaius trug ihm auf, den Syphax zu informieren, daß er den Decimus Aurelius, den ältesten Sohn des römischen Ritters Aurelius Serenus, in einer dienstlichen Angelegenheit zum Curulischen Aedilen Gaius Volcatius Tullus laden und holen sollte. Dann schickte er dessen jüngeren Bruder, den Micipsa, zu Hippias, ebenfalls mit dem magistralen Befehl, sich beim Aedilen einzufinden.
»Warten wir ab, was sie zu sagen haben...«
Sie begaben sich wieder in den kühlen Keller, um den letzten Rest der Akten, Rollen und Urkunden zu verstauen. Und obwohl sie dabei ununterbrochen an den aktuellen Fall dachten, sprachen sie nicht darüber.

10

Für die fünfzehn Meilen* von Rom bis Aricia brauchten Alexander und Archelaos, da sie sich in fast gerader Linie auf der Via Appia bewegten, eineinhalb Stunden, ohne sich und die Pferde besonders zu hetzen. Am Ort war es auch leicht, die Gast- und Raststätte des Probatius zu finden, da nichts bekannter ist in einer Kleinstadt als Lage und Qualität von Lokalen, und das des Probatius gehörte zur oberen Klasse; sonst wäre wohl ein Decimus Aurelius kaum hier eingekehrt.

* *Meile:* siehe unter »Maße« im Anhang.

Da die beiden Volcatier sich vor ihrem Ritt prächtig herausgeputzt hatten – Alexander trug seine blaue, Archelaos die grüne Tunika –, wurden sie behandelt wie eine Abordnung des ägyptischen Königs. Man geleitete sie unter vielen Bücklingen der empfangenden und bedienenden Sklaven zu den besten Plätzen des an den Schankraum anschließenden Zimmers, in dem sich drei *Clinen*, die Liegen zum Speisen, befanden. Doch den beiden stand nicht der Sinn nach Bequemlichkeit.
»Herhören!« herrschte Alexander den vor ihm stehenden Sklaven an. »Haben durchaus nicht vor, den Rest des hellichten Tages mit sinnlosem Schmausen hinzubringen. Brauchen ein nicht allzu wackliges Stühlchen und Tischchen samt zwei Bechern mit dem besten Falerner, so du im Hause habest. Dazu eine Terrine göttliche Erbsensuppe als solche mit Speck. Nun gehe hin und beschaffe die erbetenen Einzelteile. Wegtreten!«
Der Mann mußte schlucken, brauchte auch danach eine Weile, bis er den Sinn dieser eindeutigen Aufträge in sich aufgenommen hatte, dann fragte er: »Darf es auch Bohnensuppe sein? Wir haben heute nämlich keine Erbsensuppe ...«
Alexander erlaubte es, und der Mann entfernte sich nach einer tiefen Verbeugung. Doch Alexander rief ihn zurück: »Herhören! Melde deinem Herrn, daß der Vertreter des Curulischen Aedilen Gaius Volcatius Tullus ihn durchaus zu sprechen hat.«
»Sehr wohl.« Er ging, während sie in der Ecke Platz nahmen.
Schon wenige Augenblicke später näherte sich ihrem Tisch ein mittelgroßer Mann, an dem schon von fern zwei Dinge auffielen: seine Vollglatze und sein Vollbart. Ansonsten entsprach er in allem der durchschnittlichen Beschaffenheit der Landleute, denn er hatte kräftige Arme, breite Schultern, zahlreiche kleine Fältchen in der gebräunten Haut und starke, knochige Hände. Daraus schlossen die beiden, daß er neben der Gaststätte wohl noch Landwirtschaft betrieb.
»Setz dich!« befahl Alexander, und Probatius leistete der Aufforderung nach einem längeren, prüfenden Blick auf die Kleidung, das Aussehen und das selbstsichere Gehabe der beiden Folge. Sie warteten mit ihren Fragen, bis der Wein und die Suppe auf dem Tisch waren, fragten in der Zwischenzeit nach der Größe des Betriebes, nach der Anzahl der Sklaven, nach der Arbeit, und aus den Antworten gewannen sie ein sehr positives Bild von dem Mann, seinem Gesinde und der Wohlsituiertheit des ganzen Anwesens.

»Das ist ja allenthalben sehr schön hier. Gefällt mir. Nicht wahr, Archelaos?«
»Durchaus, ja. Mir auch.«
»Das freut mich«, beeilte sich der Wirt zu sagen.
Alexander nahm ihn in den Blick und fragte in strengem Ton: »Aber nun sag an, Probatius, wie kamest du Anbetracht dessen dazu, das Geld zurückzuweisen, so dir dieser mißratene Sohn eines edlen Vaters zur gefälligen Bezahlung anbot?«
»Verzeih, aber ich weiß nicht, wen du meinst.«
»Ich spreche durchaus von Decimus Aurelius Serenus, der bei dir eingekehrt ist, sich anschickte, zu zahlen, und von dir als solches hören mußte, die lumpigen Denare, die er dir in die Hand, seien an sich gefälscht.«
Alexander beobachtete sein Gegenüber genau, sah, wie dessen Pupillen sich zusammenzogen, sah, wie Probatius sich mit der Hand über die Glatze, dann über den Bart strich. Nach einiger Zeit sagte der Wirt: »Verzeih, edler... edler...«
»Alexandros, Sohn des Alexandros aus Theben, Freund des Gallischen Krieges und Proconsuls* Gaius Iulius Caesar!«
»...edler Alexandros, aber ich weiß wirklich nicht, wovon du sprichst. Hier ist kein... kein Decimus Aurelius...«
Alexander wurde zornig. »Herhören! Kann drei Sachen nicht ausstehen: kalte Bohnensuppe, warmen Wein – und aricianische Wirte, so sich erkühnen vorzugeben, sie hätten durchaus ihr Gedächtnis als solches verloren! Kann doch noch einen Aurelius unterscheiden! Du hast sein Geld nicht genommen! Warum willst du das denn leugnen?«
Alexanders und Archelaos' Mißtrauen war schon seit der ersten ausweichenden Antwort des Wirtes geweckt, und nun ließen sie ihn, seine Mimik, seine Gestik nicht mehr aus den Augen. Probatius wurde zusehends unsicherer. Er begann seine Hände zu kneten, sagte plötzlich: »Ja, tut mir leid, daß ich euch da nicht helfen...«
Er schickte sich an, aufzustehen, doch Alexanders Rechte hielt ihn auf dem Sitz.
»Du bleibst also dabei«, grollte Alexander, »diesen Decimus Aure-

* *Proconsul:* Titel der Consuln, die nach Ablauf ihres Amtsjahres in Rom als Statthalter in eine Provinz gingen. Dort hatten sie neben der militärischen auch die oberste zivile Gewalt inne.

lius Serenus weder zu kennen noch zu sehen, noch sein Geld als solches zurückgewiesen zu haben...«
»Ja, sicher.«
Alexander beugte sich vor, kam dem Gesicht des Wirtes ganz nahe, sah seine zitternden Augen und sagte leise, gefährlich leise: »Das wird absolut schlimme Folgen für dich haben, mein Junge! – Du bleibst dabei?«
»Ja, sicher.«
»Das heißt jawohl!«
»Jawohl!«
»Schon mal gedient?«
»Wie? – Nein, ich hatte noch nicht die...«
»Aha! Auch so ein Drückeberger! Werde dafür sorgen, daß man dich in den finsteren Norden! Da wohnen sie auf Eisschollen. Bis zum Frühling. Dann gehn sie baden. Kannst ihnen dabei helfen! – Ist ja nicht zu fassen...«
Er hatte sich erhoben. Mittlerweile waren mehrere Gäste im vorderen Lokal aufgestanden, hatten Alexanders barsche Rede vernommen und blickten neugierig zur Tür herein.
»Hier findet durchaus keine Volksversammlung statt. Hier wird nur gegessen und getrunken, daß es eine Freude ist. Empfehle besonders Bohnensuppe, wenn sie warm ist. Wegtreten! Na also.«
Dann wandte er sich wieder Probatius zu: »Solltest dich bereithalten für einen hübschen Spaziergang in Richtung Carcer Mamertinus. Es sei denn, dir fällt dein Gedächtnis an sich wieder ein. Wäre besser für dich und die Deinen.«
Er warf einige Münzen auf den Tisch und ging. Sie hörten noch, wie sich einige der Gäste in das Hinterzimmer zu Probatius begaben, um den Wirt auszufragen.
Draußen sagte Archelaos: »Der Mann lügt.«
»*Sic est.* – So ist es. Sieht dauernd aus, als er sich in die Sandalen pinkelt.«
»...als ob!«
»Eben. Weißt du, was das bedeutet?«
»Sicher. Er hat Angst!«
»Vor wem?«
»Vor den Brüdern, die das Falschgeld herstellen oder vertreiben.«
Sie überlegten beide, was hier am Ort noch zu tun sei, was man unternehmen könnte, um an weitere Informationen zu kommen.

Da ging hinter ihnen die Tür auf, und ein Alter von vielleicht siebzig Jahren, krumm der Rücken, abgemagert und faltig Gesicht und Hände, kam näher, blieb direkt vor ihnen stehen. Sie rochen den billigen Trester, der aus dem Hals dünstete.
»Was willst du?« fragte Archelaos ihn.
»Euch was sagen...« Seine Stimme war schütter wie sein Haar.
»Was?«
»Nicht hier!« Er winkte mit der zittrigen Rechten, ging dabei schon los und erwartete offenbar, daß sie ihm folgten. Sie schauten sich kurz an, hoben die Schultern und schritten hinter ihm her. Er führte sie weg von der *Taberna*, die am Ortsausgang lag, weiter auf die Via Appia, bis er links ein Gebüsch erreichte, an dem ein Feldweg abzweigte, der nach oben in die Berge führte. Nach etwa zwanzig Schritt machte er halt und wandte sich um. Er atmete schwer, ja er keuchte.
Als sie ihn erreicht hatten, wiederholte Archelaos seine vorige Frage: »Was willst du? Was hast du uns zu sagen?«
Statt einer Antwort hielt der Alte ihnen in unmißverständlicher Geste die offene rechte Hand hin. Archelaos holte daraufhin seinen Brustbeutel hervor, entnahm ihm einige Sesterzen und gab sie dem Mann. Er besah sie sich, hielt sie nahe an die Augen, nickte und ließ sie seinerseits in einem alten, speckigen, abgegriffenen Brustbeutel verschwinden.
»Also! Fang an!« forderte ihn Archelaos auf, und endlich begann der Alte: »Der Wirt lügt! Der Wirt lügt!« Dabei fuchtelte er mit der zittrigen Rechten wie drohend durch die Luft.
»Wieso lügt er?«
»Ich habe gesehen, ich war dabei... ich habe gesehen...«
»Was?«
Er hüstelte, steigerte sich schließlich in einen schlimmen Anfall, spuckte Schleim auf den Boden, und Archelaos klopfte ihm beruhigend auf den Rücken.
»Ich habe gesehen, wie der Fremde bezahlte und wie Probatius das Geld zurückwies.«
»Von wo hast du das gesehen?«
»Von der Theke aus. Ich stehe immer an der Theke und trinke dort meinen Trester.«
Die beiden Freunde warfen sich einen Blick zu: Also doch! Na also! – Dann setzte Archelaos das Verhör fort, nachdem er ihm einen Silberdenar gegeben hatte – unter der Versicherung, daß er

echt sei, was den Mann dennoch nicht beruhigte: Er griff sich einen Grauwackestein vom Boden, kratzte mit der Münze daran, roch, nickte und steckte den Denar weg.

»Wie sah der Fremde aus? Alter! Haare! Gesicht! Größe!«

Der Alte fuchtelte beim Reden mit den Händen durch die Luft, suchte nach Worten und gab dann eine sehr genaue Beschreibung des Fremden, die in allen Punkten mit dem Aussehen, dem Alter, ja sogar dem Gang des Decimus Aurelius übereinstimmte.

»Warum erzählst du uns das?« fragte Archelaos.

Der Alte tat so, als habe er nicht verstanden, denn er hielt nachträglich die Hand hinters Ohr, so daß Archelaos die Frage wiederholte.

»Warum? Das geht euch nichts an. Ihr wißt, daß ich die Wahrheit sage. Das genügt. Ich könnte euch noch mehr... noch mehr sagen...«

»Was?«

Er hielt statt einer Antwort wieder die Hand hin, und Archelaos zögerte: »Wie weiß ich, daß das, was du zu sagen hast, wichtig für uns ist?«

Der alte Mann blickte sie lächelnd, ja fast heiter an, und es wirkte wie das Lächeln eines Irren – obwohl er in keiner Weise diesen Eindruck machte.

Er winkte Archelaos nahe heran. Dann rief er, nachdem er mehrmals sichernd um sich geblickt hatte: »Sagt euch der Name eines gewissen... eines gewissen Nicomachus etwas?«

»Wer ist Nicomachus?« stellte sich Archelaos unwissend.

»Hihi... Der gerissenste Tuchhändler von ganz Rom! Aber nun hat er seine Meister gefunden...«

»Was ist mit ihm?«

»Nicomachus hat einen Fehler gemacht! Er hätte ihnen besser ge...« Weiter kam er nicht, denn er riß beide Augen wie ein Wahnsinniger auf, so daß sie wie Kugeln aus den Höhlen traten. Aus dem zahnlosen Mund tropfte der Speichel. Dann ging er lautlos zu Boden, sackte in sich zusammen, fiel langsam nach vorne und blieb halb liegend, halb hockend unbeweglich am Boden. In seinem Rücken aber steckte ein eiserner Pfeil. Und ehe sie alles begriffen und logisch verknüpft hatten, hörten sie, wie sich ein Pferd weiter oben, jenseits der Hecke, im Galopp entfernte.

»Verdammt! Hätten wir die Pferde dabei!« rief Archelaos. »Bleib du hier! Ich hole Hilfe.«

Er stürmte aufwärts, ans obere Ende der Hecke, wo parallel zur Via Appia ein Feldweg sich hinzog und allmählich von ihr entfernte. Der Reiter war nirgends zu sehen. Er mußte nach oben in die Weingärten und Olivenplantagen geritten sein. Archelaos kehrte um und eilte zum Ort und zur Schenke von Probatius.
Er fand den Wirt wieder hinter der Theke und forderte ihn auf, zu folgen. Die Pferde nahm er gleich mit. Da er Probatius nicht gesagt hatte, worum es sich handelte, war er sehr gespannt auf dessen Reaktion, wenn er den Toten zu Gesicht bekäme. Alexander, der sich am oberen Weg die Spuren des Reiters angesehen hatte, ohne besondere Hinweise zu entdecken, kam langsam zurück, und so trafen sie zur gleichen Zeit bei der Leiche des Alten zusammen. Niemand sagte etwas. Die beiden Volcatier blickten den Wirt scharf an, um sich keine Regung in dessen Gesicht entgehen zu lassen.
Doch Probatius schien gelassen zu bleiben, ja, ein kaltes Lächeln spielte um seinen Mund, dann sagte er: »Das mußte ja so kommen...«
»Was?« fragte Alexander.
»Nun, er war ein Dieb, Betrüger, ein Schmarotzer. Er nutzte jeden aus. Er ging keiner geregelten Arbeit nach. Nun hat's ihn erwischt.«
Diese allgemeinen Äußerungen brachten sie nicht weiter. Darum fragte Archelaos: »Kehrte er bei dir regelmäßig ein?«
»Regelmäßig? Nein. Aber manchmal, dann blieb er, bis er nicht mehr gehen konnte. Und dann warfen wir ihn am Ende einfach vor die Tür zu den Hunden.«
»Wie erklärst du dir, daß er von fremder Hand fiel?«
»Ich? Wieso ich? Was habe ich denn mit ihm zu schaffen?« War die Entrüstung gespielt?
»Hat er Verwandte hier?«
»Nein.«
»Wo wohnte er?«
»Wohnen? – Hah! Sag besser: hausen! – In einem alten Schuppen, abseits der normalen Menschheit.«
»Wo?«
»Weit vor der Stadt.«
»Dann führ uns hin!«
»Was? Ich? Jetzt? Ich habe zu tun!«
»Das hat Zeit«, sagte Archelaos scharf und schob ihn nach unten, zur Straße hin. »Hol dir ein Pferd, wenn es weit ist.«

Probatius versuchte einen Augenblick lang im Gesicht von Archelaos zu lesen, fand aber keine Antwort auf seine Fragen, die wohl voller Skrupel waren. So senkte er den Blick, ging vor ihnen her und holte sein Pferd. Alexander befahl zwei Sklaven, den Toten zu bergen und in der Nähe seiner Behausung zu bestatten. Dazu gab er jedem zwei Denare, und sie dankten überschwenglich. Probatius sah es, schwieg aber.
Die Hütte des Alten lag etwa zwei Meilen südlich der Stadt unterhalb der Via Appia, versteckt zwischen wild wuchernden Sträuchern, die wohl ehemals zur Zierde dieses Anwesens hier gesetzt, gehegt und beschnitten worden waren, die nun aber unkontrolliert in die Höhe und Breite wuchsen, ganz wie der Raum und das Licht es erlaubten. Nur ein schmaler Durchgang führte zwischen ihnen zu dem Haus, das zur Hälfte bereits verfallen war: Das Dach war an der einen Seite zusammengebrochen und hatte Teile der Wände mitgerissen. Was noch stand, zeigte Schimmel, Moos, Algen und Schlieren von Schmutz, die das Regenwasser gebildet hatte.
Als sie den einzigen noch bewohnbaren Raum im Erdgeschoß betraten, hielten sie überrascht inne: Hier war das Unterste zuoberst gekehrt, jedes Schubfach, jede Ablage aufgerissen worden, und der karge Inhalt lag zerstreut am Boden; daneben zerschmetterte Krüge, geborstenes Tongeschirr von billiger Qualität.
Sie bewegten sich vorsichtig in diesem Chaos, hoben hier etwas auf, legten es wieder hin, schoben da mit dem Fuß Scherben zur Seite. Verwirrt verließen sie den Raum.
»Wie erklärst du dir das?« fragte Archelaos den Wirt.
»Keine Ahnung.«
Alexander warf einen prüfenden Blick in sein Gesicht und meinte zu sehen, wie seine Augen unruhig an ihm vorbeiflackerten.
»Herhören! Wir reiten jetzt zurück. Du wirst in angemessener Weise dafür sorgen, daß der Alte, der nun unsterblich geworden, zu seinen Vätern geht. Im übrigen wirst du Anbetracht dessen mit Sicherheit noch von uns hören. Wegtreten!«

Als Probatius längst gegangen war, ging Alexander noch einmal durch den Raum und stocherte mit den Füßen im Gerümpel und in den Gegenständen, die auf der Erde lagen. Dabei stieß er aus Versehen mit dem Ellbogen an einen Kerzenständer, der auf einem Regal stand, und dieser fiel mit der Kerze zu Boden.
»Na, dann eben nicht...«, brummte er unzufrieden – doch dann

stutzte er. Er winkte den Freund neben sich und wies mit der Hand auf den Lehmboden, zum Kerzenständer hin: Die Kerze hatte sich vom Ständer gelöst und lag drei Handbreit daneben. Man sah gegen ihre Unterseite.
»Und?« fragte Archelaos.
»Heb sie an sich auf!« Aber er tat es selber, griff die bräunliche, undurchsichtige Kerze und hielt das untere Ende nach oben. Dann pfiff er durch die Zähne.
»Das ist ja nicht zu fassen! Hier!« Er hielt Archelaos die Kerze hin, und dieser erkannte, daß sie in ihrem Innern nicht aus Wachs bestand, sondern aus Eisen.
»Das wird den Herrn ja immer mal wieder freuen. Archelaos?«
»Möglich, ja.«
»Wir wollen es nicht hier auseinandernehmen. Wer weiß, ob die Brüder nicht in der Nähe als solche sind. Komm!«
Sie eilten nach draußen, saßen auf und galoppierten zurück nach Aricia. Schon auf halbem Wege kamen ihnen zwei Reiter entgegen. Es waren die beiden Sklaven, denen sie das Geld gegeben hatten. Diese hielten an, machten große Augen, und der eine stotterte: »Herr! Herr!«
»Was ist, mein Junge?«
»Der Alte! Der alte Mann!«
»...ist nun unsterblich, mein Junge, und auf dem Wege zu seinen Vorvätern.«
»Das mag schon sein, Herr, aber...«
»Ja?«
»Er lag nicht mehr an der Stelle!«
»Nein!«
»Doch, Herr!«
Alexander und Archelaos blickten sich an, dann sagte der Kilikier: »Seid ihr sogleich dorthin gegangen, als ich es euch aufgetragen hatte?«
»Ja, Herr.«
»Ihr habt doch Hunde...«
»Ja, Herr!«
»Holt sie! An die Stelle, wo der Alte lag, bei der Hecke! Beeilung!«
Sie machten kehrt und galoppierten zusammen mit den Volcatiern davon. Bei der *Taberna* kam ihnen Probatius entgegen.
»Ich hab's schon gehört. Sonderbar, nicht wahr!«

»Das wird sich als solches noch herausstellen.«
Die Sklaven kamen mit den Hunden, es waren drei Lakonier, Abkömmlinge der berühmten spartanischen Rasse, leicht gebaut, schlank und rank, mit langgezogener Schnauze und Nase, denen keine Fährte entging, wenn sie erst einmal die bestimmte Witterung hatten. Sie stellten einen großen Wert dar; man mußte für sie eine Summe zahlen, die sich ein Gastwirt eigentlich kaum leisten konnte.
»Sag mal«, wandte sich Archelaos an Probatius. »Du hast da sehr schöne Hunde!«
»Ja, mein ganzer Stolz! Alles, was recht ist, ja...« Er lächelte, als er sie ansah, und sie achteten auf seine Bewegungen und auf seine Stimme. »Hab' lange für sie gespart. Kosten ein Vermögen.«
»Gehst du mit ihnen zur Jagd?«
»Sicher, ja. Darum hab' ich sie ja.«
Archelaos lockte einen von ihnen, doch der machte keine Anstalten zu folgen, sondern blieb, wo er war.
»Hervorragend. Archelaos?«
»*Video.* – Ich seh's.«
»Dann los!« Alexander ritt los, und die übrigen folgten. Als sie die Stelle erreichten, wo der Alte gelegen hatte, ließ Probatius die Hunde am Boden schnuppern und befahl ihnen, zu suchen. Sie waren sich eine Weile unschlüssig. Dann folgten sie dem Weg abwärts zur Via Appia hin und blieben an deren Rand stehen, suchten den Boden ab, überquerten die Fahrbahn und hielten sich unschlüssig auf der anderen Seite. Es dauerte wieder eine ganze Weile, bis sie sich, die Nasen oft prüfend in den Wind gehalten, langsam, immer wieder sich versichernd, vom Ort entfernten. Schon nach wenigen Schritten gaben sie auf und suchten zur anderen Seite hin. Doch auch das endete nach einem kurzen Stück.
»Danke! Das genügt«, sagte dann endlich Archelaos. »Ihr könnt nach Hause gehen.«
»Wollt ihr nicht bei mir zu Abend essen?« fragte Probatius freundlich.
»Ein andermal. Vielleicht morgen...«
Sie sahen, wie Probatius leicht erschrak bei der Aussicht, am nächsten Tag wieder von den beiden besucht zu werden. Dann wendete er sein Pferd und ritt in den Ort. Sie folgten, passierten die Schenke, achteten nicht auf die Neugierigen, die sich mittlerweile eingefunden hatten, weil sie von dem Vorfall gehört hatten.

Als sie endlich durch den Ort waren, ließen sie die Pferde ein Stück traben und galoppieren, und erst als sie wieder in Schritt fielen, sagte Archelaos: »Hältst du es für möglich, daß der Alte nicht tot war?«
Alexander überlegte, dann meinte er: »Weiß du, mir ist an sich gleich aufgefallen, daß der Knabe kein Blut verloren hat, dergestalt ihm zwar der Pfeil im Rücken steckte, er aber keinen Verlust zeigte an Blut. So ausgetrocknete Knaben haben sieben Leben wie Katzen. Hat zwar sicher schon sechs verloren, aber es reichte unbedingt für das siebte.«
»Was schließt du aus den Bewegungen der Hunde?«
»Schöne Hunde! Haltung! Dissiplin! Geschmackvoll! Rom brauchte solche Hunde! – Aber was ihren Spähtrupp über das göttliche Pflaster der Via Appia betrifft, waren ihre Nasen an sich um einiges zu kurz. Hector und Aiax hätten den Knaben gefunden! – Was meinst du dazu?«
»Ich denke, daß jemand den Alten mit einem Wagen oder zu Pferde weggeschafft hat. Und ich nehme an, daß der Alte noch lebt.«

11

Währenddessen waren nacheinander Decimus Aurelius Serenus und der Buchhändler Hippias bei Gaius im Hause am Palatin eingetroffen, und Decimus schwor Stein und Bein, daß der Wirt Probatius zu Aricia das Geld von ihm nicht in Zahlung genommen habe. Er nannte sogar wörtlich die Wendungen, die jener gebraucht hatte.
Gaius nahm dies alles zu Protokoll und ermahnte den Aurelius, sich jederzeit zur Verfügung zu halten, da es sein könne, daß er weitere Fragen an ihn habe, die zur Aufklärung des Falles von Bedeutung seien.
Aurelius aber bot, als er zu spüren meinte, daß diesmal der allmächtige Curulische Aedil Gaius Volcatius Tullus keine Voreingenommenheiten gegen ihn hegte, nun seinerseits alle Mithilfe an, die ihm zur Verfügung stand. Und er war kaum gegangen, als Cornificius dies so kommentierte: »Dann hat er in einer anderen Sache Dreck am Stecken!«

Kurz darauf erschien Hippias, der Buch- und Papyrushändler vom Argiletum, und nun wurde die Sache noch verworrener: Hippias bestritt, dem Decimus Aurelius Serenus falsches Geld gegeben zu haben. Er behauptete sogar, diesen Mann nicht in seinem Laden gesehen zu haben, er kenne ihn überhaupt nicht.
Als Gaius dagegen erklärte, der römische Ritter Aurelius Serenus kaufe bei ihm doch schon lange seine Vorräte an Papyrus und Schreibmaterial, da verneinte er auch dies im Brustton der Überzeugung. Dabei hatte er sich ziemlich erhitzt, das Blut war ihm zu Kopf gestiegen, die Ohren liefen dunkelrot an, aber er suchte seine Ruhe zu bewahren und den Eindruck eines gesicherten, unabhängigen Mannes zu machen, der sich durch derlei weit hergeholte Vorwürfe nicht aus der Ruhe bringen läßt.
»Was würdest du denn sagen, wenn ich dir Aurelius gegenüberstelle?« hatte Gaius gefragt.
Und er darauf: »Nicht mehr, als ich bisher gesagt habe, Aedil. Außer wahrscheinlich, daß dieser Mann lügt und mich verleumdet.«
Daraufhin hatte Gaius ihn entlassen, ebenfalls mit der Bitte, sich jederzeit zur Verfügung zu halten, was Hippias mit lächelnder Miene aufnahm, da er ja ohnehin an den Ort gebunden sei. Zum Schluß hatte Cornificius ihn aber noch gefragt, wie er denn darauf gekommen sei, daß die Münzen, die sein Hausmeister ihm zur Bezahlung gegeben, gefälscht seien.
»Nun«, lächelte Hippias. »Als Kaufmann bekommt man dafür bald einen Blick und ein Gefühl in den Fingern für das richtige Aussehen, das Gewicht, die Beschaffenheit der Münze. Ihr solltet froh sein, daß Leute wie ich so korrekt darauf achten, daß alles seine Richtigkeit hat in diesen verderbten Zeiten.«
»Sicher«, nickte Gaius ihm trocken zu. »Halte auch weiter die Augen offen! Deine Mitarbeit könnte sehr wichtig sein in dieser Angelegenheit, zumal längst nicht alle so unbestechlich sind ...« Damit war er entlassen.
Er war kaum draußen, als Cornificius erstaunt rief: »Sag mal, war das eben dein Ernst?«
»Was?«
»Na, du hast ihn behandelt wie den Retter Roms und des Erdkreises!«
»*Probe*. – Ganz recht. Er soll sich sicher fühlen.«
»Aber du glaubst ihm kein Wort?«

»Abwarten! Mal sehen, was die beiden aus Aricia zu berichten haben. Dann sehen wir weiter...«

Sie trafen dann eine Stunde später ein, als die Dunkelheit längst eingesetzt hatte, und Gaius wollte sie schon wegen der Verspätung zur Rede stellen, als er an ihren Gesichtern sah, daß etwas Außergewöhnliches vorgefallen sein mußte.
»Fangt an!«
Es war dann Archelaos, der einen sehr detaillierten, genauen Bericht über alles gab, was sich ereignet und was sie beobachtet hatten, während Alexander das nun gerafft dargestellte Geschehen mit allerlei seltsamen Grimassen, Aufreißen des Mundes, Lächeln, Zusammenpressen der Lippen begleitete, je nachdem, worum es sich handelte, und er ließ während des ganzen Berichtes kein Auge vom Munde seines Freundes. Als dieser geendet, wandte er sich zu Gaius und Cornificius und erwartete einen Ausbruch des Staunens. Als dieser dann ausblieb, war er drauf und dran, ein »Na, dann eben nicht...« von sich zu geben, als Gaius dem zuvorkam: »Das habt ihr gut gemacht!«
Die beiden blickten sich an und strahlten, dann dröhnte Alexander: »Herr, es kommt noch besser! Hier!« Er stellte den Ständer mit der Kerze auf den Tisch.
»Woher habt ihr das?«
»Aus der göttlichen Hütte des mittlerweile Unsterblichen.«
»Das ist Diebstahl! Schämt ihr euch nicht?«
»Keineswegs. – Archelaos?«
»Warum auch? Ja. Es dürfte ein Corpus delicti sein.«
Als Alexander sah, wie Gaius kurz vor einem Zornesausbruch war, hob er beschwichtigend die Hand und rief: »Das ist durchaus kein normaler... also keine normale Kerze...« Er löste sie aus dem Ständer und hielt Gaius das untere Ende der Kerze vor Augen.
Gaius blickte eine Weile hin, dann stieß er hervor: »Das ist ja unglaublich!« Er reichte die Kerze Cornificius zur Begutachtung.
»Woher? Aus der Hütte des Alten?«
Die beiden nickten. Währenddessen versuchte Cornificius, die äußere Hülle des Wachses zu lösen, was nach wenigen Augenblicken gelang, und heraus kam ein längliches, rundes Gebilde, an dessen unterem Ende sich eine fein bearbeitete, glatte, am Rand mit einer Schrift, in der Mitte mit einer bildlichen Darstellung versehene Metallscheibe befand; beides, Platte und Griff, war aus Eisen.

»Ein Stempel!« Cornificius gab ihn Gaius, und dieser nickte den beiden zu: »Ich wiederhole: Ihr habt hervorragende Arbeit geleistet! Darum hat man die Hütte des Alten auf den Kopf gestellt. Geht euch frisch machen und eßt. Danach werden wir sicher noch Fragen an euch haben.«
Sie nahmen eine hervorragende Haltung ein, rissen die ausgestreckte Rechte nach oben und verließen die Bibliothek.
»Wir müssen mehr Leute haben«, kommentierte Cornificius, der davon ausging, daß man in den nächsten Tagen einiges an Gebäuden und Menschen observieren mußte.
»*Recte*. Richtig. – Ich werde gleich noch jemanden nach Tusculum schicken. Und wieviel könntest du abstellen?«
»Na, ich denke fünf oder sechs.«
Sie überlegten, wie sie vorgehen sollten, und Cornificius schlug schließlich dies vor: »Das Geld wird gewiß hier in der Stadt unter die Leute gebracht, aber es wird in oder bei Aricia hergestellt. Also müssen wir uns dort umsehen und an Ort und Stelle entscheiden, was zu tun ist. Du solltest aber für alle Fälle den Consul Aemilius Paullus davon in Kenntnis setzen. Er wird uns weitere Männer zur Verfügung stellen...«
»Auf die kann ich verzichten«, spottete Gaius. »Es sei denn, er stellt eigene Leute ab.«
»Nun bleib mal auf dem Boden! Die Stadtwache muß eingesetzt werden, wenn es gilt, ganze Straßenzüge und *Insulae** abzuriegeln. Dafür reichen die eigenen Leute bei weitem nicht.«
»Na gut.« Er läutete, ließ durch Menander die beiden Numider holen und schickte Syphax mit entsprechender Weisung nach Tusculum, um dort alle Sklaven bis auf fünf, die das Haus zu hüten hatten, nach Rom zu holen. Selbstverständlich sollten Birria und der Wagenbauer Titus Atilius – den wir noch aus der letzten Geschichte kennen – mitkommen. Den Micipsa aber schickte er ins väterliche Haus am Caelius, um Selenus zu bitten, morgen früh nach Sonnenaufgang zu einer wichtigen Besprechung nach hier zu kommen. Dem Menander trug er auf, sämtliche Sklaven über Nacht hier im Hause am Caelius einzuquartieren.
Als das alles erledigt war, ließ er sich und Cornificius etwas zum Essen bringen und sagte der bedienenden Melitta, ihr Alexander solle sich in einer Viertelstunde mit Archelaos bereithalten.

* *Insula:* Häuserblock.

»Was hast du vor?« fragte Cornificius.
»Die beiden werden sich um Hippias kümmern.«
»Das meine ich nicht...«
Gaius antwortete nicht sogleich, sondern blickte wie abwesend in das Gesicht des Freundes, und es bedurfte erst der Bemerkung »Ich sag's ja immer: Wen der Gott verderben will...«, daß Gaius das Wort nahm: »So ist es, Dichterfürst. – Sag mal, weißt du, wo Gaius Memmius wohnt?«
»Memmius?«
»Ja, ein junger, strebsamer Mensch. Er ist in diesem Jahr Münzmeister.«
»Wenn er im Hause seines Vaters wohnt, weiß ich's. Was willst du von ihm?«
»Gewisse Auskünfte.«
»Woher kennst du ihn?«
»Reiner Zufall. Er ist mit Scribonius Curio verwandt. Leidet übrigens sehr unter dem Pech, das seinen Vater heimsuchte.«
»Ich entsinne mich. Der ältere Memmius war ursprünglich strikter Anhänger der Senatspartei, bis er vor zwei Jahren ins Lager Caesars umschwenkte. Mit dessen Unterstützung versuchte er eine dennoch erfolglose Kandidatur um das Consulat* vor drei Jahren. Danach wegen Wahlbestechung angeklagt und verurteilt. Seit zwei Jahren im Exil zu Athen. Meinst du den?«
»Genau. Laut Curio ist der Sohn ein guter Organisator, integer – und wird darum wohl kaum an die Spitze der Res publica gelangen.«
»Um so besser! Weiter unten fehlt's an Ehrenmännern. Willst du noch heute zu ihm? Unangemeldet?«
»Ja. Die Sache eilt, und die Zeit drängt. Im übrigen komme ich dienstlich und nicht privat. Gehen wir!«
Er hatte den Münzstempel in ein Tuch eingewickelt, das Melitta ihm gebracht hatte; außerdem nahm er den Lederbeutel mit allen Falschmünzen mit. Bevor sie das Haus verließen, erhielten Alexander und Archelaos den Auftrag, Laden und Wohnung des Hippias zu beobachten.

* *Consulat:* Amt des Consuls, des obersten Beamten der römischen Republik. Es wurden stets zwei Consuln pro Jahr gewählt, die völlig gleichgestellt und nur gemeinsam handlungsfähig waren. Siehe auch unter »Die Verfassung der Republik« im Anhang.

Gaius Memmius wohnte ganz in der Nähe von Cornificius, und zwar in einem älteren Hause am Clivus Suburanus auf dem Esquilinus. Und diesem Hause sah man an, daß sein Besitzer nicht zu den Wohlhabenden des Viertels gehörte. Selbst die Trittplatten des Eingangs waren locker; die Tür glanzlos und abgegriffen; der Putz voller Risse, zum Teil abgeblättert wie spätes Laub.
Memmius öffnete selbst, und er blickte höchst erstaunt von einem zum anderen: »Oh! Der Curulische Aedil persönlich?!« Anscheinend kannte er Cornificius nicht. »Was verschafft mir die Ehre?«
Diese Begrüßung klang für einen etwa vierundzwanzigjährigen jungen Mann sehr gestelzt und altertümlich. Und als sie sich in diesem Hause etwas umblickten, fanden sie, daß das gesamte Mobiliar ebenso archaisch wirkte wie die Redeweise des Hausherrn. Dazu stand eine zuvorkommende Freundlichkeit, ja ein jungenhaft frisches Lächeln in eigenartigem Gegensatz.
Nachdem er sie ins Atrium geführt hatte, sagte Gaius endlich: »Wir müssen dich um Verzeihung bitten, ohne Anmeldung zu dieser Stunde hier einzudringen...«
»Aber! Davon kann doch keine Rede sein!« gab er lächelnd zurück, und man merkte, daß dieser Besuch ihm sehr angenehm, ja ehrenhaft war.
»Ich muß denn auch hinzufügen«, ergänzte Gaius, »daß wir in amtlicher Eigenschaft hier sind – wenn auch die beiden Lictoren fehlen.«
Das Wort »amtlich« ließ für einen Augenblick das Lächeln auf dem Gesicht des Hausherrn schwinden, und er starrte Gaius eine Weile verwirrt an. Dann fragte er besorgt: »Hat es mit meinem Tätigkeitsbereich zu tun?«
»Das schon. Freilich betrifft es nicht deine Person, sondern eine leidige Sache...«
»...ein Verbrechen!« nickte Cornificius, und Memmius blickte von einem zum anderen.
»Was für ein... Verbrechen?«
»Hättest du einen Tisch?«
»Aber natürlich! Kommt bitte!« Er führte sie in den Raum, der hinter dem Atrium lag, ein kleines *Tablinum*, jener Raum, in dem man Gäste, Besucher und Fremde zu empfangen pflegte. Dort befand sich ein kleiner runder Tisch aus Bronze, der ausreichte, die Münzen darauf auszubreiten.
»Wir brauchen mehr Licht«, stellte Gaius fest, und Memmius ließ

einen seiner Sklaven noch zwei Öllampen holen. Inzwischen hatte Gaius bereits einen Teil der Münzen auf der Tischplatte ausgebreitet, und Memmius verfolgte dieses Tun mit einigem Erstaunen; er beugte sich vor, um die Münzbilder und Legenden besser erkennen zu können, nahm schließlich dem Sklaven, der die Lampen brachte, eine ab und schwenkte mit ihr nahe über die Münzen, mal hier und da einige Augenblicke verweilend.
Als er sich dann wieder reckte, fragte Gaius: »Und?«
»Fälschungen! – Ob alle gefälscht sind, weiß ich nicht. Darf ich sie mir einmal ansehen?«
»Bitte. Darum sind sie hier.«
Er nahm die Stücke, bei denen er sich nach dem ersten Augenschein nicht sicher gewesen war, in die Hand und prüfte sie auf die verschiedenen Weisen, die wir nun schon von Selenus kennen. Das dauerte eine ganze Weile, und als er damit fertig war, stellte er sachlich fest: »Sie sind alle gefälscht. Freilich einige auf eine hervorragende Art! Ich habe selten solche Stücke gesehen. Würde man sie mir einzeln bei einem Händler in die Hand geben, würde ich sie wahrscheinlich als echte an mich nehmen. Aber nun sag mir, woher du sie hast! Das ist ja immerhin eine nicht unbedeutende Summe!«
Sie setzten sich, und Cornificius referierte so kurz, wie es möglich war, über alles, was zur Vorgeschichte gehörte. Dazu nickte Memmius, den Blick abwechselnd auf Cornificius und die Münzen gerichtet. Das leicht flackernde Licht der drei Flämmchen zeichnete an den Wänden riesige Schatten der drei Männer.
»Und nun wollt ihr, daß ich ...«, begann Memmius und hielt sogleich inne. »Aber was könntet ihr wollen?« – Wieder diese gewundene altertümliche Art, zu reden, die ihm jedoch gut stand.
»Ich möchte in diesem Zusammenhang gerne einige Fragen an dich richten«, sagte Gaius, und Memmius nickte ihm ermunternd zu.
Gaius holte aus seiner Tasche den stählernen Münzstempel hervor, reichte ihn Memmius ohne ein Wort und beobachtete, wie dieser ihn von allen Seiten betrachtete und schließlich seine ganze Aufmerksamkeit der Prägeform zuwandte. Memmius fühlte mit den Fingern über die Vertiefungen und die Grate, roch am Material, stellte das Gerät schließlich auf den Tisch und sagte: »Was diesen Stempel betrifft ... Ich kann dazu wenig sagen. Wir müßten einen Fachmann fragen, einen Stempelschneider. Meine

Kenntnisse reichen nicht aus, zu entscheiden, ob dieser Stempel hier echt oder eine Nachbildung ist. Wir sollten morgen zeitig in die Münze gehen und Libanios, Arrius oder Dion fragen.«
»Wer sind diese Männer?«
»Meine erfahrensten Stempelschneider und Silberschmiede.«
»Hm...« Gaius stand das Mißtrauen im Gesicht. »Sind sie absolut zuverlässig?«
»Absolut? – Wer will das wissen! Zumindest für einen lege ich die Hand ins Feuer: Arrius Rusticus!«
»Und die beiden anderen?«
»Ich vertraue ihnen. Wie willst du sonst eine Münze betreiben, wenn du den Männern nicht vertraust? Sie arbeiten alle drei schon seit zwei Jahrzehnten und länger dort, und niemand hat sich bislang etwas zuschulden kommen lassen. Aber wenn du mich so ganz direkt fragst, welchem der drei... Nun, ich nannte dir sogleich den Namen des Arrius. Ich schätze ihn nicht nur als Münzfachmann, sondern ich achte ihn genauso als Menschen.«
»Wie alt ist er?«
»Genau weiß ich das nicht, aber ich denke, so an die Sechzig.«
»Hat er Familie?«
»Sicher. Er ist mehrfacher Großvater.«
»Was hat er vorher gemacht?«
»Vorher? – Das weiß ich nicht. Da müßtest du seine vorherigen Vorgesetzten fragen.«
»Und die anderen! Was ist mit Dion?«
»Er ist nicht verheiratet, also ohne Familie. Er ist auch etwas jünger.«
»Grieche?«
»Ja.«
»Freigelassener?«
»Nein. Frei geboren in Griechenland. Hat das Fach auch noch in seiner Heimat gelernt. War zeitweise in Syrakusai, um sich den letzten Schliff bei den dortigen Meistern zu holen. Er ist ganz sicher der größte Künstler unter den dreien.«
»Und Libanios?«
»Stammt aus Pontos. Sein Vater schnitt noch die Stempel für Mithridates den Sechsten von Pontos.«
»Du sagtest, Dion sei nicht verheiratet. Wie lebt er?«
Memmius mußte vor der Antwort überlegen; dann sagte er: »Ich muß gestehen, das weiß ich nicht.«

»Hm... Wo wohnt er?«
»Unterhalb des Capitols.«
»Was?!«
»Nun«, lächelte Memmius, »natürlich auf der Außenseite, außerhalb des *Pomeriums**. Du kennst sicherlich die große *Insula* am Rande des Marsfeldes.«
»Ja. Wem gehört das Haus?«
»Das weiß ich nicht.«
»Und Libanios, wo wohnt der?«
»Ganz hier in der Nähe, am Argiletum.«
Gaius überlegte eine Weile, sagte dann: »Wer hat das Sagen?«
»Eigentlich sind sie gleichberechtigt und nur dem Münzmeister, zur Zeit also mir, voll verantwortlich. Freilich hat Arrius vor den beiden anderen sein Alter, seine Erfahrung und seine Kenntnisse voraus. Er ist sozusagen der Primus inter pares.«
Gaius überdachte einige Augenblicke lang die Hierarchie in diesem Bereich, den er bisher noch nicht amtlich kennengelernt hatte. Er wußte nur das übliche: Der Senat beschloß den Münzfuß, das gesetzlich gesicherte System der Währung, bestimmte Metall und Feinheit der Münze und legte die Stückzahl fest. Dann beauftragte er die drei gewählten *Tresviri monetales*, die Münzmeister, mit der Durchführung, Organisation, Herstellung und Kontrolle der Produktion.** Diese wiederum wurden sich einig, wer sich mehr um die praktischen, die technischen Dinge zu kümmern hatte, und das war nun in diesem Falle Gaius Memmius. Die beiden anderen in der Sache anzusprechen, wäre unergiebig – es sei denn... Gaius schoß ein unglaublicher Gedanke durch den Kopf: »Stehst du in näherem Kontakt mit deinen beiden Kollegen?«
»Privat nicht. Nein, überhaupt nicht. Warum fragst du? – Ah, ich verstehe...« Er staunte nicht, sondern lächelte einfach. »Ich kenne sie jedenfalls so gut, daß ich das, was du im Sinne hast, bei ihnen für gänzlich unmöglich halte. Sie stammen beide aus äußerst wohlhabenden Familien und haben Münzfälschung nicht nötig, um zu Geld zu kommen. Das wäre ihnen viel zu aufwendig, zu langsam, ja zu langweilig!«

* *Pomerium:* die geheiligte Stadtgrenze Roms, der Sage nach einst von Romulus mit dem Pflug gezogen.
** siehe unter »Münzmeister« im Anhang.

»Und was ist mit dir?« lachte Gaius ihn an, bereute aber im gleichen Augenblick die Frage, da ihm einfiel, daß seine Familie durch den politischen Rückschlag, der seinen Vater ins Exil gebracht hatte, in erhebliche finanzielle Schwierigkeiten geraten war. Aber im gleichen Augenblick registrierte er, wie sich zu seiten der Augen Lachfältchen bildeten, und heiter antwortete Memmius: »Ja, manchmal möchte man Fortunas Füllhorn stehlen! Aber was soll's! Dem Tapferen hilft das Glück.«
Gaius nickte lächelnd und nahm sich vor, den jungen Mann, wo er nur konnte, zu protegieren. Und so sagte er sehr freundlich: »Ich lade dich, unabhängig von dieser leidigen Angelegenheit, zu den Saturnalien* auf mein Tusculanum ein. Du kommst in einen Kreis erhabener Dichter. Nicht wahr, Corni?«
Cornificius antwortete mit einem Vers von Publilius Syrus: »Wer Wackren gibt, gibt einen Teil sich selber.« Die beiden anderen verstanden die darin enthaltene Anspielung durchaus.
Gaius wandte sich wieder den Münzen zu und fragte den Memmius: »Wer könnte in der Lage sein, solche Fälschungen zu machen?«
»Ein Fachmann!« kam ohne Zögern die Antwort. »Damit meine ich, daß es ein Mann sein muß, der bereits seit längerem Stempel herstellt. Außerdem muß er ein guter Zeichner und Metallschneider sein. Ich gehe schon davon aus, daß alle entscheidenden Arbeitsvorgänge von einer Person ausgeführt wurden, außer dem eigentlichen Prägen; das kann jeder machen, der zwei Arme hat.«
»Das heißt also, wenn ich dich recht verstehe, daß es vielleicht ein ehemaliger Stempelschneider gewesen sein kann.«
»Gewiß. Wobei ich davon ausgehe, daß es auf dem Erdkreis mehr als meine drei gibt.«
»Sicher. – Aber könntest du feststellen, wer in den letzten Jahren, vielleicht gar Jahrzehnten, bei der Münze auf dem Capitol als Stempelschneider angestellt war?«
»*Scilicet*. – Natürlich. Wir können das morgen in der Münze erledigen. Wann kommst du?«
»Zur zweiten Stunde?«
»Gut. Ich werde dort sein.«

* *Saturnalien:* ausgehend von dem Gott Saturn, dem Gott des Ackerbaues, Vater des Iupiter, der ihn stürzte und vertrieb. Die Saturnalien, unserem heutigen Karneval vergleichbar, wurden am 17. Dezember begangen. Bei diesem Fest bedienten die Herren ihre Sklaven.

12

In der auf diesen ereignisreichen Tag folgenden Nacht geschah nichts Außergewöhnliches, und gerade das wirkte auf die Beobachtungsposten so ermüdend. Der Buchhändler Hippias schloß um die gleiche Zeit wie üblich seinen Laden, schickte seine Mitarbeiter, durchweg ehemalige Sklaven, nach Hause und machte sich selbst, zusammen mit zwei Sklaven, auf den Heimweg. Er wohnte gleich in der Nähe, in der Subura. Die Nacht über verließ er nicht sein Haus.

Alexander und Archelaos, die ihm heimlich gefolgt waren und etwa eine halbe Stunde beim Haus geblieben waren, schärften den beiden sie begleitenden Numidern ein, das Haus nicht aus den Augen zu lassen und jede Neuigkeit unverzüglich zu melden. Dann schlenderten sie nach Hause.

Es war etwa eine halbe Stunde vor Sonnenaufgang, als Alexander von Menander unsanft aus dem Schlaf gerissen wurde.

»Alarm! Sie kommen!« reagierte Alexander. »Wir werden es ihnen durchaus zeigen! Blast die Tuben! Wir kommen!«

Menander, der solche Reaktionen nach nächtlichem Wecken von zahlreichen Beispielen aus Gallien kannte, wartete geduldig, bis der nächtliche Verteidiger Alesias zu sich kam – er hatte die ganze Zeit über den Menander bei den Schultern gehalten und gerüttelt –, und sagte teilnahmslos: »Der Herr wünscht dich zu sprechen! Sofort!«

»Der Herr? – Warum sagst du das erst jetzt?«

»Ich sag's ja!«

»Nein, du hättest es als solches gleich sagen müssen!«

»Ich hab's gleich gesagt!«

»Nein. Gleich ist durchaus früher als jetzt! Du willst mir doch nicht weismachen, was der durchausige Unterschied zwischen gleich und jetzt!«

»Doch!« beharrte Menander, und Alexander wußte, daß er beim Leibsklaven des Herrn den kürzeren ziehen würde: erstens, weil der keinen Humor kannte; zweitens, weil er stur war; drittens, weil er immer das letzte Wort hatte. Da er sich aber auch zu Alexander stets diensteifrig verhielt und jede seiner sachlichen Anordnungen ohne Murren ausführte, nahm ihm Alexander seine Hartnäckigkeiten nie übel.

»Na gut, mein Junge. Aber nächstens direkt! Direkt ist früher als

gleich!« Er hielt den Kopf schief und lauschte, doch Menander schwieg. »Na also. Dann komm, mein Junge!«
Gaius erwartete ihn im Atrium.
»Wo bleibst du so lange? Archelaos wartet schon die ganze Zeit auf dich! Also Bewegung! Bewegung!«
Ohne auf die Antwort zu warten, schritten Gaius und Archelaos schon zur Tür, und Alexander blieb nichts übrig, als zu folgen und dabei lautlos einige derbe thebanische Flüche von sich zu geben. Da bemerkte er, als er vor die Tür trat, den Syphax, der sich an seinem Schuhwerk zu schaffen machte. Alexander trat neben ihn und fragte: »Was ist als solches geschehen?«
Syphax erhob sich und erklärte: »Sein Haus brennt!«
»Was für ein... Meinst du etwa den Hippias?«
»Jawohl.«
»Warum sagst du das nicht gleich? Folgen!«
Er eilte mit riesigen Schritten nach vorne, erreichte Gaius sowie Archelaos und tönte: »Warum wird man in diesem Hause nicht mehr aufge... aufgeklärt über Brände und sonstige Feuer?! Wenn man in diesem Lande durchaus nicht mehr in angemessener Weise verklärt wird, dann kann man ja gehen...«
Gaius überhörte das. »Herhören! Ihr geht nun sofort zu seinem Laden und beobachtet alles in der Nähe! Wartet nicht, bis ich komme. Wegtreten!«
Während des eiligen Gehens grüßten sie mit erhobener Rechter und entfernten sich durch seitliche Verbindungsgassen zum Argiletum.

Als Gaius den Ort des Brandes erreichte, sah er, daß hier nichts mehr zu retten war: Das Haus brannte vom Erdgeschoß bis zum Dach; die hölzernen Decken waren bereits alle eingestürzt. Menschenleben waren nicht zu beklagen, außer der Tatsache, daß man den Hippias nicht finden konnte. Da Gaius in Begleitung seiner beiden Lictoren erschienen war, begegnete man ihm mit zuvorkommender Höflichkeit und Diensteifrigkeit.
Gaius ließ die Gaffer, die sich bereits zahlreich eingefunden hatten, zurückdrängen und fragte, ob es Zeugen gebe. Ein älterer Mann mit feingeschnittenem Gesicht meldete sich, und Gaius ordnete ihn, wegen der teuren Tunika und eines Rubinringes, unter die Kaufleute des Viertels ein und fand diese Annahme bestätigt, als er nach seinem Geschäft fragte.

»Ich bin Aulus Torquatus und wohne drei Häuser weiter auf der gleichen Seite. Ich handle ebenfalls mit Papyrus und Schreibmaterialien, verkaufe auch beim Argiletum Bücher.« Dabei verbeugte er sich leicht.
Gaius hob die Hand und nickte ihm zu: »Gut, Torquatus. Berichte, was du gesehen hast!«
Nun, ihm sei, als er sich auf den Weg zu seinem Laden gemacht habe, aufgefallen, daß Rauch aus den Fenstern dieses Hauses gequollen sei, und er habe versucht, den Besitzer zu erreichen, doch habe niemand geöffnet, sosehr er auch gerufen und gegen die Haustür gepoltert habe.
»Heißt das, dein Nachbar Hippias war nicht im Hause?«
»Das nehme ich an.«
»Warum?«
»Weil er sonst mit mir gemeinsam zum Argiletum geht. Wir sind etwas befreundet, weil ich ihm, als er vor Monaten hierherkam, geholfen habe, sich in der Stadt zurechtzufinden.«
»Gehört das Haus ihm?«
»Ja.«
»Weiß du, von wem er es gekauft hat?«
»Hm... den Namen kenne ich nicht, aber... ich meine, er hätte etwas gesagt von einem Mann aus Aricia.«
»Aus Aricia?«
»Ja, aus Aricia. Wir haben dann nämlich noch über Aricia gesprochen, weil ich eine Schwester dort wohnen habe.«
»Stammst du aus Aricia?«
»Nein, aber durch häufige Besuche bei meiner Schwester kenne ich es gut.«
»Dann kennst du auch Probatius, der am Ortseingang eine gutgehende Gaststätte besitzt?«
»Probatius? Aber ja!« Er sagte es heiteren Gesichtes.
»Woher?«
»*Per deos!* – Bei allen Göttern! Wer kennt nicht in Aricia den Probatius! Ein wackerer Bürger! Hat nur einen Fehler...«
Gaius blickte ihn fragend an. Torquatus kam näher, sagte mit wichtiger Miene: »Er kümmert sich zuviel um das Wohl anderer.«
»Wie meinst du das?«
»Er will unbedingt bei allem, was den Ort betrifft, mitreden.«
»Warum sollte er das nicht, wenn er, wie du sagst, ein wackerer Mann ist?«

»So meine ich das nicht. Er legt sich bei vielem quer, er will mit dem Kopf durch die Wand. Die *Decurionen*, also die Stadträte, sollen nach seiner Pfeife tanzen...«
»Und? Tun sie's?«
»Natürlich nicht! Wo kämen wir denn hin, wenn ein einzelner...«
Sie wurden unterbrochen, weil ein Teil der Außenwand in sich zusammenbrach, was von der Menge mit einem Aufschrei begleitet wurde. Ein Glück, daß Gaius die Leute hatte zurückdrängen lassen, sonst wären einige zu Schaden gekommen.
»Er hat schöne Hunde«, setzte Gaius das scheinbar belanglose Gespräch fort.
»Hm«, zögerte Torquatus mit einer direkten Antwort. »Das ist auch so eine Sache...«
»Was?«
»Aedil, was würdest du sagen, wenn einer deiner Lictoren dir morgens in der Sänfte gebracht würde?«
»Du meinst...«
»Ja, er lebt über seine Verhältnisse!«
»Woran merkt man das, außer an den Hunden?« Dabei lächelte er Torquatus leicht ironisch an, um ihn zu provozieren.
Prompt kam die Antwort: »Du weißt, Aedil, in Aricia wohnen einige betuchte Familien, die ihren Stammbaum bis in die sagenhaften Zeiten von Romulus, Silvia Rhea und Venus zurückführen können...«
»Gewiß.«
»Nun ja, dem Probatius ist es also gelungen, vor Jahren eine Tochter aus altadeligem Hause zu ehelichen.«
»Aus reichem Hause?«
»Nun, Aedil...« Er lächelte vielsagend. »Reichtum – das ist eine Sache, die man so oder so betrachten kann. Wenn du einem Bettler hundert Sesterzen gibst, ist er reich, wenn Caesar eine Million verliert, ist er nicht arm.«
»Ich verstehe. Du meinst: Probatius hat sich mit dieser Ehe übernommen?«
»Genau, Aedil! Ich kenne die Familie, aus der das Mädchen stammt.«
»Mädchen?«
»Ja, sie ist erheblich jünger als er. Mindestens zwanzig Jahre.«
»Aber sie lebt doch nicht in... in diesem Gasthaus!«

»Natürlich nicht, Aedil. Er hat am Hang der *Montes Albani* ein prächtiges Haus für sie gebaut.«
»Ist sie schön?«
»Ich finde sie schön. Aber das ist wohl Geschmacksache.«
Gaius ließ sich noch die genaue Lage des Hauses beschreiben, dann fragte er: »Wie erklärst du dir den Brand dieses Hauses?«
»Keine Ahnung, Aedil. Aber leichtsinniger Umgang mit offenem Feuer kommt wohl nicht in Frage, weil außer Hippias niemand hier wohnte.«
»Ach!« rief Gaius, denn es war ungewöhnlich, daß im Zentrum der Stadt ein Haus nicht vermietet wurde.
Torquatus vermutete, daß Hippias sich wohl noch nicht schlüssig war, wie Gaius seiner Antwort entnehmen konnte: »Wahrscheinlich wollte er die oberen Räume als Schreibstuben einrichten, um dann Bücher zu kopieren und seinen Handel auszuweiten. Er hatte gute Beziehungen nach Alexandria.«
»Du sagst: Er ›hatte‹!«
»Na ja, ich meine, damit wird es jetzt ja wohl nichts werden. Das Haus war nicht billig.«
»Wem gehörte es vorher? – Ich meine, vor Probatius?«
»Dem Licinius Crassus.«
»Ach-ja?« Gaius wußte, daß Crassus Dives, der Reiche, wie er überall zu Lebzeiten genannt wurde, hier im Zentrum Hunderte von Häusern besessen hatte. – Er wechselte das Thema: »Hör zu, Torquatus: Sind bei dir auch falsche Denare aufgetaucht?«
»Ja, das passiert immer mal wieder. Aber ich messe dem keine allzu große Bedeutung zu, weil es immer wieder geschieht.«
»Was machst du mit den falschen Denaren?«
»Du wirst es nicht glauben: Ich sammle sie.« Er lächelte dabei etwas verschämt, doch Gaius sagte: »Dann bitte ich dich, auf deine Sammlung gut aufzupassen.«
»Warum?«
»Es könnte sein, daß du mir demnächst einige Stücke zu amtlichen Zwecken zur Verfügung stellen mußt.«
»Aber selbstverständlich, Aedil! Ich kann sie sogleich holen lassen!«
»Nein, nicht jetzt. Ich lasse von mir hören, falls es nötig wird. Außerdem bitte ich dich, in den nächsten Tagen ein waches Auge auf alle Leute zu haben, die zu Hippias wollen oder nach ihm fragen.«
»Selbstverständlich.«

In diesem Augenblick kamen Alexander und Archelaos mit großen Schritten daher, bauten sich vor Gaius sehr senkrecht auf und meldeten: »Befehl wie befohlen! Die armselige Hütte des sogenannten Hippias durchaus unversehrt. Der Knabe selbst wie vom Erdboden! Keine besonderen Vorkommnisse! Es sei denn...«
»Ja?«
»Nichts! Nichts ist! Ist es?«
Und Archelaos: »Es ist nicht!«
»*Bene!*« sagte Gaius und wies mit der Hand zum Haus des Hippias. »Wir schauen uns die Reste einmal näher an...«
Sie stiegen über die gestürzten Mauerteile und die halbverbrannten Balken ins Erdgeschoß und bewegten sich vorsichtig, immer den Blick in die Höhe gerichtet, durch die verschiedenen Räume, doch fanden sie niemanden, weder lebend noch tot. So verließen sie die Ruine, und Gaius rief die Numider zu sich: »Und ihr seid sicher, daß Hippias das Haus nicht zur Straße hin verlassen hat?«
»Jawohl, Herr.«
Gaius nickte, schaute Alexander und Archelaos an, und beide dachten das gleiche: »Dann ist er als Sterblicher durch das hübsche Hintertürchen entfleucht. Archelaos?!«
»So ist es. Als das Türchen noch in den Angeln hing.«
»Kommt!« sagte Gaius, und sie machten sich auf den Heimweg.

13

Im Hause am Palatin wurden sie bereits von Cornificius und Selenus erwartet. Sogleich versammelten sie sich in der Bibliothek, nachdem Gaius durch Menander den Birria und den Titus Atilius hatte rufen lassen, die im Gesindetrakt des Hauses übernachtet hatten. So saßen sie alle um den großen eichenen Tisch versammelt: Gaius Volcatius, Quintus Cornificius, Selenus, Alexander, Archelaos, Menander, Birria und Titus Atilius.
Gaius blickte kurz von einem zum andern, lehnte sich dann zurück und begann: »Ich habe euch alle hergebeten, damit wir gemeinsam unsere Strategie planen und sofort in die Tat umsetzen können. Da ich nicht viel Zeit habe, bitte ich darum, nicht vom Thema abzuschweifen und nur das Notwendige zu sagen, damit wir uns nicht verzetteln. Bitte, Cornificius!«

Cornificius faßte zusammen: »Verdächtig haben sich eine ganze Reihe von Leuten gemacht. Decimus Aurelius könnte seine Finger drin haben, weil er grundsätzlich gerne im trüben fischt. Hippias, weil nicht klar ist, ob er die Wahrheit sagt oder lügt. Probatius aus Aricia, weil er dem Hippias ein Haus verkauft hat, das er selbst erst vor kurzem von Crassus oder dessen Erben gekauft hat.

Dann natürlich der Alte aus Aricia! Er war im Besitz eines Münzstempels, wobei es keine Rolle spielt, ob dieser echt oder gefälscht war. Der Mann verschwand auf sehr rätselhafte Weise spurlos, nachdem ihm ein Unbekannter einen Pfeil in den Rücken geschossen hatte.

Dieser Unbekannte könnte natürlich der große Stratege im Hintergrund sein. Er muß es aber nicht sein, da Leute seines Schlages sich sehr selten die Hände schmutzig machen. Sie töten nicht, sie lassen töten.

Und in diesem Zusammenhang haben wir noch eine seltsame Figur: Ich meine unseren guten Nicomachus, den Tuchhändler, dem ebenfalls bei Nacht aus unbekanntem Grund sein Haus angezündet wurde. Es könnte sein, daß auch er in die Sache verwickelt ist, denn mir gibt zu denken, daß der Alte seinen Namen nannte! Ferner ist zu berücksichtigen, was Alexander und Archelaos vorgestern beim Löschen beobachtet haben.«

»Lasse ... lasse mich doch nicht von solchen Löschknaben anrempeln! Habe es ihnen aber gezeigt! – Archelaos?«

»Du hast es.«

»Na also. – Herr!?«

»Sprich!«

»Wir könnten dem edlen Nicomachus doch eine Falle als solche stellen ...«

»Falle? Wie meinst du das?«

Alexander reckte sich. »Ich gehe zu ihm hin, kaufe eine göttliche Tunika auf Kosten der Staatskasse und bezahle sie mit einigen dieser hübschen falschen Denare.«

»Und dann?« fragte Cornificius.

»Dann verhalte ich mich wie damals vor Alesia, als wir die gallische Ent... die Entsatzarmee mit einem herrlichen Spähtrupp beehrten, dergestalt ...«

»Nicht schlecht«, meinte Cornificius. »Aber was ist, wenn er das Geld nicht nimmt?«

»Er wird es als solches Anbetracht dessen durchaus nehmen, Praefect! Gehe nämlich davon aus, daß er an sich erpreßt wird, alldieweil wegen den beiden Löschknaben und ihrer Rempelei. Werde durchaus eigenäugig sehen und feststellen, welche Blicke an sich er auf die lumpigen Denare. Schätze, er wird nicht daran vorbeikommen, sie zu nehmen, alldieweil er jeden Verdacht von sich, also, daß er nicht darin umkommt. Herr!?«
»Sprich!«
Alexander war ganz bei der Sache, beugte sich vor und starrte Gaius an: »Herr, und dann werde ich ihn festnageln, daß im Hören und Sehen vergeht, und ihm die Nachricht hinterbringen, daß er sich unverzüglich bei dir zu melden hat.«
Gaius blickte zu Cornificius, zu Selenus und sah, wie beide ihm zuzwinkerten und leicht nickten.
»Na gut«, wandte er sich an Alexander. »Aber sei höflich zu ihm. Archelaos wird dich begleiten. Ihr könnt gehen.«
Die beiden erhoben sich, grüßten sehr ordentlich mit erhobener Rechter und verließen den Raum.
»Ich hatte ohnehin Ähnliches vor«, bemerkte Gaius, wandte sich dann an Atilius und an Birria, die aus Tusculum gekommen waren: »Atilius! Du übernimmst eine Gruppe, die verstärkt wird durch Leute von Cornificius. Ihr teilt euch und haltet das Haus und den Laden des Hippias und das des Nicomachus unauffällig im Auge. Bei besonderen Vorkommnissen Meldung nach hier! – Birria geht mit dir!«
Auch diese beiden verließen den Raum. Es saßen nun noch Gaius, Cornificius, Selenus und Menander am Tisch. Gaius wandte sich an Selenus: »Bevor ich mit Cornificius zur Münze gehe, hätte ich gerne deine Meinung gehört. Hast du noch einen Vorschlag zu machen?«
»Ja.« Selenus blickte vor sich auf die Tischplatte, zwinkerte mehrmals und fuhr fort, nun zu Gaius: »Wir sollten uns auch um Aricia kümmern. Wenn es euch recht ist, werde ich das machen.«
»Sehr gut. Wen willst du mitnehmen?«
»Syphax und Micipsa. Menander bleibt hier. Falls ich Hilfe brauche, schicke ich einen der Numider zurück.«
»Einverstanden.«
Mehr sagte oder fragte Gaius nicht, denn er wußte, daß Selenus einen bestimmten Plan verfolgte und vor einem praktischen Ergebnis nicht gern darüber reden würde.

Sie erhoben sich alle und verließen die Bibliothek. Melitta kam aus der Küche und fragte: »Herr! Würdest du mir bitte ein, zwei Mädchen aus dem Hause des Patrons schicken. Wir schaffen das allein hier nicht...«
»Selbstverständlich.«
»Danke, Herr. Wann wirst du zurück sein?«
»In einer guten Stunde. Du solltest nur eine kalte Platte bereithalten, da wir nicht wissen, wie sich dieser Tag entwickeln wird.«
Dann schickte er den Menander zum väterlichen Haus am Caelius und ließ der Eugenia, der Frau des Selenus, ausrichten, sie solle vier Mädchen herüberschicken.

14

Selenus ritt schweigend, denn die beiden Numider Syphax und Micipsa hielten Abstand zum Sekretär des Patrons und blieben eine bis zwei Pferdelängen hinter ihm.
Selenus liebte das Alleinsein. War er etwa ihm Rahmen familiärer Feste zu geselligem Beisammensein gezwungen, so konnte er es dort nur eine Weile aushalten und suchte, wenn der Abend in den aufgelockerten Teil überging, in dem man über dieses und jenes, Götter und Welt, Leben und Tod sprach, mit vordergründigen Entschuldigungen das Weite. Anders war es, wenn er, was öfter vorkam, von Gaius gebeten wurde, ein Fest mit musischen Dingen zu schmücken, mit dramatischen Szenen, Lesungen, Tanz und Musik; dann hatte er das Heft der Gestaltung in der Hand und setzte seinen eigenen Geschmack bis ins Detail durch. Diese Abende hatten unter den gebildeten Abkömmlingen adliger Häuser einen guten Ruf und wurden eifrig besucht, denn bei C. V. T. und Selenus traf man dann immer interessante Leute.
Kurz vor Aricia hielt Selenus an und ließ die beiden Numider herankommen: »Hört zu! Ihr redet nur das Notwendigste, am besten gar nichts. Wenn man nach eurem Tun und Herkommen fragt, dann sagt ihr, ihr wäret meine Sekretäre.«
»Verzeih, Herr!« lächelte der stets überehrliche Micipsa. »Aber wir können doch nicht lesen und schreiben.«
»Das macht nichts. Das kann niemand nachprüfen. Im übrigen werde ich Gaius Volcatius bitten, euch unterrichten zu lassen, da-

mit ihr einfache Botschaften lesen oder gegebenenfalls selbst schreiben könnt...«

Er sah, wie die beiden sich anschauten und ihre Augen leuchteten. Ohne ein weiteres Wort ritt er weiter. Selenus mochte die beiden, denn sie hatten eine offene Seele, und das konnte man heutzutage von den wenigsten, gleich ob Sklave oder Freier, sagen. Vielleicht lag es an ihrer numidischen, also nordafrikanischen Abstammung. Er würde in den nächsten Jahren ein Auge auf sie haben und sie vielleicht Gaius abkaufen. Zwar hatte der Patron das letzte Wort, aber Lucius Volcatius tat, was Selenus ihm vorschlug. Daher resultierte die Macht von Selenus über alle Personen und Dinge in den Volcatischen Häusern, die des Gaius ausgenommen.

Sie ritten durch Aricia, achteten nicht auf Passanten, Reiter und Wagen, sondern Selenus strebte dem Punkt am Ortsausgang zu, den Alexander ihm genau beschrieben hatte, die Stelle, an der der Weg nach oben abzweigte, zum Ort, wo man den Alten mit dem Pfeil getroffen hatte.

Sie waren allein. Auch in den Plantagen und Gärten arbeitete niemand. So erreichten sie den Platz, wo der Alte gelegen, und Selenus brachte das Bild seiner Phantasie und die Realität miteinander in Einklang. Er blickte um sich, doch nichts Besonders fiel ins Auge. Weiter oben, hinter der Hecke, mußte der Weg abzweigen, auf dem sich der fremde Schütze im Galopp zurückgezogen hatte.

Er ging einige Schritte auf und ab, blieb stehen, blickte zu Tal, sah, wie der Gebirgshang allmählich in die Waagerechte überging, wie ein Tuch, das in der Mitte durchhing. Dahinter war irgendwo im Dunst die Küste des Tyrrhenischen Meeres. Er ließ den Blick schweifen, sah in der Ferne kleine Siedlungen. Doch sie interessierten ihn nicht. Wie hatte der Alte gesprochen, kurz bevor ihm der Pfeil im Rücken steckte? »Nicomachus hat einen Fehler gemacht! Er hätte ihnen besser ge...«

Selenus war klar, daß der Alte etwas mitzuteilen hatte, das mit drei Dingen zu tun hatte. Erstens: Da bei ihm in einem außerordentlich gut geplanten Versteck ein Münzstempel gefunden wurde, verfügte er über Kenntnisse, die mit den Hintergründen der Affäre zu tun hatten. Zweitens: Es waren mehrere am Werke, denn er hatte von »ihnen« gesprochen. Drittens: Nicomachus, der Tuchhändler, stand auf irgendeine Weise damit in Verbindung.

Wenn also der Alte Alexander und Archelaos, nachdem er von ihrem Interesse an der Person von Probatius im Zusammenhang mit

den falschen Denaren vernommen hatte, die beiden an diese Stelle außerhalb der Ortschaft geführt hatte, dann hatte dies sicher den Grund, daß er unbeobachtet und laut mit ihnen reden konnte. Da er das freilich genausogut an anderer Stelle im Ort hätte tun können, kam als Grund für die Wahl dieser Stelle nur in Frage, daß der Alte den beiden etwas in der Landschaft zeigen wollte, was man nur von hier aus sehen konnte. War es die Villa des Probatius, von der Aulus Torquatus zu Gaius gesprochen hatte?
Selenus wandte sich um, blickte zum Hang, konnte aber nichts erkennen, was einer auffallend großen, herrschaftlichen Villa ähnlich sah. Doch war er über das Ergebnis seiner Betrachtung nicht enttäuscht. Wenn Probatius im geheimen gesetzwidrigen Tätigkeiten nachging, dann tat er das ganz sicherlich nicht ausgerechnet in dieser Villa, wo er von eigenen und fremden Leuten beobachtet werden konnte. Es mußte etwas sein, was unterhalb der Via Appia lag; man mußte es von dieser Stelle aus gut sehen. Ja, es konnte sein, daß man es *nur* von dieser Stelle aus erblicken konnte. Warum hatte der Alte sonst hier haltgemacht und nicht zwanzig oder hundert Schritt weiter oben?
Selenus stieg vom Pferd, die beiden Numider folgten, und er reichte Micipsa den Zügel. Dann suchte er systematisch das Gelände unterhalb der Straße ab, folgte den sanften Hügellinien, sah hier und da auffallend große Zypressen, doch sonst nichts Besonderes. Er überlegte: Wenn es stimmte, daß dieser und nur dieser Punkt es ermöglichte, das vom Alten anvisierte Ziel zu erkennen, dann müßte es, falls man einige Schritte nach oben ging, aus dem Blickfeld verschwinden beziehungsweise dann, wenn man von oben kam, auftauchen. Er ging langsam rückwärts den Hang hinauf und beobachtete sehr genau und konzentriert das Gelände. Es war klar, daß sich die Landschaft in größerer Entfernung nicht veränderte, weil sich die Blickwinkel nicht verschoben. Darum hatte er mehr ein Auge auf die nähere Umgebung, besonders auf Bäume. Doch während er langsam rückwärts den Hang erstieg, fiel ihm nichts ins Auge. Bei der Hecke machte er halt und schritt den gleichen Weg sehr langsam abwärts, wobei er nach je zwei Schritten stehenblieb und minuziös die Hügel, Senken und Bäume abtastete. Je näher er der ersten Beobachtungsstelle kam, um so langsamer ging er, achtete auf jedes Detail, soweit es in der dunstigen Luft auszumachen war.
Er fand nichts. War er von falschen Vorstellungen ausgegangen?

Nun achtete Selenus besonders auf die Spitzen der großen Zypressen, die in weniger als einer Meile Entfernung klare Wegweiser sein konnten. Er nahm sie sich der Reihe nach vor, und als er es schon aufgeben wollte, meinte er, an der Spitze eines kleineren Baumes etwas Rauch aufsteigen zu sehen. Er rief die Numider heran und machte sie darauf aufmerksam. Sie bestätigten seine Beobachtung.
Die Entfernung mochte mehr als zwei Meilen betragen. Der Rauch kam aus einer Senke. Er wußte, daß in dieser Gegend zahlreiche Quellbäche von den *Montes Albani* zu Tal flossen, ja manchmal stürzten. Sollte es eine Wassermühle sein?
»Kommt!«
Sie saßen wieder auf, ritten nach unten zur Via Appia und dort weiter nach Südosten, dabei auf rechts zu Tal gehende Wege achtend. Die erste Abzweigung lag noch auf der Höhe des Hügels, auf dem Aricia lag. Es mußte, wie sich Selenus an die Beschreibung Alexanders erinnerte, jene sein, die zur Hütte des Alten führte.
Die Appische Straße stieß dann in eine leichte Senke und überquerte sie auf einer kleinen steinernen Brücke, unter der schäumend ein Bach zu Tal schoß. Gleich hinter der Brücke bog rechts ein Weg ab. Er war nicht sehr breit, genügte aber für die Achsbreite der gängigen Wagen und Karren. Wenn auch in der Mitte des Weges das Unkraut mächtig wucherte und seine herbstlichen Samenstände reckte, waren beide Fahrspuren glatt und ohne Bewuchs, ja es zeichneten sich auf ihnen die scharfen Kanten eiserner Radbänder ab.
Nach etwa einer Meile hielt Selenus an. Von dieser Stelle aus konnte man weiter unten nun deutlich den aufsteigenden Rauch erkennen. Rechts davon, auf der anderen Seite des Baches, standen mehrere Zypressen, deren eine ihnen eben als Markierungszeichen gedient hatte.
Selenus hob die Hand und winkte leicht nach vorne. Sie ritten weiter. Der Weg folgte den Windungen des Baches; und wenn das Gefälle zu stark wurde, machte er größere Bögen, stieß dabei mehrmals auf kleine Bäche, die zu dem ersten stießen, der dadurch sichtlich und hörbar an Breite, Tiefe und Kraft gewann.
So erreichten sie in gemächlichem Gang ihr Ziel, das, wie angenommen, eine Wassermühle war. Sie wurde von einem unterschlächtigem Wasserrad getrieben, und trotz der niederschlagsarmen Jahreszeit führte der Bach genug Wasser, um das fünfzehn

Fuß* hohe Rad spielend in Gang zu halten. Von drinnen hörte man das Quietschen und Schürfen der Mühlsteine.
Sie hatten kaum den Platz vor der Mühle erreicht, als auch schon jemand aus der Tür trat und, sie mißtrauisch musternd, näher kam.
»Ich glaube...«, begann Selenus in gebrochenem Latinisch, »wir haben uns verirrt. Wir wollten den Weg abkürzen. Ja, und da sind wir hier...« Er blickte wie ratlos um sich, zeigte auf den Weg, der vor der Mühle endete. »Aber eine schöne Mühle! Alles, was recht ist!«
Der Mann ihm gegenüber, immer noch voller Mißtrauen, fragte endlich: »Wo willst du hin?«
»Nach Rom, ja, nach Rom.«
»Soll wohl'n Witz sein! – Da mußt du den Weg zurück. Immer die Appia entlang! Die Appia! Geht schnurstracks nach Rom!«
Während dieser Szene hatte Selenus mit größter Aufmerksamkeit das gesamte Gelände abgesucht, das Gebäude und seinen Zustand wahrgenommen, auch bemerkt, wie aus den oberen Fenstern zwei männliche Gesichter heimlich geschaut hatten – um sich sogleich wieder zurückzuziehen, weil sie nicht gesehen werden wollten.
»*Gratias ago!* – Vielen Dank! Werden's schon finden...«
Er hob grüßend die Hand und ritt wieder aufwärts; die beiden Numider folgten ihm.
»Na, was ist euch aufgefallen?« fragte er sie nach einiger Zeit, als sie außer Sicht- und Hörweite der Mühle waren.
»Herr«, begann Micipsa, »mit dem Holz, das da an den Wänden gestapelt lag, kann man mindestens über sechs Winter kommen.«
»Was noch?«
Syphax meinte: »Es war fast so, als ob der Bursche, der aus dem Haus kam, auf der Lauer gelegen hätte. So verhält sich ein Wachtposten, kein Müller.«
»... oder ein Müller, der kein Müller ist!« lächelte Selenus ihm zu. »So, und nun auf dem schnellsten Weg nach Aricia!«
Als sie die Trasse der Via Appia erreicht hatten, galoppierten sie nach Nordwesten und erreichten den Ort nach einer Viertelstunde. Die beiden Numider ahnten, was Selenus vorhatte, stellten aber keine Fragen.

* *Fuß:* siehe unter »Maße« im Anhang.

Als erstes stiegen sie vor dem Gasthaus des Probatius aus den Sätteln und übergaben den beiden Knechten, die sogleich aus dem Stallgebäude erschienen, die Pferde. Der Schankraum war von einigen Stammgästen an der Theke und an drei Tischen besetzt, die aus irgendeinem privaten Anlaß gemeinsam schmausten und tranken. Selenus grüßte freundlich, ging aber ins Nebenzimmer, von dem Alexander gesprochen hatte, und sogleich erschien ein Sklave und fragte nach den Wünschen der drei Gäste. Selenus bestellte ein leichtes Abendessen für sich, für Syphax und Micipsa etwas Kräftigeres – kalten Hammelbraten sowie viel Brot mit Käse und Salat in Essig. Als er sah, wie die beiden Numider sich wegen der bevorstehenden Zeche besorgt anblickten, nickte er ihnen freundlich zu: »Keine Sorge, das geht auf meine Rechnung.«

»Wir danken dir, Herr!«

»Keine Ursache. Ihr müßt gestärkt sein für das, was wir noch vorhaben.«

Die Brüder schauten sich an, denn es war nicht selbstverständlich, daß Selenus bezahlte, da sie beide nicht zu seinem Haushalt gehörten, sondern hier sozusagen als selbständig Handelnde aus dem Hause von C. V. T. agierten. Ein Glück, daß sie nicht mit Alexander hier waren!

»Was hast du vor, Herr?« fragte Syphax leise.

»Nun, wir werden dieser sonderbaren Mühle einen zweiten Besuch abstatten. Ich gehe davon aus, daß wir dann mehr erfahren als...«

Da kamen die bedienenden Sklaven, reichten Schalen mit Wasser und Tücher, bauten die Speisen auf und teilten sie den Gästen zu. Die drei nahmen ihre Mahlzeit schweigend ein, und die Numider suchten, was die Etikette anging, es in allem dem vornehmen Sekretär des Patrons gleichzutun. Selenus merkte dies wohl, und er nickte ihnen ermunternd zu, wenn er ihre Unsicherheit spürte, wie denn die linke oder rechte Hand zu halten sei, wenn man nach dem Fleisch griff oder die Finger in der Schale netzte. Er beobachtete dies mit Wohlgefallen, und sein Entschluß festigte sich, aus ihnen etwas zu machen. Nur nicht übereilen. Das brauchte Zeit... und Selenus konnte bisweilen in Jahrzehnten denken und planen.

Als es dann, nach der höflichen Frage, ob es auch gemundet habe, ans Abräumen und Säubern der Platte ging, da winkte Selenus einen der beiden Diener zu sich und trug ihm auf, daß er den Wirt zu sprechen wünsche.

»Oh!« gab der mit weit geöffnetem Auge zurück. »Der Herr ist nicht im Hause.«
»Wo ist er denn?«
»Das weiß ich nicht, Herr.«
»Ist er in seiner Villa?«
»Das ist möglich, Herr.«
»Wo ist sie?«
Der Sklave beschrieb die Lage der Villa; sie befand sich oberhalb des Städtchens – wie Selenus auch angenommen hatte. Er dankte, zahlte und erhob sich. Die Numider folgten, und man geleitete sie bis zur Außentür, wo man auch noch die Stallknechte benachrichtigte, die sofort mit den Pferden kamen. Selenus beobachtete sie aus den Augenwinkeln und bemerkte, daß der Ältere der beiden von dem anderen wie ein Rangniedriger behandelt wurde. Deshalb wandte sich Selenus an den ersteren.
»He! Du!«
Der Ältere schaute hoch, sein Blick war müde, ohne Anspruch, er wollte in Ruhe gelassen werden.
»Du wirst uns den Weg zum Landhaus deines Herrn zeigen.«
»Das geht nicht, Herr. Unser Herr möchte nicht...«, mischte sich der Jüngere ein.
»Habe ich nach deiner Meinung gefragt?!« Selenus war ganz der große, mächtige, reiche Kaufmann, der über Hunderte von Sklaven befiehlt. Er wandte sich wieder dem Älteren zu: »Hol dir ein Pferd! Beeilung!«
Es geschah so, wie Selenus es wollte, wenngleich er sah, daß der andere Knecht dies alles widerwillig zur Kenntnis nahm, ja daß er seinem Kameraden am liebsten mit handfester Gewalt in die Quere gekommen wäre. Doch dieser führte still den Befehl des großmächtig redenden Fremden aus und holte ein Pferd.
Es ging außerhalb des Ortes auf einem gepflegten Wege bergan.
»Wie weit ist es?« fragte Selenus.
»Nicht weit, Herr. Dort oben, hinter dem Wäldchen, da ist es.«
Es mochte bis dahin eine Meile sein. Selenus hielt scheinbar ohne Grund an, dann sagte er zu dem fremden Sklaven – und seine Stimme klang mit einemmal ganz anders: »Wie heißt du?«
»Berytos, Herr.«
»Stammst du aus Berytos*?«

* *Berytos:* alte phönikische Stadt, das heutige Beirut.

»Ja, Herr.«
»Wie lange bist du schon hier?«
»An die zehn Jahre.«
»Wo warst du vorher?«
»Auf einem Landgut.«
»Warum bist du nun hier?«
»Mein Herr starb und hinterließ Schulden.«
»Verstehe«, nickte Selenus, und es klang so, als ob er Mitleid hätte. »Du kommst mit deinem Kameraden nicht gut aus? Ich meine den Stallknecht von eben...«
Berytos zögerte, dann sagte er leise: »Nein, nicht besonders gut...«
»Er demütigt dich, nicht wahr!?«
»Ja, manchmal.«
»Sagen wir besser, immer!«
»Ja, immer.«
»Hör zu, Berytos! Ich will nicht wissen, warum er das tut, aber ich kann dir helfen. Ich habe Macht, dein Leben zu ändern...«
Selenus schaute in die Augen von Berytos, und er sah einen Rest von Hoffnung: Dieser Mann würde alles tun, was man von ihm verlangte, wenn er nur hier wegkäme. Im übrigen sah Selenus noch mehr: ein sehr sensibles Gesicht, feine, schmale Hände, Augen, die seinem Blick standhielten.
Berytos sagte: »Ich werde tun, was du verlangst, Herr!« Er sagte dies sehr feierlich und mit einem Ernst, der beinahe an ein Gelöbnis erinnerte.
Selenus stieg aus dem Sattel, die übrigen folgten. Man band die Pferde in der Nähe an Ölbäumen fest, und dann versammelten sie sich am Rande der Plantage um den schlanken, asketischen Griechen, der sich sogleich an Berytos wandte.
»Wem gehört die Wassermühle unterhalb der Via Appia, zu der man nach etwa zwei Meilen östlich der Stadt gelangt?«
Selenus wies mit der Hand in die Richtung, doch sehen konnte man die Mühle nicht, da ein Hügel sie verdeckte. Zur Sicherheit fragte Selenus nach: »Du weißt, welche Mühle ich meine?«
»Ja, Herr. Ich kenne die Mühle.«
»Nun, wem gehört sie?«
»Ich glaube, sie gehört Probatius.«
»Warum sagst du: Ich glaube? Gehört sie denn noch jemandem?«

»Nein, Herr. Sie gehörte vorher...«
»Nun? Du brauchst nicht die geringste Angst zu haben, Berytos!«
Berytos, dem nun doch sichtlich die Angst im Gesicht stand, mußte allen Mut zusammennehmen, um zu fragen: »Verzeih, Herr, aber ich... ich weiß ja nicht einmal, mit wem ich...«
»Nun...« Selenus lächelte ihm freundlich zu. »Du hast es mit jemandem zu tun, der es gut mit dir meint. Ich heiße Selenus. Mehr brauchst du nicht zu wissen. – Aber nun sprich: Wem gehörte die Mühle vorher?«
»Dem Alten.«
»Welchem Alten?«
»Sie nannten ihn nur immer den Alten. Er hieß... er hieß eigentlich Demetrios.«
»Du sagst: Sie gehörte ihm...«
»Ja, denn das ist schon einige Zeit her.«
»Wie lange?«
»Viele Jahre.«
»Wo wohnt dieser Demetrios?«
»Herr, das... das weiß ich nicht. Er ist doch... seit gestern...«
Selenus sah den Schrecken im Gesicht des anderen. »Meinst du etwa den Alten, der gestern getötet worden ist?«
»Ja.«
Selenus blickte zu Tal, über die sanft abfallenden Hügel, die sich im herbstlichen Dunst verloren. Dann fragte er: »Was war er von Beruf?«
»Ich glaube, er war Müller.«
»Du glaubst? – Wieso weißt du es nicht?«
»Nun, es ist schon sehr lange her, daß man zu seiner Mühle mit Säcken beladene Esel gehen oder Fuhrwerke fahren sah.«
»Wie lange? Wie lange ist das her?«
»Nun, Herr, das können wohl schon an die acht oder neun Jahre hersein.«
»Hast du, nachdem du in diese Gegend kamst, die Mühle schon einmal betreten, als sie noch in Betrieb war?«
»Betreten? Nein, aber von sehr nahe gesehen.«
»Wie meinst du das?«
»Nun, ich... eh...« Er rieb seine Hände. »Ich traf mich dort unten gerne mit einem Mädchen... Wir... eh...«
»Verstehe«, sagte Selenus und ging nicht näher darauf ein. Es

handelte sich wohl um eine Liebschaft mit einer Sklavin aus einem anderen Besitz. Und Probatius hatte ihm sicherlich verboten, sich mit fremden Mägden abzugeben.*

Selenus ging einige Schritte auf und ab, dann setzte er das Verhör fort: »Warum gab Demetrios die Mühle auf?«

»Herr, die genauen Gründe weiß ich nicht. Die wird keiner hier kennen, außer...«

»Probatius?«

»Ja, Probatius. Aber damals hieß es schon, Demetrios sei ein Trinker.«

»Und? War er's?«

»Ja, Herr.«

»Hast du ihn damals öfter volltrunken gesehen?«

»Sicher, Herr. Er kam fast täglich jeden Abend in unsere Schenke und ließ sich vollaufen.«

»Wie verhielt sich Probatius ihm gegenüber?«

»Ja, das war seltsam. Zunächst war er sehr freundlich, ja zuvorkommend zu ihm...«

»Du meinst, bevor er die Mühle kaufte?«

»Nein, auch noch danach.«

Selenus sah Berytos an, aber er blickte durch ihn hindurch, denn er ließ seine Assoziationen spielen, konstruierte in Gedanken Szenen, verwarf sie, wurde sich dann schlüssig: »Wie lange hielt das an? Ich meine, wie lange blieb Probatius, nachdem er die Mühle gekauft hatte, freundlich zu Demetrios?«

»Sehr lange. Es können zwei, drei Jahre gewesen sein. Doch allmählich verschlechterte sich ihr Verhältnis.«

»Woran merktest du das?«

»Ganz einfach, Herr: Bisher hatte Probatius ihm des Abends mehrere Becher Weines spendiert. Von dieser Zeit an aber mußte der Alte seinen Wein selbst bezahlen. Sie sprachen auch nicht mehr soviel miteinander wie früher. Der Alte nuschelte nur noch vor sich hin, wenn er betrunken war. Dann wurde er natürlich anderen Gästen lästig, und man warf ihn einfach vor die Tür. Ich habe ihm dann oft geholfen, draußen in der Scheune einen Platz zu finden, wo er seinen Rausch ausschlafen konnte.«

* Als allgemeines, ungeschriebenes Gesetz galt, daß sich Sklaven an die Mädchen des eigenen Besitzes halten sollten, denn eine reiche Kinderschar aus solch einer Verbindung wurde gern gesehen, da es sich hier um eine kostenlose Vergrößerung des Sklavenbestandes handelte.

Mit wachsendem Interesse hatte Selenus dieser sich gewaltig entfaltenden Geschichte über das erbärmliche Leben eines gewissen Demetrios zugehört, und auch die beiden Numider waren ganz Ohr.

Nun fragte Selenus: »Wenn er im Rausch vor sich hin sprach – was sagte er dann? Erinnerst du dich an besondere Worte oder Sätze?«

Berytos dachte eine Weile nach. »Nun, Herr, es waren fast immer Verwünschungen über Probatius.«

»Was zum Beispiel?«

»Er wünschte ihn zum Henker. Er verfluchte ihn mit den derbsten und fürchterlichsten Flüchen, die ich je gehört habe. Und er sagte, das würde er eines Tages büßen.«

»Was?«

»Das weiß ich nicht. Aber ich vermutete, daß er von Probatius betrogen worden war.«

»Beim Verkauf der Mühle?«

»Ja.«

»Wer betreibt denn jetzt die Mühle?«

»Ein Müller, den Probatius angestellt hat. Aber, ich sage dir, Herr...« Berytos blickte scheu um sich, kam dann näher. »Ich sage dir, Herr: Das ist kein Müller!«

»Wie kommst du darauf?«

»Ich sah ihn noch nie mit vom Mehl weißen Händen!«

»Nun gut, Berytos. Hier!« Selenus holte aus einer Ledertasche mehrere Silberdenare und reichte sie Berytos, für den dies ein kleines Vermögen war.

»Aber Herr!« Er errötete vor Freude.

»Du kannst dir noch mehr verdienen, wenn du uns nachher einen anderen Weg zur Mühle zeigst als den, welchen wir vorhin benutzt haben. Nun komm!«

Sie saßen auf und ritten weiter bergan, als ihnen nach einem Stadion* drei Reiter entgegenkamen. Auf eine Frage bestätigte Berytos, es seien Probatius und zwei Leute vom Landsitz. Probatius machte ein sehr unfreundliches Gesicht, als er näher kam und vor den fremden Reitern anhielt. Selenus dagegen wandte sich freundlich lächelnd an ihn und sagte: »Jemand sagte in Rom zu mir, wenn ich mich über die hiesige Gegend erkundigen wolle,

* *Stadion:* siehe unter »Maße« im Anhang.

dann müsse ich zu einem gewissen Probatius gehen, der am Ortsausgang von Aricia eine gutgehende Schenke mit ebensolcher Herberge betreibe.«

Probatius versuchte das freundliche Lächeln zu erwidern, doch wirkte es verkrampft.

»Was willst du hier?« fragte er.

»Nun, es könnte sein, daß ich hier, zu Füßen der Albaner Berge, einen Alterssitz baue. Und so komme ich zu dir, um dich zu fragen, ob du mir mit Rat und Tat helfen kannst. – Vielleicht kennst du jemanden, der verkaufen will ...«

»Vielleicht, ja. Aber ich habe jetzt keine Zeit. Wir können heute abend in Ruhe darüber reden.«

»Wo?«

»Oben, in meiner Villa.« Er sagte es wie auf dem Sprung.

»Einverstanden. Ich schaue mich in der Zwischenzeit hier schon mal etwas um. Dein Berytos kann mir einiges erklären.«

»Ja, sicher.« Er sagte es wie abwesend, übersah auch den Berytos. Dann verbeugte er sich leicht und ritt weiter zu Tal.

Doch schon nach wenigen Augenblicken schickte Selenus den Sklaven nach Hause. Als dieser außer Hörweite war, sagte Selenus zu den Numidern: »Ihr nähert euch auf Umwegen der Mühle! Versteckt euch! Achtet auf die Hunde! Habt ihr etwas zu essen mit?«

»Ja. Brot und Käse. Auch etwas Wein.«

»Gut. – Ich reite jetzt nach Rom.«

»Er darf dich nicht sehen, Herr!«

»Gewiß. Ich werde den Ort umgehen. Noch Fragen?«

Sie schüttelten leicht den Kopf.

»Beobachtet die Mühle einige Zeit ganz genau und kehrt dann nach Rom zurück. – Bis heute abend. Und seid vorsichtig! Beim Mercurius!«

»Gewiß, Herr.«

15

Zum Capitol, dem heiligsten Ort der Stadt, gab es nur wenige Zugänge. Der Clivus Capitolinus war die einzige befahrbare Straße, die hinaufführte. Sie bildete die Fortsetzung der Via Sacra und begann vor der Fassade des altehrwürdigen Saturn-Tempels. Der Clivus Capitolinus war der letzte Abschnitt auf dem Wege der Triumphzüge zum Iupiter-Heiligtum.
Zwischen dem Carcer, dem Staatsgefängnis, und dem Concordia-Tempel führten die Scalae Gemoniae, eine steile Treppe, zur *Arx*, zur Burg. Auf sie warf man die Leichen der Hingerichteten aus dem benachbarten Gefängnis. In der Verlängerung führten die Gradus Monetae, ein Stufengang, bis zum Tempel der Iuno Moneta an der höchsten Stelle der Festung.
Auf dem Umfeld des Iupiter-Tempels standen mehrere kleinere Heiligtümer, Siegeszeichen und Statuen – so viele, daß man mehrmals darangehen mußte, den Platz vor allem von den Statuen und Trophäen zu räumen, die dann an anderer Stelle wiederaufgestellt wurden.
Der wichtigste Tempel auf der *Arx* war der Iuno Moneta, der Mahnerin, geweiht. Vor fast dreihundert Jahren sollte Camillus – nach einem Sieg über die Aurunker – das Heiligtum gestiftet haben. In der Nähe, keine dreißig Schritt daneben, befand sich die staatliche Münzprägestelle, und man hatte sich schon angewöhnt, von der *Moneta* zu sprechen, wenn man die staatliche Münze meinte.

Gaius und Cornificius waren der Via Sacra gefolgt, hatten dann neben der Aedes Concordiae, dem Concordia-Tempel, die Gemonischen Treppen genommen und befanden sich an deren Ende, als Cornificius anhielt und rückblickend nach links, zum Staatsgefängnis, wies, dessen archaisch klobiges Mauerwerk allein schon Respekt einflößen konnte.
»Was meinst du – läßt Caesar ihn wirklich bis zu seinem Triumphzug im Carcer schmachten?«
Er meinte offensichtlich Vercingetorix, den Arvernerfürsten, den Caesar nach der Eroberung von Alesia vor zwei Jahren gefangengenommen und nach hier hatte bringen lassen, wo er immer noch auf seine endgültige Verurteilung wartete.*

* vgl. Band 2.

Auch Gaius hielt an und betrachtete das Gemäuer. »Warum sollte er nicht...«
Cornificius schwieg dazu, denn er wußte, daß es damals in Gallien zu einer harten Auseinandersetzung zwischen Gaius und Caesar gekommen war. Es hieß sogar, Gaius habe Caesar im Zorn angefahren, ohne daß dies Folgen – negative Folgen! – für Gaius gehabt hätte. Cornificius wußte von Gaius selbst, daß ihm Caesar kurze Zeit danach ein wertvolles Geschenk gemacht hatte.* Ansonsten hatte Gaius nie darüber gesprochen.
Sie stiegen weiter, erreichten den Platz, der vom Tempel der Iuno Moneta beherrscht wurde. Gleich links daneben befand sich das Gebäude mit den Werkstätten und der Verwaltung der staatlichen Münze. Gaius hatte, um sich schneller in der Stadt bewegen zu können, beide Lictoren beurlaubt; im übrigen fühlte er sich ohne sie wohler und ließ sich von ihnen nur dann eskortieren, wenn es aus Gründen der Etikette unbedingt notwendig war, etwa beim Besuch eines Consuls oder auf dem Wege zum Senat.
Gaius Memmius, umsichtig und höflich, wie er war, hatte zwei Leute draußen postiert, die Gaius und Cornificius den Weg zu seinen Räumen zeigen sollten. Doch schien er selbst auf die beiden Freunde gewartet zu haben, denn er trat aus einer der schweren Bronzetüren, ehe sie sich auf den Weg dorthin gemacht hatten.
Gaius blickte sich nach der freundlichen Begrüßung kurz um, wies auf die zahlreichen Tempelchen und Statuen auf dem Areal der *Arx* und sagte: »Wird aber allmählich eng hier!«
»Wem sagst du das! Wir leiden am meisten darunter. Ich wollte dich bitten, Aedil, deinen Einfluß bei den zuständigen Männern geltend zu machen, um dem geradezu wuchernden Bewuchs mit Denkmälern, Votivhäusern und kleinen Heiligtümern Einhalt zu gebieten und einen Teil des Vorhandenen an einen anderen Ort zu verlegen. Den Göttern ist es schließlich gleich, wo der Rauch der Opfer aufsteigt.«
Gaius nahm dies, besonders den letzten Satz, mit Interesse zur Kenntnis und schloß auf eine nüchtern wägende Denkweise des Memmius. Er nickte und versprach, in der Sache aktiv zu werden. Ein wichtiges Wort hatte hierbei natürlich der Pontifex maximus als Oberpriester zu sprechen, aber der war nicht erreichbar, denn er weilte fern der Hauptstadt: Caesar.

* vgl. Band 2.

In den Kontoren, einigen kleineren Schreib- und Diktaträumen, herrschte eine vorbildliche Ordnung. Durch das dicke Gemäuer hörte man nichts vom Lärm der Werkstatt; allerdings lagen auch noch Lagerräume für Edelmetalle und Holzkohle dazwischen.
»Möchtest du«, fragte Memmius, »die Männer sprechen?«
»Ja«, nickte Gaius, der keine Zeit durch überflüssiges Reden verlieren wollte.
Memmius schickte einen Sklaven, um die Meister aus der Werkstatt zu holen. »Wir gehen zwar selbst gleich hinüber, aber hier kann man doch besser reden.«
Dann kamen sie herein, aber es waren nur zwei.
»Wo ist Dion?« fragte Memmius.
Arrius Rusticus, der älteste der Meister, strich sich mit der schweren Hand an der linken Wange entlang – man hörte das Kratzen der harten, grauen Bartstoppeln – und sagte mit einer tiefen, wohltönenden Stimme: »Er ist nur kurz hiergewesen. Er klagte über starke Schmerzen im Leib. Dann ging er.«
»Er hätte mir Bescheid geben müssen!« tadelte Memmius, doch Arrius sagte: »Wenn du ihn gesehen hättest, Memmius, hättest du ihn gleich weggeschickt.«
Gaius fiel auf, daß der Alte seinen Vorgesetzten nicht mit seiner offiziellen Titulatur anredete, woraus er schloß, daß Memmius sich dies wohl verbeten hatte. Arrius hatte jene Statur und Haltung, die man auch bei starken, erfolgreichen Bauern fand: Er war breit in den Schultern, nicht allzu groß, wirkte wegen seiner muskulösen und straffen Haltung auch jünger, als er war. Daran hatten auch helle, stahlblaue Augen ihren Anteil, während das silbergraue Haar dem ganzen Gesicht eine gewisse Würde verlieh.
Libanios wirkte daneben unauffällig, zurückhaltender, bei weitem nicht so selbstbewußt, und man spürte, daß es Arrius Rusticus war, der hier das Sagen hatte – ein Mann, er wohl auch in der Lage war, einen Senator, und sei es den grimmigen Cato, zu überzeugen, wenn er sich, was die Sache anging, im Recht fühlte. Gaius mochte Arrius auf Anhieb. Im übrigen stand für ihn völlig außer Frage, daß Arrius nicht als Täter, Planer oder Gehilfe bei dem Münzverbrechen in Frage kam.
Freilich gab ihm zu denken, daß Dion ausgerechnet heute nicht am Platze war, zumal er doch wissen mußte – so etwas sprach sich sehr schnell herum –, daß der Curulische Aedil Gaius Volcatius Tullus in amtlicher Eigenschaft erscheinen würde.

Während die plötzliche Abwesenheit des Dion den Memmius sichtlich verärgerte, wenn nicht gar verunsicherte, zeigte Arrius nicht die geringste Reaktion. Er hängte vielmehr noch diesen Satz an: »Man könnte ihn zwar holen lassen, Aedil«, er schaute Gaius offen und frontal an, »aber ich meine, man sollte ihn heute besser in Ruhe lassen. Es muß ihn gewaltig erwischt haben. Dion ist der letzte, der sich drücken würde. Nicht wahr, Libanios!?«
Libanios nickte nur und schluckte, so daß man seinen Adamsapfel hüpfen sah.
Gaius aber wurde, gerade wegen dieser Verunsicherungen des ehrlichen und kameradschaftlichen Mannes, um so mißtrauischer: »Hat er öfters solche Magenbeschwerden oder Leibschmerzen?«
»Nein«, entgegnete Arrius.
Gaius nickte, dachte sich aber seinen Teil. Er würde der Sache nachgehen. Als er kurz zu Cornificius blickte, sah er, wie dieser ihm verstehend zunickte. Sie würden gleich nach diesem Besuch Dion aufsuchen, zumal er ja ganz in der Nähe wohnte.
Als sie dann in der Werkstatt, oder besser: in den Werkstätten waren – es reihten sich mehrere Räume unter starken Gewölben aneinander –, staunten die Freunde auch hier erneut über die vorzügliche Ordnung und Sauberkeit, die wohl ganz sicherlich von Arrius Rusticus verlangt und durchgesetzt wurde.
Die Männer, die ihren verschiedenen Tätigkeiten mit den Edelmetallen nachgingen, schauten neugierig auf, verließen ihren Arbeitsplatz, nahmen nebeneinander Aufstellung und verbeugten sich vor dem hohen Adeligen und Regierungsbeamten. Gaius nahm den Gruß freundlich entgegen, sagte einige lobende Worte und entließ sie wieder an ihren Arbeitsplatz.
Memmius, Arrius und Libanios führten den Curulischen Aedilen mit seinem Begleiter durch diese und die nächste Werkstatthalle, und Memmius erklärte den Besuchern die Reihenfolge der einzelnen Arbeitsgänge bis zur fertigen Münze.
»Die Hammerprägung ist eigentlich ein höchst einfacher Vorgang«, erläuterte Memmius und zeigte seitwärts zu zwei Arbeitern. »In einem Amboß eingelassen, sitzt das Untereisen, das den Stempel für die Vorderseite der Münze trägt. Auf dieses Untereisen legt man den Schrötling, der aus Gold, Bronze oder Silber sein kann. Auf diesen wiederum drückt man das Obereisen, das an einem Stiel sitzt... Macht es einmal vor!«

Einer der beiden legte einen Silberschrötling auf das Untereisen, griff dann den Oberstempel am Stiel und hielt ihn senkrecht über Schrötling und Untereisen. Sogleich hob der zweite Mann seinen schweren Hammer, holte aus und setzte den Prägeschlag auf den Stiel des Oberstempels. Und schon während er den nächsten Schlag vorbereitete, leerte der erste den Amboß, warf die fertige Münze, einen Denar, in eine bereitstehende Kiste und legte ungemein flink den nächsten Schrötling auf den Amboß.
»Weitermachen!« nickte Memmius. Sie gingen zur anderen Seite, wo sie mehrere gut aufeinander eingespielte Zweiergruppen bei der Arbeit sahen. Dann verließen sie diesen Raum und erreichten eine zweite, kleinere und ruhigere Halle.
»Hier werden die Stempel geschnitten.«
Einige jüngere Männer waren bei der Arbeit. Es handelte sich offensichtlich um den Nachwuchs der Meister, denn Arrius und Libanios beugten sich sogleich kritisch über die Schulter der Leute, nickten, lobten oder tadelten, zeigten hin und wieder schwache Stellen.
Memmius fuhr fort mit seinen Erklärungen: »Der Stempelschneider bringt mit Punze und Grabstichel das gewünschte Bild negativ und seitenverkehrt in einen Eisenstempel. Anschließend wird der dann gehärtet. Dieser bildtragende Stempel... gib mal bitte!« Der Stempelschneider reichte ihm das Eisen, und Memmius zeigte es Gaius und Cornificius. »Das wird das Bild werden. Es ist die Vorderseite der Münze. Bei der Prägung bildet sie immer den Unterstempel. Er sitzt fest auf einem Dorn und ist mit ihm unverrückbar in einem Amboß verankert. Aber das habt ihr ja eben gesehen...« Er wies auf den spornartigen Fortsatz am unteren Ende. »Er muß sehr fest sitzen, denn nur durch festen Halt ist er gegen Beschädigung und schnelle Abnutzung besser geschützt als der bewegliche Oberstempel. Seine Lebensdauer ist dadurch erheblich länger.«
Er gab dem Mann den Stempel zurück, und sie schauten ihm eine Weile neugierig zu, wie er am Bild einer Göttin, es war Venus, arbeitete.
»Wir haben einen großen Bedarf an immer neuen Oberstempeln – wegen ihres größeren Verschleißes«, erklärte Memmius.
Gaius nickte, fragte dann den Stempelschneider: »Ich sehe, du benutzt als Muster einen frisch geprägten Denar und den alten Oberstempel. Bekommst du denn die Ähnlichkeit zwischen altem und neuem Bild genau hin?«

»Herr!« wandte sich der Mann an Gaius. »Das ist ganz und gar unmöglich. Kein neuer Oberstempel gleicht dem alten.«
»Verstehe«, nickte Gaius langsam, und Arrius ergänzte: »Da das so ist, Aedil, streben wir eine totale Ähnlichkeit überhaupt nicht an.«
Gaius schaute sich der Reihe nach verschiedene Oberstempel an, dann fragte er, nachdem er eine Weile sinnend den Zeigefinger an die Lippen gelegt hatte, den Arrius: »Kann man sagen, daß jeder Stempelschneider, selbst wenn er ganz verschiedene Bilder und Legenden schneidet, einen eigenen Stil hat?«
»Sicher!« sagte Arrius und zeigte auf eine Reihe von Stempeln, die geordnet auf einem Regal an der Wand standen. »An jedem erkenne ich seinen Schöpfer.«
»Fein«, sagte Gaius, und Arrius stutzte einen Augenblick, weil er nicht den Grund für dieses scheinbare Lob erkannte. Doch Gaius wurde sogleich deutlich: »Du könntest also an einem älteren Stempel erkennen, wer ihn geschnitten hat?«
»Wenn ich andere Arbeiten der Art kenne, ja.«
»Gut.« Gaius entnahm dem Tuch, das er die ganze Zeit in der Linken gehalten hatte, den Stempel, der aus der Hütte des Alten stammte, und reichte ihn dem Arrius Rusticus. »Schau ihn dir an!«
Arrius nahm ihn, betrachtete erst die ganze Form, drehte ihn mehrmals und wandte sich dann dem Münzbild an seiner Unterseite zu.
Gaius ließ ihn eine Weile gewähren, dann fragte er: »Kennst du diesen Stempel?«
»Nein. Aber ich kenne Münzen, die mit ihm geschlagen worden sind.«
»Hast du welche hier?«
»Ich denke schon...« Wie jeder erfahrene Meister besaß er natürlich eine Auswahl und Sammlung aller wichtigen Münzen, die ihm als Muster und Vorbild dienten. Arrius hatte den Raum verlassen, um die entsprechende Münze zu holen.
»Besitzt du sie auch?« fragte Gaius den Libanios.
»Nein, Aedil. Sie ist sehr selten, und sie wird heute nicht mehr geprägt. Ich habe mich mehr auf sicilische Münzen und da besonders auf solche aus der großen Zeit von Syracusae beschränkt...«
Er erläuterte einige Besonderheiten dieser hellenistischen Münzen, als er gestört wurde: Arrius kam mit energischen schnellen

Schritten in die Halle zurück, blieb vor Gaius stehen, schüttelte den Kopf und rief: »Also, ich verstehe das nicht!«
»Was?« fragte Gaius.
»Sie sind alle an ihrem Platz. Aber diese fehlt!«
Gaius und Cornificius warfen sich einen Blick zu. Cornificius fragte: »Bist du sicher, daß sonst keine fehlt?«
»Ja... aber...« Er war sprachlos.
Gaius legte ihm kurz die Hand auf den Arm und sagte: »Führ uns bitte hin. Ich möchte ungestört mit dir reden.« Während er dies sagte, blickte er schnell aus den Augenwinkeln in der Halle umher, doch schien niemand der Arbeiter auf das, was hier gesprochen wurde, zu achten.
Wie Libanios und Dion hatte Arrius Rusticus einen eigenen Raum, in dem er sich umziehen, waschen und erfrischen konnte; auch ein primitives, soldatisches Ruhebett fehlte nicht. An der einen Wand stand ein einfaches Regal aus Buchenholz, auf dem verschiedene Dinge lagen – Werkzeuge, Metallstücke, eine feine Zange, ein alter Stempel und dergleichen mehr, was so zum Beruf eines Stempelschneiders gehörte. An der anderen Wand hing ein Schränkchen. Und dessen beide Türen standen offen. Dorthin trat Arrius und winkte den Aedilen neben sich.
In mehreren fein geschnitzten und polierten Holzbrettchen, nicht breiter als eine Hand, waren im Abstand eines Fingers muldenartige Vertiefungen angebracht, in denen, akkurat nebeneinander aufgereiht, an die hundert Münzen verschiedener Metalle und Größen lagen. Im zweiten Brett war eine Lücke.
»Hier lag sie!«
Gaius warf einen kurzen Blick hinein, nickte und sagte: »Nimm sie bitte heraus, alle!«
Er half dabei, und sie legten die Brettchen vorsichtig auf die einfache Platte des Tisches, der in der Mitte des Raumes stand, nebeneinander.
»Und du bist sicher, daß die fehlende Münze dem Bild dieses Stempels entspricht?«
»*Scilicet*. – Natürlich. Sie war sehr fein geschnitten und modelliert. Es muß ein großer Bildner gewesen sein, der sie hergestellt hat. Aber sie ist nicht mit diesem Stempel, den du mir gezeigt hast, geschlagen worden...«
Er sprach leise mit Libanios, der sich inzwischen zu ihnen gesellt hatte. Der nickte, griff sich den Stempel und verließ den Raum.

Wenige Augenblicke später kam er zurück, legte den Stempel auf den Tisch und eine frisch geschlagene Silbermünze daneben.
»Hier!« Arrius beugte sich nieder und wies mit dem Zeigefinger auf die Münze: »Es fehlen die scharfen Kanten, die das Original hatte!« Er strich mit dem Finger darüber und fuhr dann fort: »Der Silberdenar zeigt eine Büste des Gottes Mercurius auf dieser Seite. Die Rückseite des Stückes ist nun natürlich nicht identisch mit dem Original.«
Arrius drehte die Münze und zeigte die Rückseite: Der abgebildete Kopf stellte den Gott Quirinus dar, der in diesem Fall mit Romulus, dem Stadtgründer Roms, identisch war. Sie kannten alle diese Denare, die seit der Übernahme des Münzmeisteramtes durch Gaius Memmius in Umlauf waren. So zeigte die Vorderseite einer anderen Münze das Bild einer sitzenden Ceres* mit der Umschrift:

MEMMIUS AED CERIALIA PREIMIUS FECIT**

Gaius Memmius gedachte damit, wie alle Münzmeister, einer bedeutenden Episode aus der Geschichte seiner Familie, der Gens Memmia. Die Legende bezog sich auf ein Ereignis vor einhundertzweiundfünfzig Jahren.***
Arrius nahm nochmals die erste Münze und untersuchte sie genau, reichte sie dann seinem Kollegen Libanios weiter. Gespannt wartete Gaius auf dessen Kommentar. Schließlich sagte Libanios: »Arrius hat recht. Der Stempel ist gefälscht worden.«
Arrius nickte beifällig und ergänzte: »Aber wie ich schon sagte, muß es ein großer Könner sein, denn es ist wohl das schwierigste in dieser Kunst, nach einem Vorbild eine fast identische Kopie herstellen zu wollen.« – Gaius fiel auf, wie hervorragend Arrius sich ausdrücken konnte. – »Es kommt dabei auf haarfeine Genauigkeit an. Und doch entgeht dem Kenner kein Fehler. Wenn ich die Münze – zu der Zeit war übrigens Gaius Mamilius Limetanus Münzmeister – hier hätte, könnte ich euch an Einzelheiten erläutern, daß die Schattierung des Bildnisses nicht genau getroffen wurde.«

* *Ceres* war die Göttin der Feldfrucht, die schon im 6. Jh. v. Chr. der griechischen Göttin *Demeter* gleichgesetzt wurde.
** »Der Aedil Memmius hat als erster das Fest der Ceres veranstaltet«
*** 202 v. Chr.

Cornificius, der mit Memmius zwischenzeitlich zu den zweien gestoßen war und die letzten Ausführungen aufmerksam verfolgt hatte, wandte sich jetzt dem Münzmeister zu: »Du hast doch sicherlich Aufzeichnungen deiner Vorgänger über den Ablauf der Produktion, über Entlassungen und Einstellungen, die in den letzten Jahren vorgenommen worden sind, oder?«
»Doch«, nickte Memmius. »In meinem Kontor. – Ah, du meinst... Ich verstehe. – Kommt, schauen wir doch gleich nach!«
Sie verließen den Raum und durchquerten wieder die Werkstätten, wo die Männer eifrig und mit der entsprechenden Lautstärke bei der Arbeit waren. Libanios blieb gleich zurück, denn er hatte ohnehin weiter nichts zur Lösung der Frage nach dem Urheber der Fälschung beizutragen.
Memmius beauftragte nun einen seiner Schreiber, sämtliche Verzeichnisse über das Personal aus den letzten drei Jahrzehnten zu holen.
Der Mann verbeugte sich stumm und ging.
»Hast du sie stets unter Verschluß?« fragte Gaius.
»Ja, natürlich.«
Das Kontor des Münzmeisters war nicht viel größer als der Raum, der dem Arrius zugeteilt war; auch die Einrichtung war fast identisch, außer daß hier ein recht großer, abschließbarer Schrank stand und die Wände mit allerlei Rankenwerk bemalt waren.
Der Schreiber kam, gefolgt von einigen ihm untergeordneten Leuten, die ganze Bündel von Rollen unter den Armen trugen.
»Legt sie hier auf den Tisch!« sagte Memmius. Als sie gegangen waren, fragte er: »Was willst du wissen?«
Gaius schürzte einen Augenblick lang die Lippen, sagte dann mit Blick auf die Rollen: »Ich möchte wissen, wer zu der Zeit, als der Silberdenar des Mamilius Limetanus geprägt wurde, als verantwortlicher Prägemeister hier tätig war.«
Memmius überlegte kurz: »Das war vor zweiunddreißig Jahren.* Das müßte... Ja, hier!« Er fischte eine der Rollen aus dem Stapel, las den Zettel, auf dem der Inhalt verzeichnet war, und öffnete die Schnur, die sie zusammenhielt. Mit Hilfe der Stäbe drehte er sie flink – was ihn als geübten Leser auswies –, hielt schließlich inne und beugte sich nahe über die Schrift: »Also... damals war Sulla

* 82 v. Chr.

Dictator* ... Aedilen waren Furius und Pomponius ... ja, und Mamilius Limetanus war Münzmeister ...« Er studierte weiter die Aufzeichnungen. »Hier! Hier haben wir die Namen!« Er ging mit dem Zeigefinger die Zeile entlang. »Der Werkstatt stand damals ein gewisser Kriton vor. Ihm zur Seite standen die Meister Longinus und Miletos. Hier!« Er reichte Gaius die Rolle, und Gaius las die entsprechenden Eintragungen still durch, gab die Urkunde dann an Cornificius und Arrius weiter. Dann fragte er den Arrius: »Kennst du diese Männer?«
Arrius schüttelte den Kopf: »Leider nicht, Aedil. Aber es wurde viel Rühmens von ihnen gemacht. Besonders von Miletos!«
»Stammte er aus Miletos in Asia?«
»Ja.«
»War er Sklave?«
»Das mag schon sein. Aber als er hier tätig war, muß er längst ein *Libertus*, ein Freigelassener, gewesen sein, da Sklaven nie eine solche Verantwortung übernehmen können.«
»Wie kam er nach Rom?«
»Ich nehme an, daß er in den Wirren der Mithridates-Kriege herüberkam. Wie so viele damals.«
»War er schon alt?«
»Alt? – Nein, er war in den besten Jahren, wie man so sagt. Er war damals wohl Mitte Vierzig.«
»Mitte Vierzig?« Gaius stutzte. »Ja, aber dann hätte er hier doch noch lange wirken können!«
»Sicher.«
»Starb er?«
»Das weiß ich nicht.«
»Was soll das heißen, Arrius?!«
»Aedil, das heißt: Ich weiß es nicht. Das weiß sicher niemand hier, denn Miletos, so wird berichtet, war eines Tages verschwunden.«
»Interessant!« sagte Gaius leise und hielt, wie es seine Art war, wenn er nachdachte, eine Weile den Zeigefinger der linken Hand an die Lippen. Dann wandte er sich an Memmius: »Was weißt du davon?«

* *Dictator:* im republikanischen Rom ein außerordentlicher Magistrat zur Überwindung von Notstandssituationen. Der Dictator hatte totale legislative, executive und judicative Gewalt und konnte für seine Handlungen, im Gegensatz zu Consuln und Praetoren, nicht zur Rechenschaft gezogen werden. Siehe auch unter »Die Verfassung der Republik« im Anhang.

»Hm, eigentlich nicht mehr als Arrius.« Er beugte sich erneut über die Rolle und las darin, bisweilen Abschnitte und ganze Seiten überspringend, als ob er etwas Bestimmtes suchte. »Hier steht nur, daß er an dem und dem Tag verschwunden blieb. Er wurde nie mehr gefunden. Man gab die Nachforschungen nach kurzer Zeit auf.«
Gaius fragte: »Gibt es in den Werkstätten noch jemand, der damals schon hier arbeitete?«
»Ja, ich kenne einen«, meinte Arrius. »Der Mann hat zwar die Gicht, geht sehr krumm, hat aber noch ein unglaubliches Gefühl in den Fingern: Er wiegt Metall für die Schrötlinge ab – und keiner kann es besser.«
Als der Mann – er mochte die Siebzig längst überschritten haben – in gebeugter Haltung und mit zitternden Gliedern hereinkam, geführt von Arrius, begann er schon in der Tür mit seinen Mitteilungen, denn Arrius hatte ihn über den Gegenstand aufgeklärt.
»Ja, edler Aedil«, begann er mit schütterer, kaum hörbarer Stimme, »ich kannte ihn gut, sehr gut! Ja, sehr gut! Keiner tat es ihm gleich...« Er war vor Gaius stehengeblieben und schaute schräg von unten zu ihm auf, dabei in einem fort weiterredend: »Miletos war der Größte! Nie zuvor oder danach gab es schönere Münzen! Aber eigentlich hieß er Demetrios. Miletos nannten sie ihn, weil er aus der Stadt in Asia stammte.«
Gaius ließ sich von Memmius den Stempel geben und zeigte ihn dem Alten, der ihn geschlossenen Auges mit den Fingern prüfte, ihn von allen Seiten abtastete, um dann schließlich die Augen zu öffnen, damit er das Ertastete sehend nachvollziehen konnte.
»Hervorragende Arbeit! Das ist die Arbeit von Demetrios!« Er hob den Stempel ganz nahe an die Augen – zum Glück war er kurzsichtig – und betrachtete die Details: »Er ist gefälscht!«
Alle anderen schauten sich voller Verwunderung an. Dann sagte der Alte: »Aber er ist hervorragend gefälscht! So etwas kann nur Demetrios! Er hat seinen eigenen Stempel gefälscht! Seht ihr? Hier!« Er wies mit zittrigen, knotigen Fingern auf die Prägefläche, trommelte darauf herum: »Das ist seine Art! Seine Schrift! Solche Schatten konnte nur er setzen! Großartig! – Aber warum er seinen eigenen Stempel fälscht? – Das wissen die Götter! – So was, nein so was! – Fälscht seinen eigenen... Wo ist er, edler Aedil?«
Er schaute schräg von unten, sein Mund öffnete sich, und man sah, daß er keine Zähne mehr hatte.

»Das wollte ich dich gerade fragen, mein Alter. Du warst schon hier, als er damals unerwartet verschwand?«
»Ja, damals war ich...«, nickte er.
»Was sagte man unter den Arbeitern, was wurde sonst geredet? Warum verschwand er?«
»Das weiß ich nicht, Herr. Das weiß ich nicht. Niemand weiß es.«
»Hatte er Freunde?«
»Das weiß ich nicht, Herr.«
»Wurde er besucht? Wer besuchte ihn? Mit wem hatte er außerhalb der Werkstätte zu tun?«
Gaius sah, wie das lange Stehen für den Alten anstrengend wurde, und er nötigte ihn, sich auf den nächsten mit Bast bespannten Stuhl zu setzen.
»Mit wem er... Nun, das ist lange her, Herr. Er hielt auf Abstand zu seinen... er hielt auf Abstand.«
»Hatte er mit Mamilius, dem damaligen Münzmeister, Streit?«
»Ich habe nichts dergleichen gehört, Herr. Er hielt sich immer zurück.«
»Wo wohnte er?«
»Hier ganz in der Nähe.«
»Wo?«
»In der... in dem Hause gleich hier am Abhang des Capitols.«
Gaius ließ es sich näher beschreiben, und es schien das gleiche Haus zu sein, in dem nun Dion, der dritte Meister, wohnte.
»Hat er sich damals irgend etwas zuschulden kommen lassen?«
»Nein, Herr. Nicht daß ich wüßte. Nein.«
»Gut, ich danke dir. Du kannst gehen.«
Der Alte schlurfte zur Tür, drehte sich dort noch einmal um und sagte eifrig: »Eine gute Fälschung, Herr! Eine sehr gute!«
»Ja, ich weiß. Wir danken dir.« Gaius aber blickte in die Runde, nickte und sagte: »Na, da sind wir doch einen wichtigen Schritt weitergekommen. Ich danke euch.«
Memmius versprach, noch einmal alle Aufzeichnungen von damals durchzugehen und zu melden, wenn etwas Wichtiges entdeckt würde.

16

Anders als das Capitol, konnte man die *Arx* und das Areal um den Tempel der Iuno Moneta auch in Richtung Marsfeld auf einem steil abfallenden Wege verlassen. Dazu mußten Gaius und Cornificius zunächst bis zur Senke des Asylums gehen, das zwischen den Hügelkuppen des Capitols und der *Arx* lag. Von der dortigen Rückseite des Tabulariums, des Staatsarchivs, erreichte man auf einem abfallenden Wege die Ebene am Rande des Marsfeldes. Zur Rechten schauten die Freunde auf die rückwärtigen Mauern der Münze, zur Linken auf die Umfassungsmauer des Iupiter-Tempels. Vor ihnen breitete sich die ebene Fläche des Marsfeldes aus, beherrscht vom riesigen Bau des Pompeius-Theaters, dessen obere Teile des Bühnenhauses und der *Cavea*, der Zuschauertribünen, alle anderen Gebäude überragten. Zwischen Bäumen und kleineren Heiligtümern schimmerte der Tiber durch, der im großen Bogen das Areal umfloß.
Während sie langsam, ja bedächtig den steilen Weg hinuntergingen, sagte Cornificius: »Gefällt mir, der Arrius!«
»Mir auch. – Dieser Dion aber um so weniger. Hinter der Krankheit scheint Methode zu stecken.«
»Wir werden's gleich sehen.«
Sie erreichten das Niveau der Ebene und bogen links in eine namenlose Gasse ein, die zu Füßen der rückwärtigen Felsen des Capitols nach Süden verlief.
Links zog sich hier am Hang des Capitols eine große *Insula* entlang, die, vier Stockwerke hoch, direkt an den Felsen gebaut war. An einer Stelle öffneten sich die Ladenräume im Erdgeschoß zu einem Hof, der von einer schönen, von Pfeilern getragenen Halle umgeben war. Hier wurde mit Stoffen gehandelt, aber auch mit Fellen aus dem Norden, und an einer Seite erkannten sie einen großen Schuhmacherladen.
»Wußtest du davon?« fragte Gaius den Freund.
»Du meinst diese Läden? Nein. Ich hatte hier noch nie zu tun.«
Während sie so standen, um sich blickten und nach einem Aufgang suchten, trat aus dem Schuhmacherladen ein kräftiger, großer Mann, an dessen Haltung man den ehemaligen Soldaten erkannte.
»Oh, welch hoher Besuch!« rief er freudig überrascht und ging auf Gaius und Cornificius zu.

»Ist es die Möglichkeit!« rief Gaius zurück, und Cornificius fügte an: »Du scheinst dem seligen Crassus Dives Konkurrenz machen zu wollen! Wohin man auch in dieser Stadt seine Füße setzt, trifft man auf ein Schuhgeschäft des wackeren Loco!«
Loco war stehengeblieben, lachte sie an und reichte ihnen die Hand. – Wir kennen den ehemaligen Centurio* aus Caesars Gallien-Armee von früheren Geschichten, brauchen seinen Werdegang darum nicht zu wiederholen, stellen allerdings ebenso erstaunt wie die beiden fest, daß er tatsächlich auf dem besten Wege ist, der erfolgreichste Schuh-Manufactur-Besitzer der Stadt und des Erdkreises zu werden. Doch erinnern wir uns: Loco war nicht der Mann, der sich durch wirtschaftlichen Erfolg blenden ließ. Immer noch legte er die gleiche Menschenfreundlichkeit an den Tag, die ihn damals, vor Jahren, bei Vorgesetzten und Untergebenen so beliebt gemacht hatte – hielt er sich doch stets an unumstößliche Prinzipien. Und dies alles schätzten Gaius und Cornificius ebenso wie unser Alexandros aus Theben, der im übrigen den Loco zu seinen engsten Freunden zählte.
»Darf ich fragen, was den Curulischen Aedilen in Begleitung eines Praefecten hierher führt?« Sein Erstaunen war echt.
»*Certo.* – Gewiß«, nickte Gaius und fügte an: »Wir suchen die Wohnung eines gewissen Dion. Er ist einer der Prägemeister der Münze.«
»Ah! Dion!« Loco strich sich übers Kinn.
»Kennst du ihn?« fragte Cornificius.
»Nicht persönlich. Habe ihm ein paarmal guten Tag gesagt. Bin ja nur alle paar Tage hier, um nach dem Rechten zu sehen. – Aber wollt ihr nicht hereinkommen?«
»Später vielleicht«, sagte Gaius, den übrigens das Fortkommen des rechtschaffenen Mannes sehr interessierte. »Die Sache eilt.«
»Verstehe«, nickte Loco. »Dann bis nachher...«
Sie winkten sich leicht zu. Loco ging zurück in seine Filiale, als Cornificius ihm nachrief: »Augenblick, Loco!« Der Meister drehte sich um. »In welchem Stock wohnt er denn?«
Loco blickte an der Wand des Hauses aufwärts und sagte: »Im dritten. Wenn ihr oben seid, dann den Gang links, die zweite Tür.«
»Danke!«
Sie wandten sich um, fanden den Eingang unter dem Gewölbe der

* *Centurio:* Befehlshaber einer Hundertschaft in der römischen Armee.

Halle und begannen den Aufstieg. Das Haus machte einen sehr gepflegten Eindruck. Es gab hier keine unappetitlichen Schmierereien wie in Häusern der Subura, wo in manchen Zimmern zehn und mehr Personen bei Tage und bei Nacht hausten. In dieser *Insula* schienen nur gut betuchte Mieter zu wohnen. Die Lage des Gebäudes war ja auch in zweifacher Hinsicht von Vorteil: Man wohnte, wenn auch außerhalb der Mauer, im Zentrum der Stadt; und man hatte mit dem Pöbel, der die späten Abende in der Subura, im Argiletum und in anderen Vierteln so unerträglich laut für sich in Beschlag nahm, wenig gemein. Hier waren die Abende ruhig. Entsprechend hoch würde die Miete sein.

»Weiß du, wem das Haus gehört?« fragte Gaius den Freund.

»Nein. Aber wer auch immer es ist, er macht hier seine guten Geschäfte.«

Auf der zweiten Treppe kam ihnen eine grau-schwarz getigerte Katze entgegen und schnurrte. Sie ließ sich kraulen, blieb aber sitzen, als sie weitergingen.

Auch im dritten Stock lief der überdachte Gang an der Innenseite des Hofes entlang, und man konnte von hier aus in den Hof und darüber hinaus weit über das Marsfeld bis hin zum Tiber und zum Ianiculum* schauen.

Sie erreichten die zweite Tür links. Ehe sie klopften, lauschten sie. Es war alles ruhig. Nur aus dem obersten Stockwerk hörte man aufgeregtes Reden zwischen einer Frau und einem Mann, dazwischen Kindergelächter. Dann war es still. Die Katze war wieder da und strich Cornificius um die Beine.

Gaius ging zur Tür und klopfte mit den Fingerknöcheln gegen das harte Eichenholz. Drinnen regte sich nichts. Er wiederholte das Klopfen. Es blieb ruhig. Die Freunde schauten sich an und hoben die Schultern. Die Katze schnurrte dazwischen.

Gaius legte nun die Hand auf die Klinke, drückte sie nach unten und bemerkte, wie die Türe sich öffnete. Vorsichtig trat er in den fremden Raum ein, und es kostete ihn einige Anstrengung, eine Übersicht zu gewinnen, da das Fenster zum Capitol hin sehr klein war und außerdem ein dichter Vorhang davorgezogen war. Während er dorthin ging, verfing sich sein Fuß an etwas Netzartigem, Weichem. Als er endlich den Vorhang zur Seite gezogen hatte, erkannte er, daß es ein Fell gewesen war, das ihn behindert hatte.

* Auf dem rechten Tiberufer gelegener Hügel.

Sie blickten sich im Raum um und fanden alles sehr sauber und aufgeräumt. Auf den beiden Regalen lagen allerlei Gegenstände aus Metall, zumeist Bronze und Kupfer, die von Dion wohl gesammelt wurden, meist Darstellungen von Tieren. Vielleicht hatte er die eine oder andere Kleinplastik selbst geschaffen. Gaius nahm ein springendes Pferd in die Hand, als er stutzte: In einer Schale im Fach darunter lagen funkelnagelneue Denare!
Er stellte die Figur an seinen Platz zurück, griff sich einige der Münzen, betrachtete sie genau. Dann reichte er sie Cornificius.
»Der gleiche Stempel! Demetrios!« sagte Cornificius, und Gaius nickte bestätigend. Sie schütteten die Münzen auf ein Tuch, das sie von einen kleinen runden Bronzetisch genommen hatten, banden es zusammen, und Cornificius nahm es an sich.
Nebenan befand sich das Schlafzimmer, aber das Bett sah nicht so aus, als ob es in der letzten Nacht benutzt worden war. Auch hier machte alles einen sehr aufgeräumten und sauberen Eindruck, und Cornificius meinte: »Jemand – ich nehme an, eine Frau – wird ihm die Wohnung säubern, sie in Ordnung halten und sich um seine Wäsche kümmern.«
Sie prüften die Truhe in der Ecke des Schlafraums und fanden ihre Annahme bestätigt. Auch die Wäsche, die Tuniken sowie zwei Togen* lagen sauber und wohlgeordnet neben- und übereinander.
»Er scheint außer Hauses zu essen«, meinte Gaius.
Cornificius entgegnete: »Oder man bringt es ihm nach oben.«
Sie sagten dies, weil sie keine Küche, keine Kochnische oder ähnliches fanden. Nur einige noch versiegelte Krüge mit verschiedenen Weinen – wie man an den Beschriftungen ablesen konnte – standen auf einem der Regale.
»Schau mal!« rief Cornificius, der sich auf dem Baststuhl vor einem kleinen Schreibtisch niedergelassen hatte.
Als Gaius hinging, wies Cornificius mit dem Finger auf ein beschriebenes Papyrusblatt. Gaius beugte sich darüber und las langsam:

Zwanzig Pfund Mehl. Drei Pfund Honig. Es eilt.

* *Toga:* Obergewand aus Wollstoff. Die Toga ist ein Kreissegment von mehr als drei Metern Länge. Die rechte Schulter blieb beim Drapieren des Tuches frei. Die Toga durfte nur von freien römischen Bürgern getragen werden. Sie war Fest- und offizielles Staatsgewand.

Erstaunt blickten sie sich an, und Cornificius sagte: »Steck es ein! Darüber müssen wir mit Selenus reden.«
Gaius nahm das Blatt an sich. Sie schauten noch einmal in alle Ecken und Winkel, fanden aber nichts Verdächtiges mehr. Schnell eilten sie die Stufen nach unten, überquerten den Hof und traten bei Loco, der sie schon vorne im Laden erwartete, ein.
Loco hatte einen kleinen Tisch mit Gebäck, Wasser, Wein und flüssigem Honig zum Süßen decken lassen und nötigte seine alten Vorgesetzten aus Gallien zum Platznehmen.
»Aber nur wenige Augenblicke!« schränkte Gaius ein.
»Gut, aber nun setzt euch doch!«
Sie nahmen auf den Bastsesseln Platz, nippten am Wein, knabberten ein Plätzchen, und Loco spürte, daß sie in Gedanken mit einer wichtigen Sache befaßt waren. So fragte er dann: »Was ist mit Dion?«
»Wenn wir das wüßten, wären wir einen großen Schritt weiter!« erklärte Gaius. »Sag mal, weißt du, wann Dion heute das Haus verlassen hat und wann er zurückgekommen ist?«
»Hm... Wann er das Haus verlassen hat, weiß ich nicht. Ich kam heute erst zur zweiten Stunde. Aber ich weiß, daß er gemeinhin sehr früh aufsteht und rüber zur Münze geht.«
»Und wann kam er wieder?«
»Ja, das ist seltsam...« Er blickte die Freunde abwechselnd an und fuhr fort: »Sonst bleibt er den ganzen Tag über weg, aber heute kam er schon früh wieder zurück.«
»Wann war das?« fragte Cornificius.
»Wann? Eine Viertelstunde vor eurem Eintreffen.«
»Bist du sicher?«
»*Sic arbitror.* – Ich denke, ja. Wir haben uns noch gegrüßt. Ich wollte mit ihm, wie man das unter Nachbarn so tut, ein kurzes Schwätzchen halten, aber ihm war nicht danach. Er grüßte nur und ging gleich nach oben.«
»Fiel dir an seinem Äußeren, an seinem Aussehen etwas auf?«
»Ja. Er war blasser als sonst.«
»Könnte man sagen, er sah krank aus?«
»Ja.«
»Und dann?«
»Er kam schon nach wenigen Augenblicken wieder runter.«
»Woher weißt du das?«
»Ganz einfach! Er kam hierher und fragte mich ganz aufgeregt, ob

ich jemanden gesehen hätte, der das Haus während der letzten Stunde betreten habe.«
»Und?« fragte Cornificius. »Hattest du's?«
»Nein. Ich hatte hinten in der Werkstatt zu tun. Außerdem war zu diesem Zeitpunkt niemand hier vorne im Laden.«
»Wie sah er aus«, fragte Gaius weiter, »als er zu dir kam?«
Loco überlegte, kratzte sich am Kinn: »Wie jemand, der von Hunden gehetzt wird. Er war sehr aufgeregt. Im Unterschied zu vorher war sein Gesicht von einer ungesunden Röte überzogen.«
»Sprach er noch etwas?«
»Nein. Er verließ dann sehr eilig den Laden und den Hof.«
Gaius legte den Zeigefinger an die Lippen, dann fragte er weiter:
»Hat er Freunde?«
»Das weiß ich nicht. Ich bin zu selten hier.«
»Er lebt allein?«
»Ja. Manchmal hat er eine Frau, manchmal nicht.«
»Wer hält seine Wohnung und seine Kleider in Ordnung?«
»Die Frau des Hausmeisters.«
»Ist sie da?«
»Ja...« Loco führte sie hin, doch war von der Matrone nicht mehr zu erfahren, als sie ohnehin wußten.
»Ich kümmere mich nicht um das Privatleben meiner Kunden. Dion ist ein ordentlicher, ehrlicher Mann. Ich lasse nichts auf ihn kommen!«
Sie gingen.
Unterwegs sagte Gaius: »Ich schlage vor, wir treffen uns alle in der Bibliothek, wenn Selenus wieder zurück ist.«
»Gut«, nickte Cornificius. »Das wird ja wohl noch eine Weile dauern; ich schätze, daß er vor dem Abend nicht zurück ist. Ich komme, und wenn es Mitternacht sein sollte. Schick mir den Menander rüber!«
Cornificius legte Gaius kurz die Hand auf die Schulter, dann trennten sie sich.

17

Als Alexander und Archelaos das Haus verlassen hatten, waren sie sich nicht einig, ob sie zuerst zu Nicomachus' Privathaus oder zu seinem ausgebrannten Laden gehen sollten.
»Sieht unbedingt so aus, als es ein langwieriger Tag werden wird.«
»... als ob... als ob es ein langweiliger Tag!«
»Eben. Dann gehen wir zuerst zu der abgebrannten Hütte und zu zweit in den Palast des edlen Tuchhändlers. Freien Zweifels werden wir ihn allhier oder allda treffen. Es sei denn...«
»Ja?«
»Ich sagte: Es sei denn!«
»Gut. So sei es!«
»Nein. *Denn!* Es sei *denn!*«
»Warum? *So* ist kürzer. Niemand sagt: *Denn* sei es.«
»Was soll das als solches? Ich habe nie gesagt: ›*Denn* sei es!‹ Ich sagte: ›Es sei *denn*!‹ Kann doch noch *denn* von *denn* unterscheiden. Na also...«
Archelaos, der wußte, daß der verbale Streit in eine stundenlange Disputation über die Stellung der Wörter *denn* und *so* ausarten würde, enthielt sich darum einer zur Eskalation beitragenden Äußerung und schwieg.
Dies wiederum war Alexander nicht geheuer; er hielt beim Gehen den Kopf schief und lauschte auf eine Entgegnung. Als sie nicht kam, brummte er: »Na, dann eben nicht...«, behielt aber die Schultern oben.
So erreichten sie die Brandstelle am Vicus Iugarius, doch gab es nichts Neues zu sehen. Man hatte mit dem Wiederaufbau begonnen: Zimmerleute und Maurer waren bei der Arbeit; ein großer Flaschenzug erleichterte das Hochziehen der Materialien.
»Weitermachen!« rief Alexander den Leuten zu. Doch zu Archelaos sagte er: »Möchte nur wissen, wohin sie diesen Unsterblichen als solchen gebracht haben. Sollten den lieben Nicomachus danach fragen, so wir seiner ansichtig. Komm, Pirat! Der Herr erwartet gute Arbeit.«
Und als Archelaos auch auf diese Herausforderung während des Gehens schwieg, packte Alexander ihn bei der linken Schulter, blieb stehen und schaute ihn besorgt an: »Herhören! Ist dir nicht gut?«

»Warum?«
»Dergestalt du auf meine höflichsten Fragen an sich keine freche Antwort!«
»Was erwartest du denn?«
Alexander schluckte, dann tönte es: »Aufmerksamkeit! Haltung! Geschmack! Dissiplin! Wir können es uns zu dieser Stunde nicht leisten... He! Was... Das kannst du doch nicht machen!«
Archelaos hatte ihn stehenlassen und war schon fünf Schritt voraus. Beleidigt folgte ihm der Sohn aus Theben, doch dann blieb Archelaos stehen und sagte: »Schau mal, da vorne!«
Sie hatten das Forum Romanum an der Stelle erreicht, wo der Vicus Iugarius zwischen der Basilica Sempronia und dem Saturn-Tempel in den Platz einmündete. Diesmal hielt Archelaos den Freund an der Schulter fest, und mit gespannter Aufmerksamkeit blickte Alexander in die Richtung, die ihm Archelaos mit einem Nicken anzeigte. Im lebhaften Getriebe der Menge, die um diese Zeit den Platz in stetem Hin und Her ausfüllte, war es schwierig, eine bestimmte Gestalt auszumachen. Alexander ließ den Blick wandern, streifte die Köpfe von Senatoren, von Bauern, Händlern, Bettlern, Sklaven und Mägden – und dann sah er ihn: Nicomachus!
»Scheint sich aber nicht sehr wohl an sich zu fühlen. Nicht wahr, Archelaos!«
»Ja. Schau mal, sieht so aus, als ob er's sehr eilig hätte.«
Man sah, wie Nicomachus sich mit den Armen durch die Menge zwängte, dabei sich nach rechts und links entschuldigend – wenn es sich um Angehörige höherer Schichten handelte.
»Was der nur hat!« meinte Archelaos.
»Sollten ihm unauffällig Gefolgschaft leisten. Könnte nützlich sein.«
Und schon drängten sie selbst in die Menge, kamen auch schneller voran als Nicomachus, da Alexander mit beiden Armen und Händen schnell für freie Bahn sorgte – freilich ohne sich dabei nach rechts und links zu entschuldigen, wobei er allerdings das Glück hatte, nicht an einen Senator oder einen senatorischen Sekretär zu geraten.
So hatten sie sich bis auf etwa zehn, zwölf Schritte an Nicomachus herangemacht – sie befanden sich unmittelbar vor den Arkaden der Basilica Aemilia auf der anderen Forumseite –, als sie zwischen den Bögen im Schatten der Pfeiler ein bekanntes Gesicht bemerk-

ten, das mit größter Aufmerksamkeit den Nicomachus beobachtete: der Alte aus Aricia!
Und noch etwas sahen sie: Von rechts, ebenfalls in der Menge, näherte sich dem Nicomachus der Buchhändler Hippias!
»Das ist ja an sich nicht zu fassen! Pirat! Herhören! Du hältst dich an diesen lebenden Toten hier und verhinderst, daß er allwiederum in den Hades zu seinen Liebsten enteilt! Wegtreten!«
Sie grüßten kurz, und Archelaos verließ den Platz, drängte zur Basilica hin, während Alexander den beiden Händlern nachstrebte. Da hier nur noch vereinzelte Gruppen, die plaudernd beisammenstanden, im Weg waren, hatte Alexander freieres Sichtfeld. Er befand sich jetzt wieder etwa zwölf bis fünfzehn Schritt hinter Nicomachus und Hippias und dachte, wie seltsam es doch sei, daß der Buchhändler dem Tuchhändler folgte, ohne diesen anzusprechen. Und dann sah er noch etwas! Es ging so schnell, daß er später Mühe hatte, den genauen Hergang zu beschreiben!
Von rechts, aus dem Vicus Tuscus kommend, näherte sich eine Gruppe von vielleicht sechs bis acht Männern, die ihrer Lebensfreude durch lautes Grölen, Singen und lallendes Reden Ausdruck gaben. Sie hatten ihre Gesichter mit allerlei Farben verändert, teils Rot, teils Weiß und auch Schwarz.
»Sollte durchaus verboten werden«, brummte Alexander, »hellichten Tages mit verdunkelten Gesichtern allhier brave Bürger zu erschrecken!«
Das erstaunlichste an der Gruppe war, wie schnell sie sich fortbewegte. Und als er zornig stehenblieb, um das bacchantische Treiben besser verbal ahnden zu können, da sah er, wie die ganze Gruppe auf Hippias zustrebte, ihn in ihre Mitte nahm, so daß er nicht mehr zu sehen war. Einen kurzen Augenblick lang schaute Nicomachus sich um, und Alexander sah, wie Todesangst in seinem Gesicht stand. Dann lief der Tuchhändler, jede Lücke im Getriebe der Menschen nutzend, davon wie ein von Hunden gehetztes Wild.
Die grölende Gruppe aber zog weiter, unbeeindruckt von zürnenden Ausrufen und Drohungen einiger älterer Passanten. Noch während Alexander ihnen nachblickte und unschlüssig war, ob er ihnen oder dem Nicomachus folgen sollte, hörte er von der Stelle, an der eben noch Hippias gestanden hatte, einen furchtbaren Aufschrei. Und schon bildete sich an dieser Stelle ein Menschenauflauf.

Alexander eilte hin, schob mit Gewalt die Leute vor sich auseinander und gelangte endlich ins Zentrum der allgemeinen Aufmerksamkeit. Am Boden lag Hippias. Unbeweglich. Sein Kopf ruhte seitlich auf dem Pflaster. Das linke Auge blickte leer schräg nach oben. Seine Tunika zeigte vorne und hinten große rote Flecken, und auch aus dem leicht geöffneten Munde sickerte etwas Blut. Neben ihm am Boden lag ein Beutel, aus dem zehn bis zwölf glänzende Denare geglitten und sich auf dem Pflaster verteilt hatten.
Alexander kniete sich neben Hippias und schloß ihm die Augen. Dann legte er die Münzen in den Beutel zurück und nahm in an sich.
»Das ist ja furchtbar!« sagte ein Mann, und Alexander hörte wie ein Echo ähnliche Äußerungen der übrigen. Dann erhob er sich, reckte sich zu jener Größe, mit der er alle anderen um Hauptes-länge überragte, und grollend hieß es: »Hier findet durchaus keine Volksversammlung als solche statt! Geht nach Hause, Leute, und hütet euren heimlichen Herd, auf daß es euch gutgehe!«
Doch die Menge der Neugierigen wuchs.
»Wer von euch war allhier Zeuge?«
Niemand meldete sich.
»Wer von euch hat als solches etwas an sich gesehen?«
Niemand meldete sich.
»Na, dann eben nicht... Elende Feiglinge!«
Archelaos war plötzlich neben ihm und flüsterte ihm zu: »Hab' dir was Wichtiges zu melden...«
Alexander nickte, packte den Nächstbesten am Arm und befahl: »Herhören! Du wirst diesen Unsterblichen bewachen, damit ihm kein Leids geschieht, bis wir wieder zurück sind. V'standen?! Du hast die Ehre im Namen Alexanders, rechte und linke Hand des Curulischen Aedilen Gaius Volcatius Tullus! V'standen?!«
»Sicher.«
»Das heißt ›Jawohl‹! – Na, dann eben nicht...« Er warf einen grimmigen Blick in die Runde, drehte sich um, und diesmal bildete man eine Gasse, um ihn und Archelaos durchzulassen. Sie gingen bis zu der Vorhalle der Basilica Aemilia, und Alexander fragte nach Archelaos' Beobachtung.
»Der Alte!«
»Hab' ihn gesehen. Was machte er?«
»Er hielt sich im Schatten der Halle und verfolgte, wie die Verkleideten und Bemalten sich an Hippias heranmachten. Ich sah, wie er

zu einem warnenden Ruf ansetzte, als ihm jemand sehr schnell die Hand vor den Mund hielt.«
»Und?«
»Er erschrak gewaltig, drehte sich um, und als er in das Gesicht dessen blickte, der sein Rufen unterbunden hatte, erschrak er noch einmal.«
»Und dann?«
»Dann zog der Unbekannte ihn schnell mit sich fort.«
»Wohin?«
»Ich konnte es nicht feststellen, da ich den Schrei vernahm und einen Augenblick dort hinschaute, wo Hippias sich befinden mußte. Als ich mich auf die Suche nach dem Verbleib des Alten machte, waren er und der Unbekannte verschwunden.«
Alexander überlegte eine Weile, murmelte hörbar etwas vor sich hin und sagte schließlich: »Das wird den Herrn ja immer mal wieder freuen. Ein Toter! Sechs bis acht bemalte Knaben! Ein flüchtiger Alter samt unbekanntem Handaufleger!«
»Und ein flüchtiger Nicomachus!«
»Komm, Pirat! Nur nicht den Mut verlieren. Hoffentlich werden wir so alt, wie wir aussehen. Schade um diesen Hippias. War gerade dabei, einen Mann aus ihm zu machen...«
Wortlos eilten sie davon zum Palatin.

18

Nachdem Gaius ihren Bericht gehört und den Beutel mit den offensichtlich gefälschten Denaren an sich genommen hatte, lobte er sie und sagte: »Behaltet alles gut in Erinnerung. Sobald Selenus hier ist, werden wir gemeinsam überlegen, welche Folgerungen daraus zu ziehen sind. Nun geht und versucht, Cornificius zu erreichen. Wir dürfen keine Zeit verlieren, da sich die Dinge allem Anschein nach zuspitzen! Ich bin sehr zufrieden mit euch. Wegtreten!«
Sie schauten sich an, strahlten, grüßten und verließen in hervorragender Haltung die Bibliothek.
Gaius aber ging zum Stehpult, griff sich eine Feder, prüfte ihre Spitze und tauchte sie in die Tinte. Nach kurzem Zögern machte er sich auf einem Papyrusblatt einige Notizen.

Es kratzte an der Tür, dann flog sie auf, und Hector, der jede Tür zu öffnen vermochte, so sie nicht abgeschlossen oder verriegelt war, kam wedelnd herein.

»Brav, mein Junge!« Gaius tätschelte ihm die Schultern, kraulte ihn hinter den Ohren und an der Kehle, und laut schlug der Schwanz des riesigen Hundes gegen ein Stuhlbein. »Ja, du wirst uns gleich begleiten. Wird Zeit, daß du mal rauskommst. Also dann...«

Gaius las noch einmal alle Aufzeichnungen durch, die Selenus zusammengestellt hatte, und es wurde ihm immer klarer, daß der Fälscher nicht nur ein hervorragender Künstler sein mußte, sondern daß er oder sein Auftraggeber ganz gerissene, skrupellos vorgehende Leute waren.

Er war noch mit der Lektüre beschäftigt, als Hector die Ohren aufrichtete und zur Tür blickte. Einen Augenblick später trat Selenus ein, und Gaius sah ihm an, daß er einen Gewaltritt hinter sich gebracht hatte.

Noch ganz außer Atem, sagte der Grieche: »Ich werde berichten, wenn ich mich frisch gemacht habe. Du solltest Cornificius und die anderen zusammenrufen.«

»Das ist schon in die Wege geleitet.«

»Alle Leute müssen nach hier.«

»Was hast du vor?«

»Ich erklär's, wenn alle hier sind.« Er eilte zur Tür, rief, sich umwendend: »Er heißt Demetrios!«

»Nein!« rief Gaius erstaunt.

»Bis gleich.«

»Wohin gehst du?«

»Zum Caelius.«

»Wann bist du zurück?«

»In spätestens einer halben Stunde.«

»Gut.«

Als Selenus den Raum verlassen hatte, ging Gaius auf und ab und überlegte, wie Selenus hinter den Namen gekommen sein mochte, während Hector durch dieses regelmäßige, ihm sehr bekannte Gehen eingeschläfert wurde.

Da stürzten Alexander, Archelaos und Cornificius in die Bibliothek, und Alexander erklärte: »Haben den edlen Praefecten als solchen gefunden, Herr!«

»Fein. Wo?«

»Bei einem Buchhändler«, erklärte Cornificius und ließ sich in den neuesten Stand der Dinge einweihen. »Nun wird's lebendig!« Er rieb sich die Hände.

Gaius holte die Münzen, die man bei Hippias gefunden hatte, hervor und verglich sie mit den übrigen. Sie trugen andere Bilder, doch schienen sie, soweit er das beurteilen konnte, vom gleichen Fälscher zu stammen. Er machte Cornificius darauf aufmerksam, und dieser meinte: »Er muß verschiedene Typen herstellen. Je größer die Auswahl, um so geringer für ihn die Gefahr, entdeckt zu werden.«

Menander kam herein und meldete, daß alle Leute, die man in der Stadt zur Beobachtung verteilt hatte, vor dem Hause warteten.

»Gut«, sagte Gaius. »Schick zehn von ihnen zum Caelius. Wir brauchen alle Pferde. Wir treffen uns dann vor der Stadt an der Porta Capena.«

Menander ging.

Wenige Minuten später traf Selenus schon ein, und es war längst noch keine halbe Stunde vergangen. Zu Beginn der sogleich folgenden Besprechung in der Bibliothek wurden die neuesten Begebenheiten und Erkenntnisse ausgetauscht. Als das geschehen war, schwieg man in der Runde und schaute zu Selenus hin, der denn auch ohne Aufforderung begann.

Er wandte sich an Gaius: »Kennst du jemanden von Bedeutung in Aricia?«

»Nein.«

»Na, macht nichts. Wenn ihr einverstanden seid, fasse ich die... den Stand der Dinge einmal aus meiner Sicht zusammen.«

Gaius und Cornificius hoben sehr höflich im Einverständnis die Hand, und Selenus begann: »Es haben sich einige Männer durch seltsames Handeln oder Verhalten verdächtig gemacht, und wir müssen herauszufinden suchen, wer von ihnen direkt mit den Verbrechen, die geschehen sind, zu tun hat – wobei ich mit ›Verbrechen‹ sowohl das Fälschen wie das Morden meine, da das eine vom anderen nicht zu trennen ist, denn man kann nicht sagen, ob man wegen des Gelderwerbs morden läßt oder mordet, um Geld zu erwerben. Freilich gibt es noch eine dritte Möglichkeit, auf die ich später zu sprechen kommen werde.

Es begann ja alles damit, daß unsere beiden Freunde hier Zeuge eines seltsamen Brandes wurden.« – Die Freunde setzten sich sehr gerade. – »*Seltsam* sage ich, weil dabei zwei Beobachtungen ge-

macht wurden, die man nicht als normal bezeichnen kann: Da ist einmal das scheinbar tolpatschige Verhalten zweier Unbekannter, in denen ich nicht unbedingt die Brandstifter sehe, wohl aber Angehörige jener Bande, die wir als Urheber der Anschläge betrachten müssen.«
»Sie sollten zweifellos verhindern, daß etwas zu retten war«, kommentierte Cornificius, und Alexander grollte: »Habe das in durchaus angemessener Weise freien Zweifels verhindert. Archelaos?!«
»So ist es. Retteten, daß es eine Freude war.«
»Außerdem«, fuhr Selenus fort, »sollte die Leiche durch das Feuer unkenntlich gemacht werden, was zwar gelang – jedoch konnte eindeutig festgestellt werden, daß es sich hier um Glaukos, den persönlichen Sekretär des Tuchhändlers Nicomachus, handelte.«
»Hasse persönliche Sekretäre, insonderheit solche, die erst Feuerchen entzünden und sich danach ihrer verlustig gehen, dergestalt man ihre Seele nicht mehr antrifft, wenn man sie findet.« Erst im nachhinein ging dem edlen Alexandros auf, daß sich Selenus gekränkt fühlen konnte, doch dieser schien den gewissen Satz überhört zu haben.
»Nicomachus selbst ist in höchstem Maße verdächtig, weil der Alte – von dem wir nun wissen, daß er Demetrios heißt – seinen Namen nannte. Ferner tauchte er heute in unmittelbarer Nähe von Hippias auf, kurz bevor dieser ermordet wurde, und es ist bezeugt, daß er in großer Angst davonhastete.
Daß Demetrios, der Alte, unser Hauptverdächtiger ist, liegt auf der Hand, doch meine ich, wir sollten sehr vorsichtig sein, wenn wir in ihm den Urheber sehen wollen.
Demetrios ist, wie wohl zweifelsfrei feststeht, der vor Jahren plötzlich verschwundene Prägemeister der Münze. Alle, die ihn kannten, rühmen sein unvergleichliches Können als Stempelschneider.
Warum er untertauchte, wissen wir nicht, noch nicht. Er scheint aber schon bald danach in eine gefährliche Abhängigkeit von Probatius, dem sehr seltsamen Wirt aus Aricia, gekommen zu sein. Außerdem lebt er im Elend, wie die Beobachtungen von Alexander und der Bericht eines von Probatius' Sklaven belegen.
Daß er mit der Fälscherei zu tun hat, steht freilich außer Zweifel. Warum er das tut, wissen wir noch nicht.«
»Erpressung!« nickte Cornificius.

»Das kann durchaus sein«, antwortete Selenus, war aber in Gedanken schon weiter: »Es kann auch durchaus sein, daß da geheime, uns und auch anderen nicht bekannte Beziehungen untereinander bestehen...«
»Was meinst du?« fragte Gaius.
»Ich meine zum Beispiel Dion. Denkt auch daran, daß unser Demetrios plötzlich verschwand, dazu mit einem Pfeil im Körper – und daß er plötzlich hier mitten in der Stadt auftaucht.«
»Und was ist mit unserem alten Freund Decimus Aurelius Serenus?« warf Cornificius ein.
»Wichtigtuer!« bemerkte Gaius. »Hat nicht das Zeug zu solchen Unternehmungen.«
»*Probe.* – Ganz recht«, nickte Selenus. »Aber wer sagt denn, daß er nicht im stillen beobachtet und versucht, nachdem er einen gewissen Eindruck gewonnen hat, auf eigenes Risiko das große Geschäft zu machen? Wir müssen sehr, sehr vorsichtig vorgehen und jedes Aufwirbeln von Staub vermeiden!«
»Sicher«, nickte Cornificius. »Aber wir müssen doch irgendwann diesen oder jenen erwischen!«
»Ja, aber nur dann, wenn wir ihn auf frischer Tat ertappen...«
»Hasse frische Taten, die tappen. Archelaos?!«
»Warum auch nicht...«
»Im übrigen«, fuhr Selenus fort, »sehe ich die Lösung nicht in Rom, sondern in Aricia.«
»Die alte Mühle?« fragte Cornificius.
»Ja. Hier!« Er hatte plötzlich ein großes Blatt Papyrus in der Hand, legte es auf den Tisch, und sie erkannten, daß es ein Plan von Aricia und Umgebung war. Er erklärte ihnen die Lage der Herberge, der Mühle und des Privathauses von Probatius. Vor allem aber wies er auf die Möglichkeiten hin, sich ungesehen an die Mühle von verschiedenen Seiten heranzupirschen.
Nach kurzem Gedankenaustausch über das Procedere wurde beschlossen, daß eine Gruppe unter dem Befehl von Gaius die Mühle und alle Zufahrtswege im Auge behalten sollte. Alexander und Archelaos, die das Gelände kannten, sollten die Führer machen. Eine zweite Gruppe unter Selenus sollte sich um das Anwesen des Probatius, das Privathaus oberhalb der Siedlung, kümmern. Eine dritte, kleinere Gruppe unter Cornificius sollte bei der Herberge alles beobachten. Man wollte so zeitig da sein, daß man in der Dämmerung noch die wichtigsten Zielpunkte erkennen konnte.

Sie waren gerade dabei, aufzubrechen, als einer der Sklaven kam und meldete, Dion habe für kurze Zeit seine Wohnung aufgesucht, sie hastig wieder verlassen und sich in Richtung der Porta Collina begeben, wo er sich ein Pferd ausgeliehen und sich von der Stadt entfernt habe.
»Das kann nur bedeuten, daß er nach Aricia will!« rief Cornificius. »Worauf wartet ihr?!«
Selenus lächelte: »*Uti via publica nemo recte prohibetur.* – Niemand darf daran gehindert werden, einen öffentlichen Weg zu nehmen.«
»Na, dann eben nicht...«, brummte Cornificius.
Dann verließen sie die Bibliothek.

19

Schon lange vor Aricia teilten sie sich in drei Gruppen.
Alexander, Archelaos und Gaius verließen zusammen mit einigen Sklaven die Via Appia, um auf unterhalb von ihr gelegenen Feldwegen im Schutze von Hügeln, Baum- und Buschgruppen an ihr Ziel zu gelangen.
Selenus ritt mit Syphax und Micipsa, den beiden Numidern, die nach Beobachtung der Mühle – wo sich übrigens nichts Verdächtiges mehr getan hatte – zurückgekehrt und auf halbem Wege auf die Volcatier gestoßen waren, weiter auf der Appischen Straße, denn er hatte nichts zu verbergen.
Cornificius, der einige seiner eigenen Sklaven dabeihatte – darunter seinen Hausmeister Antipas, den Alexander mit »Viel Glück, lieber Freund!« entlassen hatte –, Cornificius verlangsamte das Tempo, blieb aber ebenfalls auf der Straße, denn er galt als unverdächtiger Reisender, der sich in der Herberge nach einem Quartier umschauen sollte.

Als Selenus endlich die Villa am Hang vor sich sah, sagte er zu den beiden Numidern: »Ihr bleibt draußen und haltet alles im Auge!«
Sie stiegen von den Pferden.
Die Dämmerung hatte eingesetzt, als er sich dem Tor näherte. Das gesamte Areal war von einer etwa zehn Fuß hohen Mauer umgeben, und Selenus war noch mehr geneigt, anzunehmen, daß dieser

Gastwirt einiges zu verbergen suchte; wozu sonst diese Mauer! Im übrigen mußte sie, wie das ganze Anwesen, eine Summe gekostet haben, die weit über den Möglichkeiten eines Herbergsbesitzers lag – und seien das Lokal und die Herberge eine noch so gute Einnahmequelle!
Als er das Tor erreichte und den Glockenzug betätigte, schossen sofort vier mächtige Lakonier zwischen den Bäumen des Gartens hervor, auf das eiserne Tor zu und kläfften ihn an, sprangen gegen die ehernen Gitterstäbe, und die beiden Numider wichen instinktiv drei Schritt zurück. Selenus blieb gelassen stehen, sprach ruhig auf die Hunde ein und wartete, daß jemand vom Personal kam.
Das geschah denn auch nach einer beträchtlichen Weile. Ein Bursche unbestimmbaren Alters, fast kahlköpfig, bartlos, doch von mächtiger Statur, näherte sich gemächlich, ja unwillig dem Tor und maß den unbekannten Besucher mit einem Blick, der kundtat, wie sehr ihm diese Störung seiner abendlichen Ruhe gegen den Strich ging. Er machte auch keine Anstalten, die Hunde zu beruhigen, sondern fragte durch das Gitter: »Was wünschst du?«
Selenus, der wohl wußte, daß die Frage eigentlich »Was willst du!« lauten sollte, reagierte streng: »Daß dieses barbarische Gekläff auf der Stelle nicht mehr zu hören ist!« Dabei maß er den Burschen mit einem durchdringenden Blick unter herabgezogenen Brauen, daß dieser es vorzog, die Hunde zum Schweigen zu bringen, was erst nach einigen scharfen Anrufen und Drohungen gelang. Dann rief er nach zwei Leuten vom Hauspersonal, die die Hunde anleinten und wegführten. Nun erst konnte er sich dem Besucher wieder zuwenden, und da der Eindruck des Überlegenen und Aristokratischen noch fortwirkte, spielte er jetzt die Rolle des ergebenen Dieners, öffnete flugs das Tor, verbeugte sich tief und beeilte sich zu sagen: »Du bist angemeldet?«
»Ja.«
»Mein Herr läßt bitten...«
Erneute Verbeugung, dazu eine einladend ausgestreckte Hand, die auch für die beiden Numider galt, die zögernd eintraten, nachdem Selenus ihnen dies mit einem Kopfnicken zu verstehen gegeben hatte. Sie hatten verstanden: Sie sollten sich innerhalb der Mauern umschauen. Ein Knecht nahm ihnen die Pferde ab.
Der Bursche ging voraus, und Selenus konnte in Ruhe einen Blick auf das sehr gepflegte Anwesen werfen, das ohne weiteres als ritterlicher Landsitz durchgehen würde, und es gab in Rom altadelige

Familien, die in weitaus bescheideneren Verhältnissen lebten und wohnten. Der mittlere Flügel wurde an den Seiten von gleich hohen Querbauten gerahmt. Sie waren nicht sehr weit ausgreifend, da das Gelände leicht abschüssig war. Doch stellte sich sofort der Eindruck des Herrschaftlichen, Großzügigen, Stilvollen ein, zumal eine breite dreistufige Treppe zum Portal des Mittelhauses führte, rechts und links flankiert von Säulen aus farbigem Marmor.
Von Wirtschaftsgebäuden wie Stall, Scheune, Werkstätte, Schmiede war nichts zu sehen; entweder lagen sie auf der Rückseite oder unten im Ort bei der Herberge. Etwa zwei Stadien oberhalb der Villa begann der dichte Wald der *Montes Albani,* der hinter dem Kamm auch die Senke um den Albaner See ganz ausfüllte.
Als sie die breite Treppe erreichten, fragte der Bursche endlich nach Namen und Begehr des Besuchers, um beides dem Hausherrn melden zu können, und Selenus gab ihm Bescheid.
Sie gingen hinein, Selenus wurde durchs Atrium und in einen seitlichen Raum geführt und gebeten, einen Augenblick zu warten.
Auch hier fiel Selenus die Kostbarkeit der Einrichtung, die edlen Materialien wie Marmor und Ebenholz auf, und der Landsitz konnte mit jedem anderen im herrschaftlichen Tusculum konkurrieren. Besonders die gemalten mythologischen Szenen und das ornamentale Rankenwerk zeigten eine geschmackvolle Könnerschaft, wie sie selbst Selenus selten gesehen hatte. Mit großem Interesse betrachtete er die illusionären Landschaften und Durchblicke aus der Nähe, als hinter ihm jemand sagte: »Es freut mich, daß es dir gefällt.«
Selenus wandte sich um und sah in das scheinbar entspannte Gesicht des Probatius; dann sagte er, mit Blick auf die Wandbilder: »Alles, was recht ist! Das ist die Handschrift eines Meisters!«
»Es freut mich, daß du so urteilst.« Probatius war neben Selenus getreten. »Ich habe keine ... ich habe wenig Ahnung von diesen Dingen, wurde aber gut beraten.«
»Das sieht man.«
Selenus war leicht verwirrt, denn er hatte jene Offenheit, jenes Eingeständnis der eigenen Unzulänglichkeit nicht von diesem Mann erwartet. Es klang fast wie eine Entschuldigung, und Selenus konnte sich sehr wohl vorstellen, daß Probatius' gebildete, aus bester ansässiger Familie stammende Frau für die Gestaltung der

Innenräume zuständig gewesen war und ihren Geschmack und Willen durchgesetzt hatte, koste es, was es wolle. – Koste es, was es wolle?... Selenus trat von der Wand zurück, sah, daß der Speisetisch mit allerlei gleichsam lucullischen Köstlichkeiten bedeckt war, und ein Tischsklave stand bereit, Gast und Gastgeber zu bedienen.
Probatius fragte, ob Selenus lieber liegen wolle, was dieser verneinte, und so nahmen sie auf den weich gepolsterten und mit Leder überzogenen Stühlen mit hoher Rückenlehne Platz. Probatius empfahl dem Gast dieses und jenes von den kalten und warmen Speisen, und Selenus, der in der Tat ziemlich hungrig war, zögerte nicht, das Angebot anzunehmen, und so aßen beide eine Weile schweigend, ohne daß Selenus es versäumte, die Speisen und ihre Zubereitung zu loben.
Schließlich meinte Probatius sehr freundlich: »Hast du dich entschieden?«
»Nein, aber ich denke, du wirst mir helfen, das Richtige zu tun.«
Sie blickten sich an, lächelten sich zu, und Selenus bemerkte die Vorsicht, ja die instinktive Scheu des Hausherrn, seinem Gast in irgendeiner Weise zu nahe zu treten. Wußte er mehr? Wußte er, wer sich hinter dem interessiert nach einem Landsitz umschauenden Griechen verbarg? Hatte er Spitzel und Spione auf ihn angesetzt, in Rom, unterwegs, hier im Ort? Was wollte er von ihm, daß er ihn so königlich bewirtete, was doch in keinem Verhältnis zum Anlaß des Treffens stand. Während Selenus noch überlegte, wie er ein möglichst unbefangenes Gespräch beginnen konnte, trat ein Sklave ein, verbeugte sich und reichte Probatius eine schriftliche Nachricht. Selenus sah, wie sich Augen und Mund veränderten, als sein Gegenüber das Blatt las. Dann zerknüllte dieser den Zettel, behielt ihn aber in der Hand, überlegte kurz, erhob sich und sagte zu Selenus: »Bitte verzeih mir, aber eben erhalte ich eine wichtige Nachricht, daß ich unten in der Herberge gebraucht werde. – Ich denke, in einer halben Stunde wieder hier sein zu können. Es tut mir aufrichtig leid, zumal man nicht alle Tage die Gelegenheit hat, in einem sympathischen Besucher vielleicht den zukünftigen Nachbarn oder Mitbürger zu sehen. Du entschuldigst?«
»Aber natürlich. Ich habe Zeit. Den Kauf eines Hauses soll man nie übereilen.«
»Ganz meine Meinung! Ich werde schnell zurück sein.«
Er verbeugte sich leicht und verließ den Raum.

Selenus blickte ihm nach und überlegte, ob da nicht eine seltsame Weichheit im Blick gewesen war. Weichheit?... Besser vielleicht: Trauer? – Ja, es erinnerte an Gesichter, die resignieren, weil sie nicht mehr in der Lage sind, die Entwicklung der Dinge in ihrem Interesse zu steuern. Trauer! – Es paßte schlecht zu dem Bild, das Selenus und die anderen sich von diesem Mann gemacht hatten. Dann diese Höflichkeit, die – er mußte es sich gestehen – mit Herzlichkeit gepaart war.

Er wurde in seinen Gedanken unterbrochen, denn ein großer Hund kam durch die nur angelehnte Tür vorbei in den Raum, näherte sich, die Nase halb am Boden, dem Besucher und schnupperte an seinen Sandalen.

»Issos!« Der Befehl klang scharf, und der Lakonier nahm sofort Abstand vom Objekt seiner wachsamen Neugier, richtete sich auf, warf einen schnellen, sehr wachen Blick in das Gesicht des Fremden und trippelte die sieben, acht Schritt zurück zu seiner Herrin.

Selenus erhob sich, verbeugte sich artig vor der Domina und blickte ihr in die Augen: Sie waren hellblau, offen, sehr intelligent, und wieder wurde der Grieche leicht verwirrt, da er dieses Gesicht mit dem seltsamen Schankwirt in Verbindung bringen mußte. Jene Frau war zwar keine Schönheit, doch war sie ohne weiteres hübsch zu nennen, und das, was sie anziehend machte, ging von ihren wachen Augen aus.

So standen sie, sich gegenseitig messend, einen Augenblick stumm gegenüber; dann brach sie lächelnd das Schweigen, um der Situation die sich anbahnende Peinlichkeit zu nehmen: »Probatius schickt mich zu dir, Selenus, um die Wartezeit nicht allzu langweilig werden zu lassen...«

Woher wußte sie seinen Namen? Hatte er ihn Probatius genannt? – Natürlich nicht! Aber vorhin dem Sklaven! Es hieß jedoch, auf der Hut zu sein.

Sie bat ihn mit einer Handbewegung, doch bitte wieder Platz zu nehmen. Und als dies geschehen war – sie setzte sich ihm gegenüber –, hatte er Gelegenheit, weitere Details an ihr zu studieren: das lange, nach hinten gekämmte und dort in einem großen Knoten gebündelte Haar; die zierlichen, schmalen Hände mit den gepflegten, doch nicht lackierten Fingernägeln; vor allem aber diese selbstsichere, sehr gerade Haltung, die in keiner Weise aufgesetzt gestelzt, sondern natürlich elegant war. Sie trug das lange weiße Gewand, wie es römische Frauen der Oberschicht bevorzugten, und einziger Schmuck war eine goldene Kette am Halse, an deren unterem Ende ein herrlich funkelnder Rubin leuchtete. Kenner, der er war, schätzte Selenus ihren Wert auf mindestens ein Talent*.

»Er ist in letzter Zeit selten im Hause. Diese Hetze macht ihn krank.« Sie wies den Sklaven an, neu einzuschenken.

Liebte sie ihn? Er schätzte den Altersunterschied auf etwa zwanzig Jahre. Nun, das war nicht ungewöhnlich. Aber die Art, in der sie von Probatius sprach, aus der Sorge, ja Angst um sein Wohlsein klang, diese Gefühle hatte er bei ihr nicht erwartet, und er machte sich selbst den Vorwurf, nicht früher diesem Hause einen Besuch abgestattet zu haben.

Gleichwohl nutzte er die Gelegenheit und fragte nach: »Verzeih! Aber er machte auf mich keinen gehetzten Eindruck.«

Sie nickte. »Ich weiß. Nur wer ihn kennt, weiß um seine labile Verfassung.«

»Aber«, fuhr Selenus listig fort, »die Tätigkeit, der er nachgeht, scheint mir denn doch weniger aufregend und aufreibend zu sein als zum Beispiel die eines Händlers hier oder in Rom.«

»Wenn es nur das wäre...« Sie blickte auf ihre Hände, die sie ganz ruhig in ihrem Schoße hielt. »Er setzt sich zuviel für andere ein. Und da man weiß, daß er alles, was man an ihn heranträgt, auch prompt erledigt, wird er überhäuft mit Dingen, die er besser liegenließe.«

»Du... du spielst an auf seine Arbeit im Rat dieser Gemeinde...«

»Ja, natürlich. Die schmutzigen Arbeiten kann er machen, aber den Lohn kassieren andere... Entschuldige! Ich erzähle dir Dinge, die dich nicht interessieren.«

»Ganz und gar nicht... eh...« Er wußte ihren Namen nicht.

»Caecilia, ich heiße Caecilia...«

Er verneigte sich leicht im Sitzen. Dann fragte er: »Du machst dir Sorgen?«

»Ja.«

Er war erstaunt, denn er hatte eine andere Antwort erwartet. Alles, was sie bisher gesagt hatte, stand in großem Gegensatz zu dem, was sich Selenus und auch wohl die anderen über das Verhältnis der beiden Eheleute zu eigen gemacht hatten.

* etwa 10000 Mark.

»Es geschehen in letzter Zeit seltsame Dinge...« Warum erzählte sie ihm das, ihm, dem Fremden? Doch als sie fortfuhr, gab sie ihm selbst die Erklärung: »Es kommen selten Menschen hier herauf, mit denen ich so sprechen kann wie mit dir. Bitte, verzeih, wenn ich aufdringlich bin.«

»Was für seltsame Dinge?« fragte er, ohne auf die etikettenhafte Entschuldigung einzugehen. Sie schien in großer Sorge zu sein. Schließlich sagte sie: »Man bedroht uns.«

Selenus glaubte, falsch verstanden zu haben; er beugte sich vor und fragte schnell: »Bedroht? Von wem?«

»Das weiß ich nicht.« Wußte sie es wirklich nicht? Er versuchte, in ihrem Gesicht zu lesen, doch fand er nur Sorge und Angst.

»Was ist denn geschehen?«

»Ach, allerlei böser Zauber. Manchmal finde ich ein totes Tier auf der Schwelle, am Gartentor, am vorderen Tor.«

Selenus kannte dergleichen. Meist wurden die Tiere mit einem Stock oder einer Klinge durchbohrt, um den Zauber in gleicher Weise auf das menschliche Opfer, das Objekt der Zauberei, zu übertragen. Er brauchte nicht nach den Einzelheiten zu fragen.

»Seit wann geschieht das?«

»Oh, schon lange. Es mögen vier, fünf Wochen sein.«

»Hast du einen Verdacht?«

»Nein. Das heißt...«

»Ja?«

»Ach, er ist vage...«

Selenus hatte schon die Hoffnung aufgegeben, diesen letzten wichtigen Hinweis zu erhalten, als Caecilia noch anhängte: »Es könnte jemand aus dem Rat sein...«

Doch er ging nicht darauf ein, sondern fragte: »Demetrios?«

»Du kennst ihn?«

»Nein, ich hörte von ihm.«

Sie gab sich allem Anschein nach mit dieser Antwort zufrieden. Es wäre durchaus denkbar: Demetrios, voll Haß auf Probatius, greift zu irrationalen Mitteln, in der Hoffnung, sie würden bei den Betroffenen zu der gewünschten Verunsicherung und Angst führen. Oder glaubte er – wenn er es war – am Ende selbst an dergleichen Hexerei? Warum nicht?! Doch weitaus bedeutsamer war Selenus, daß Caecilia ihm gegenüber ohne Skrupel von diesen Dingen berichtete. Hoffte sie auf seine Hilfe? Dann mußte sie wissen, wer er war. Aber ihr Betragen gab keine Hinweise in diese Richtung. Sie verhielt sich ihm gegenüber wie einem Gast des Hauses, der mit dem Ehemann geschäftliche Kontakte aufgenommen hat. Wenn es so wäre, dann war ihr Plaudern allerdings sehr naiv; und gerade das wiederum konnte sich Selenus bei ihr nicht vorstellen. Also – so mußte er folgern – kannte sie ihn, seinen Stand, seinen Auftrag; und dieses scheinbar naive Gespräch war im Gegenteil ein höchst intelligentes Verwirrspiel, um ihn an der Nase herumzuführen. – Er blickte in ihre Augen, beobachtete die Mimik des Mundes, die ruhigen Gesten der Hände, und er wurde sich nicht schlüssig.

Es würde nichts Neues erbringen, sich weiter mit ihr zu unterhalten. Selenus erhob sich, sagte, er habe noch zu tun und wolle morgen wiederkommen. Sie hielt ihn nicht zurück.

Kaum war er, zusammen mit den beiden Numidern, die brav gewartet hatten, vor dem großen Eisentor, als Syphax erregt begann: »Herr! Kaum warst du im Hause, als sich jemand dem großen Eisentor näherte.«

»Und?«

»Der Mann, der uns hereingelassen hatte, ging hin und ließ den Besucher ohne weiteres eintreten.«

»Wohin gingen sie?«

»Sie sprachen erst leise miteinander. Dann sah ich, wie der Fremde nickte, und sie gingen zusammen ins Haus.«

»Kanntest du den Mann?«

»Herr, es war schon zu dunkel, um Einzelheiten erkennen zu können.«

»Ist dir sonst etwas aufgefallen?«

Micipsa meldete sich zu Wort: »Herr, ich sah, daß zwei der großen Hunde auf ihn zusprangen, ohne zu bellen. Der Besucher sprach leise mit ihnen und streichelte sie.«

»Erkanntet ihr die Stimme?«

»Nein, es war zu leise und zu weit weg. Es wäre verdächtig und unhöflich gewesen, näher zu treten.«

»*Bene*. War der Mann groß, klein, dick oder dünn?«

»Eher groß«, sagte Syphax, und Micipsa bestätigte es. Dann fiel Syphax dieses noch ein: »Es war zwar schon sehr dämmrig ... aber ich meine, der Mann hätte eine leicht gebeugte Haltung gehabt.«

Gestalten zogen an Selenus' innerem Auge vorbei: Demetrios? Möglich ... Aber er war, den Berichten zufolge, nicht groß. – Nicomachus? Er war groß, schlank. Und er ging etwas gebeugt.

Schon seit jeher. Was hatte das zu bedeuten? – Dion? Der Prägemeister? Er kannte ihn nicht. – Nun, ganz gleich, wer es war von den dreien: Wenn es einer von ihnen war, dann war damit nichts bewiesen, nichts geklärt. Sie mußten weitere Erkenntnisse haben, die die Zweideutigkeiten ausschalteten.
Der Mond war aufgezogen. Hinter ihnen lagen die bewaldeten Höhen der Albaner Berge, vor ihnen breitete sich, weit in der Ferne, ein letzter Schimmer über dem Horizont aus, der sich jetzt irgendwo über dem Tyrrhenischen Meer befand. Sie ritten zu Tal.

20

Cornificius und Antipas hatten im Speisezimmer der Herberge ein wenig gegessen sowie getrunken und begannen sich zu langweilen, denn sie kannten hier niemanden. Außerdem wußten sie nicht, was ihre Leute draußen beobachteten. So hatten sie etwa eine halbe Stunde gesessen und sich über zu erledigende Dinge in ihrem Haus unterhalten, als die Tür aufgerissen wurde und ein Sklave des Hauses mit weit aufgerissenen Augen hereinkam, zur Theke im Schankraum ging und nach dem Herrn fragte.
Der bedienende Sklave hinter dem Tresen reagierte scharf: »Wie wagst du es, in diesem Aufzug hereinzukommen!«
»Unwichtig!« erwiderte der erste. »Du mußt den Herrn sofort benachrichtigen!«
»Ich sagte bereits, er ist nicht hier!«
»Dann schreib ihm eine Nachricht! Du kannst doch schreiben, feiner Pinkel!«
»Hüte deine Zunge!« drohte der hinter dem Tresen, doch der Mann davor schien dies nicht zu beachten. Es war der übliche Austausch von Unfreundlichkeiten zwischen den Angehörigen des inneren und äußeren Personals. Cornificius und Antipas blickten sich an und zwinkerten sich zu, denn hier bestand zwischen Herr und Untergebenem, der wohl längst in die Freiheit entlassen war, ein freundschaftlich vertrauliches Verhältnis.
»Also, dann fang an!« sagte der hinter dem Tresen, der nun ein Blatt vor sich liegen und die Feder in die Tinte getaucht hatte, bereit, zu schreiben.
Und der Sklave berichtete: Draußen, auf der Schwelle zur

Schmiede, liege ein gekreuzigter toter Hund. Er beschrieb die Szene und ihre Grausamkeit sehr anschaulich, doch der Mann hinter der Theke hörte ungerührt zu.
Als der Sklave mit seinen Ausführungen fertig war, rief er noch, nun mit erhobener Stimme: »Und weißt du, wer das ist?«
»Wer?«
»Der Hund! Wer der Hund ist!... Es ist Skyros! Skyros! Der beste Fährtenleser! Der Liebling des Herrn!«
Dann war es eine Weile still, denn die Mitteilung schien nun auch den Zuhörer im Innersten getroffen zu haben.
Cornificius nickte Antipas zu, sie erhoben sich, drückten einem der bedienenden Sklaven einige Münzen, die auch ein erkleckliches Trinkgeld umfaßten, in die Hand und gingen in den Schankraum. Sie sahen, wie der Mann die Nachricht über den Vorfall auf den Papyrus kritzelte. Dann reichte er dem Sklaven das gefaltete Blatt und schickte ihn los, zum Hause des Herrn.
Mit kurzem Gruß verließen Cornificius und Antipas den Schankraum und gingen nach draußen. Drüben, bei der Schmiede, standen einige Männer beisammen. Man hatte eine Laterne dabei und leuchtete damit am Boden. Cornificius und Antipas schlenderten hinüber. Die Männer, die ihre Schritte auf dem vulkanischen Kies des Bodens hörten, wandten sich um und ließen die beiden, deren vornehme Kleidung sie erkannten, in den Halbkreis treten. Im Schein der Laterne sahen sie ein grauenhaftes Bild: Ein großer Hund, allem Anschein nach ein Lakonier, war regelrecht gekreuzigt worden. Wie einen zum Tode am Kreuze verurteilten Sklaven oder Schwerverbrecher hatte man ihm die Hinterbeine am Kreuzesstamm, die beiden Vorderbeine rechts und links weit auseinandergespreizt am Querbalken angenagelt.
»Geschieht das öfters?« fragte Cornificius und blickte in die Runde. Die Männer, durchweg einfache, bäuerliche Gesichter, schwiegen, denn diese direkte Frage eines Fremden war ihnen nicht geheuer.
Schließlich sagte einer: »Bisher legten sie fremde Tiere, Katzen, Mäuse, Marder, auf die Schwelle. Das da ist einer der besten Hunde von Probatius.«
»Wer tut das?« fragte Cornificius.
Sie schwiegen. Dann sagte der, der schon gesprochen hatte: »Wir wissen es nicht. Niemand weiß es. Man hat nichts gesehen, nichts gehört.«

»War hier niemand?«
»Nein, wir wissen es nicht. Wir kamen zufällig vorbei, aus den Wingerten. Wir sahen einen der Leute des Probatius hier jammern.«
»Werden nur dem Probatius solche leibhaftigen Verwünschungen auf die Schwelle gelegt?«
Sie nickten und schwiegen. Da sie allesamt selbst – wie alle Landleute – in höchstem Grade abergläubisch waren, schien es sinnlos, weitere Fragen nach den Hintergründen zu stellen. Für sie war diese Schwelle nun verhext!
Da näherte sich ein Reiter! Er sprang vom Pferd, kam hastig heran, drängte sich durch die Leute, sah den mißhandelten Kadaver... und dann hielt er sich die Hand vor die Augen, stand so eine ganze Weile, nahm sie endlich herab, und man sah, wie seine Augen feucht geworden waren. Er wandte sich an die Männer und sagte leise: »Ich bitte euch, nehmt ihn da herunter und begrabt ihn im Garten.« Als er dann zurück zum Pferd ging, wankte er etwas. Dann sah er Cornificius und Antipas, aber er sah durch sie hindurch. Ohne ein Wort saß er auf und ritt davon, nach Südosten, weg von der Stadt.
»Sollen wir ihm folgen?« fragte Antipas leise.
»Nein, nicht nötig. Wir müssen Selenus benachrichtigen.«
Als sie dann den Weg aufwärts ritten, kam ihnen der Grieche mit den beiden Numidern schon entgegen. Nachdem sie ihre Beobachtungen und Kenntnisse ausgetauscht hatten, entschied Selenus: »Wir sollten hier warten, bis der Besucher das Haus des Probatius verläßt und vorbeikommt.«
Sie führten die Pferde ein gutes Stück weg in einen Olivenhain, kamen zurück und legten sich auf die Lauer. Tatsächlich kam nach einer Viertelstunde ein Reiter von oben, doch war es zu dunkel, um ihn erkennen zu können. Als sie ihm folgten, hielten sie die Pferde etwas zurück. Er bog unten an der Via Appia links ab und entfernte sich wie Probatius von der Stadt.
»Sehr gut!« sagte Selenus. Dann machten sie sich gleichfalls auf den Weg zur alten Mühle.
Sie folgten ihm so lange, bis sie sicher waren, daß er die Abzweigung zur alten Mühle nahm. Sie stiegen ab, übergaben die Pferde ihren Begleitern und schärften ihnen ein, sich völlig ruhig hier versteckt zu halten. Dann begaben sich Selenus, Cornificius und Antipas zu Fuß auf den Weg.

21

Gaius, Alexander und Archelaos lagen währenddessen in ihren Verstecken bei der Mühle. Sie hatten ihre Leute an taktischen Punkten, auf beiden Ufern des Baches verteilt, und es war für einen Besucher unmöglich, ungesehen oder unbemerkt heranzukommen – »... es sei denn, sie sind als solche durchaus unsterblich, dergestalt sie ihre Sterblichkeit an den Nagel gehängt!«, wie Alexander die Lage beschrieb, und Archelaos pflichtete seit langem noch einmal mit einem »Du sagst es, Sohn aus Theben!« bei.
So verging Minute um Minute, Viertelstunde um Viertelstunde, und nichts regte sich, so daß Alexandros leise begann: »Herr?«
»Hm...«
»Herr! Was ist, wenn aber der liebe Memmius seine Fingerchen allhier darin hat?«
»Hm...«
»Es könnte Anbetracht dessen doch durchaus sein, daß er, alldieweil er allerlei hübsche Dinge weiß, daraus seinen durchausigen Vorteil als solches zieht.«
»Hm...«
»Während wir hier verhungern und verdursten, feiert er bacchantische Orgien und läßt zwischendrin munter neue Münzen hübsch fälschen, daß es eine Freude ist!«
»Hm...«
»Na, dann eben nicht! Wenn man in diesem Lande nicht mehr die Konsequenzen ziehen kann, dann kann man ja gehen...«
Danach schwieg er und – blieb.
Sie beobachteten, lauschten, achteten auf jedes Geräusch, jedes Knistern, doch waren es immer Tiere, die sich im Unterholz bewegten.
Die Mühle lag still, man hörte nur das Plätschern des Baches. Niemand war ein oder aus gegangen. So mochten sie über eine Stunde gelegen haben, als sie hörten, wie sich ein Reiter näherte, von oben, denn an der Mühle endete der Weg.
Es war längst Abend geworden, und man mußte sich anstrengen, im Mondlicht die Gestalt von Roß und Reiter wahrzunehmen, doch reichte das Licht aus, zu erkennen, daß der Mann vor der Mühle anhielt, vom Pferd stieg und das Tier an dem dafür vorgesehenen Ring festband. Dann ging er zur Tür. Sie hörten, wie ein Schlüssel ins Schloß gesteckt, wie er gedreht wurde und wie sich

die Tür leicht quietschend öffnete, um gleich darauf von innen wieder verriegelt zu werden. Nach einiger Zeit drang durch die Ritzen eines hölzernen Ladens neben der Tür ein schwacher Lichtschimmer nach draußen.
Gaius schlich vorsichtig aus seinem Versteck, aus dem Buschwerk unterhalb des Wendeplatzes vor der Mühle, hielt sich an der Außenwand des Gebäudes, erreichte den Türladen und hielt die Augen nahe an einen der Trockenrisse in dem alten Holz. Er sah einen Teil des Tisches, sah den Lichtkegel einer Öllampe, sonst nichts. Nun ging eine Gestalt am Tisch vorbei, hantierte mit irgend etwas aus Metall. Münzen?
Gaius wollte einen anderen Ritz versuchen, als von oben erneut Pferdegetrappel zu hören war. Er huschte zurück in sein Versteck, keinen Augenblick zu früh, denn schon erreichte der zweite Reiter den Platz, stieg ab und band das Pferd neben dem ersten am Ring fest.
Mit größter Anstrengung versuchte Gaius festzustellen, ob er den Mann kannte, doch es war zu dunkel, um sichere Merkmale ausmachen zu können. Der Mann ging zur Tür, schlug zweimal lang, dreimal kurz und wieder zweimal lang gegen das Holz. Sofort wurde geöffnet, und ohne ein Wort der Begrüßung verschwand der Unbekannte im Inneren des Gebäudes. Sie hörten, wie die Tür wieder verriegelt wurde.
Noch während Gaius überlegte, was zu tun sei, hörte er den Ruf eines Kauzes. Er stieß Alexander an, und der verwandelte sich denn auch wie gewünscht in eine Eule, denn er antwortete in gleicher Weise, nur etwas leiser. Der Ruf wiederholte sich, kam dann jedoch nicht mehr näher. Alexanders nochmalige Antwort gab nun kund, daß man verstanden hatte.
Gaius zog sich nach unten von der Mühle zurück. Alexander folgte. Im großen Bogen näherten sie sich der oberhalb der Mühle gelegenen Stelle, von wo man zuerst den Ruf des Kauzes vernommen hatte. Erneut folgten kurz hintereinander Frage und Antwort.
Dann stand plötzlich Selenus vor ihnen und sagte leise: »Alles in Ordnung?«
»Ja. Wo ist Cornificius?«
»Hier!« meldete sich dieser hinter Selenus. Sie zogen sich etwas vom Wege zurück, um ohne Risiko leise miteinander reden zu können.

Als Cornificius und Selenus ihre Beobachtungen mitgeteilt hatten und Gaius selbst nichts Neues beisteuern konnte, meinte Gaius nach einem Augenblick des Nachdenkens: »Dann ist also Probatius als erster hier angekommen und in die Mühle gegangen.«
»*Sic est.* – So ist es«, entgegnete Cornificius.
»Der zweite...« Gaius zögerte, ehe er fortfuhr: »Ihr sagtet, er sei groß, schlank, und gehe leicht gebeugt...«
»*Sic est*«, bekräftigte Cornificius erneut.
»Nun, dann kommen nur drei Personen in Betracht: Nicomachus, Dion oder Demetrios.«
»Wieso Dion?« fragte Cornificius. »Du kennst ihn doch nicht. Ich auch nicht. Wir wissen nicht, ob er leicht gebeugt geht. – Im übrigen vergißt du Memmius!«
»*Mitte iocos!* – Laß die Scherze!«
»Wieso? Was wissen wir denn von ihm, außer daß er hoch verschuldet ist durch gewisse Fehler seines Vaters. Und klein ist er auch nicht. Und leicht gebeugt? – Jemand, der sich verfolgt glaubt, geht instinktiv leicht gebeugt! Was sagst du dazu, Selenus?«
Der Angesprochene hüstelte leicht, dann hieß es: »Uns jetzt darüber zu streiten bringt uns nicht weiter. Wir brauchen Fakten! Wir müssen versuchen, festzustellen, wer in der Mühle bei Probatius ist. Dann erst können wir weitersehen.«
»Es müßte sogar gelingen«, warf Gaius dazwischen, »mit Hilfe des geheimen Klopfzeichens friedlich Einlaß zu finden.«
»War schon immer für friedlichen Ein- und Auslaß«, kommentierte Alexander. »Werde aber durchaus vorher einen Blick durch den göttlichen Laden in das hehre Innere des Palastes werfen und sämtliche Ohren spitzen.« Und plötzlich wurde er militärisch: »Alexandros bittet den Legaten* Gaius Volcatius um strikte Erlaubnis, einen hübschen kleinen Spähtrupp als solchen!«
»Meinetwegen. Du kommst hierher zurück. Wegtreten!«
Lautlos huschte der Hüne davon.
Als er den Laden erreicht hatte, wartete er eine Weile, bis sich sein Puls beruhigt hatte, dann suchte er sich den breitesten Ritz aus und brachte das Auge so nahe, wie es ging, heran, ohne ein Geräusch zu verursachen.

* *Legat:* ursprünglich Hilfsbeamter eines außerhalb Italiens tätigen höheren Magistrats. Im militärischen Bereich Führungsgehilfe des Oberbefehlshabers.

Er sah das gleiche wie Gaius und murmelte lautlos: »Sollte durchaus verboten werden ...« Als er sich dann anstrengte, vernahm er deutlich die Stimmen zweier Männer, und vereinzelte Wörter verstand er. Da war die Rede von »... unglaublichen Quälereien ... Es hat sich herumgesprochen ... Man muß der Sache ein Ende machen ...«
Plötzlich hörte Alexander die leise Stimme seines Herrn: »Rück etwas!«
Wohl oder übel rückte er, und nun hörten sie beide die Wortbruchstücke des Dialogs da drinnen, ohne damit etwas anfangen zu können. So zogen sie sich nach einer Weile zurück zu den anderen.
Alexander mußte das Gehörte wiederholen, und Selenus meinte dazu, es könne bedeuten, die »Quälereien« bezögen sich auf den gekreuzigten Hund.
»Aber warum trifft er sich hier heimlich in der Mühle mit einem Unbekannten«, meinte Cornificius, »um über die üblen Verwünschungsriten eines Feindes zu reden? Das kann er ebensogut, sogar ungestört in seinem Hause!«
»Das ist richtig«, kommentierte Selenus. »Da er es nicht tut, muß es einen triftigen Grund dafür geben ...«
Gaius sagte: »Er trifft sich mit jemandem, dessen Bekanntschaft er nicht in die Öffentlichkeit bringen will. Dabei kann es sich ebenso um Nicomachus wie um Dion handeln. Demetrios scheidet aus. Die Feindschaft zwischen beiden ist bekannt.«
Selenus schwieg darauf, und Cornificius meinte: »Was haltet ihr davon, wenn wir ihnen einen guten Abend wünschen?«
Das darauf folgende Schweigen war sehr beredt, denn alle verspürten sie Lust, der Sache ein Ende zu machen.
Doch Selenus erhob Einwände: »Sicher, das wäre zu machen. Und es wäre völlig gefahrlos. Aber was hätten wir davon? Ganz gleich, wer bei Probatius drinnen ist, es ist sein gutes Recht, und wir haben nicht das geringste Argument gegen sein Hiersein.«
Natürlich hatte er recht, und sie grübelten, um eine andere, bessere Lösung zu finden. Doch wurden sie durch eine unerwartete Wendung der Ereignisse dieser Sorge enthoben.
»Was ... was ist das? Hört ihr!« flüsterte Cornificius. Sie spitzten die Ohren, meinten, etwas zu hören, das klang, als ob mehrere Menschen in höchster Eile den Berg herunterkamen.
Gaius, Cornificius, Selenus und Alexander huschten zwischen den

Bäumen zum Platz vor der Mühle zurück. Sie brauchten dabei nicht sonderlich darauf zu achten, Geräusche zu vermeiden, denn von oben stob eine Gruppe von etwa sechs Männern lauthals auf die Mühle zu. Zwei von ihnen trugen hell brennende Pechfakkeln. Sie strebten zielsicher der Tür der Mühle zu und polterten dagegen. Nach einer Weile wurde geöffnet. Probatius stand im Türrahmen, und das Licht der Fackel ließ sein Gesicht leuchten, man erkannte jede Einzelheit: den hart gekniffenen Mund, die aufgesteilte Zornesfalte zwischen den Brauen, die verengten Pupillen.
»Wer hat euch erlaubt, hierherzukommen!? Habe ich nicht strikt verboten, daß ihr nach hier kommt!?«
Sichtlich eingeschüchtert und ängstlich verbeugten sich die ihm zunächst Stehenden, dann wagte der erste das Wort: »Herr! Herr! Es ist etwas Furchtbares geschehen!«
»Was? Sprich!« Man sah, wie ihm der Schreck übers Gesicht fuhr.
»Herr! Das Gasthaus...«
»Was ist mit ihm?«
»Es brennt! Es brennt lichterloh!«
Probatius stand wie vom Blitz getroffen; er mußte sich am Türrahmen festhalten. Dann drehte er sich um, und die Volcatier hörten deutlich, wie er sagte: »Warte hier! Das ändert nichts an unseren Plänen...«
Dann sprang er aus dem Gebäude, zum Pferd, schwang sich in den Sattel und galoppierte bergauf.
»Herr!« wandte sich Alexander leise an Gaius. »Soll ich den lieben Knaben löschen helfen?«
»Meinetwegen. Aber sei vorsichtig!«
»Warum?«
»Es könnte dich jemand naßspritzen!«
»Na, dann eben nicht...« Aber er behielt die Schultern oben. Zusammen mit Archelaos machte er sich auf den Weg zu den Pferden.
»Kommt!« sagte Gaius, und sie traten auf den freien Platz, näherten sich dem immer noch offenstehenden Eingang, wo eine große, schmale Gestalt stand und die Volcatier aus weit geöffneten Augen anblickte.
»Schau an, schau an!« sagte Gaius und betrat die Mühle, wobei er den Mann vor sich her ins Innere schob. Selenus und Cornificius

folgten nach, fanden aber an dem Mann weder Auffälliges noch Bekanntes und schauten fragend zu Gaius, der dem ihnen Unbekannten in scharfem Ton befahl: »Setz dich! Auf den Hocker!« Zitternd leistete der Mann Folge, und als er saß, rieb er sich nervös und ängstlich die Hände, ließ den Blick nicht vom Gesicht des Aedilen.

»Ich... ich...«, stotterte er. »Ich werde das alles erklären.«

»Sicher! Es bleibt dir wohl nichts anderes übrig.« Gaius wandte sich zu den Freunden: »Ich nehme an, ihr kennt ihn nicht...« Sie nickten. »Das da, das ist der ehrenwerte römische Bürger Aulus Torquatus, seines Zeichens Buchhändler und Hausbesitzer, der mir unlängst einen Vortrag über seine Beziehungen zu gewissen Bürgern der Stadt Aricia gehalten hat!«

»Ja... Ich... Wie soll ich...«

»Nichts! Nichts sollst du, außer daß du die Fragen beantwortest, die ich dir nun stellen werde!«

Man sah, wie die Angst ihn völlig beherrschte, wie er versuchte, ihrer Herr zu werden, um seine Lage zu verbessern.

Gaius nahm auf dem zweiten Hocker neben dem Tisch Platz und begann: »Du betreibst also im Argiletum, wie du mir erzählt hast, einen Buchladen...«

»Ja, Aedil.«

»Seit wann?«

»Schon lange. Seit etwa fünfzehn Jahren.«

»Gut. Und du besitzt dort ein Haus?«

»Ja.«

»Wie bist du in seinen Besitz gekommen?«

»Ich habe es geerbt.«

»Ach?!«

»Ja, und es ist wohl nicht verboten, ein Haus zu erben.«

»Sicher nicht. Von wem?«

»Von einem Onkel.«

»Wir werden das nachprüfen.«

»Gewiß, Aedil. Ich bitte darum.«

Er schien seine Angst überwunden zu haben, denn seine alte Selbstsicherheit kehrte langsam zurück.

Gaius fuhr fort: »Du sagtest damals, du würdest Probatius kennen, wie ihn eben jeder kenne, weil er Gastwirt und Herbergsbesitzer in Aricia und weil sein Lokal eines der besten am Ort sei.«

Torquatus nickte.

»Wie kommt es nun aber, daß du dich – bei dieser doch nur oberflächlichen Bekanntschaft – hier heimlich im Dunkeln mit Probatius triffst? Warum gehst du nicht in seine Herberge? Dort könntet ihr ungestört miteinander plaudern.«
Torquatus zögerte, schluckte zweimal, kniff die Lippen zusammen und sagte schließlich, den Curulischen Aedilen offen anblickend: »Weil ich... weil ich Angst habe, Aedil! Angst! Ich habe Familie! Es soll mir nicht ergehen wie dem armen Hippias!«
»Woher weißt du davon?« fragte Gaius.
»Von Nachbarn. So was spricht sich herum wie ein Lauffeuer.«
»Kennst du Hippias vielleicht doch näher, als du damals vorgabst?«
Torquatus schwieg, und Gaius verschärfte Ton und Inhalt seiner Worte: »Also nun paß auf, Torquatus! Wenn du es vorziehst, zu schweigen, werde ich dich nach Rom in den Carcer Mamertinus bringen lassen. In einigen Tagen wird dann Klage wegen Beihilfe zu Mord, Brandstiftung und Geldfälschung gegen dich erhoben werden.«
»Von wem?« kam die Frage.*
»Das fragst du? Von mir!«
Torquatus starrte Gaius, dann Cornificius und Selenus reihum an, nickte, schluckte und blickte vor sich hin. Er schien mit sich zu ringen. Schließlich raffte er sich auf und begann: »Wenn ich zögere, dann nicht aus Sorge um mich und mein Fortkommen, denn ich bin unschuldig...«
»Sondern?«
»Um einen Freund zu retten!«
»Obwohl er schuldig ist?«
»Er ist es nicht!«
»Du sprichst von Probatius?«
Er schwieg. Gaius warf Cornificius und Selenus einen Blick zu, und Selenus sagte ruhig: »Ich nehme an, es wird eine längere Geschichte werden, die du zu erzählen hast.«
Torquatus nickte. Da öffnete Selenus die kleine lederne Tasche, die er stets bei solchen Exkursionen am Gürtel trug, entnahm ihr ein säuberlich gefaltetes Blatt Papyrus und einen Silberstift, legte das Blatt auf die unebene, von zahllosen Kerben bedeckte Tisch-

* Die Frage ist berechtigt, denn die römische Rechtspflege kannte keinen öffentlichen Ankläger.

platte und sagte: »Dann fang an, und vergiß nie, daß jedes deiner Worte schriftlich fixiert – und also gegen dich verwandt werden kann.«

22

Und Torquatus begann: »Probatius und ich, wir sind Freunde seit unserer Kindheit, denn ich habe viele Jahre hier in Aricia verbracht...«
»Augenblick!« schaltete sich Gaius ein. »Das mag ja alles so sein. Aber warum hast du mir dein Wissen um Probatius, wenn er denn dein Freund ist, nicht schon bei unserem ersten Zusammentreffen vor dem brennenden Hause des Hippias zur Verfügung gestellt? Ja, du machtest sogar den Eindruck, als ob dir das Schicksal von Probatius gleichgültig ist.«
Torquatus nickte und erklärte: »Das ist richtig. Und genau dieser Eindruck sollte entstehen.«
»Warum?«
»Damit ich im stillen weiter beobachten und erkunden kann, was gegen Probatius in die Wege geleitet wird.«
»Verstehe. Und warum bist du nun hier? Warum nicht oben im Ort? In seinem Hause?«
»Weil ich Angst habe.«
»Vor wem?«
»Vor dem gleichen Mann, den ihr als den Verantwortlichen für alle geschehenen Verbrechen sucht.«
»Und wer ist das?«
Die drei Zuhörer warteten gespannt auf die Antwort.
»Ich weiß es nicht.«
Die drei blickten sich an.
»Weiß Probatius es?«
»Ich denke, nein.«
»Und diese Geschichte sollen wir dir abnehmen?«
»Das ist eure Sache.«
Er sagte nichts weiter, und Gaius gab Selenus ein Zeichen, das Verhör fortzusetzen.
Mit der üblichen Sanftheit in der Stimme fuhr der Grieche fort: »Nun also... Sprechen wir von Demetrios!«

Sie sahen, wie des Torquatus Augen zuckten, wie er eifrig nickte und rief: »Er ist ein armer Hund! Aber er ist es nicht!«
»Wer?«
»Der Mann im Hintergrund!«
»Das wissen wir! – Bitte, bleibe ruhig, Torquatus. Wenn du etwas zum Wohle deines Freundes Probatius tun willst, dann beantwortete sachlich unsere Fragen, auch wenn du meinst, sie sind gegen ihn gerichtet. Es wird vieles von dir abhängen. Du sagst: Ich kenne den Mann im Hintergrund nicht. Du sagst: Demetrios ist es nicht. Daraus schließe ich, daß du Demetrios gut kennst – oder nicht?«
»Sicher. Hier kennt ihn jeder. Ein armer Hund!«
»Er war einmal Prägemeister?«
Torquatus starrte ihn an: »Woher wißt ihr es?«
»Wir wissen es. Das genügt. – Ist es Demetrios, der die falschen Münzen herstellt oder der die Stempel schneidet?«
»Ich nehme an, daß er es ist.«
»Was heißt: Du nimmst es an?«
»Weil es keine Beweise dafür gibt.«
»Und wieso nehmt ihr es an?«
Torquatus atmete tief und seufzte, als er die Luft ausstieß. »Das ist nicht mit wenigen Worten zu sagen.«
»Versuch es!«
»Wahrscheinlich werdet ihr bei euren Erkundigungen herausbekommen haben, daß Demetrios vor Jahren diese Mühle hier kaufte...«
Selenus nickte, fragte aber: »Warum gab er den ebenso ehrenwerten wie einträglichen Beruf in der staatlichen Münze plötzlich auf?«
»Wir wissen es nicht. Aber wir vermuten, daß er wegen einer Angelegenheit, die wir nicht kennen, erpreßt wurde. Kurz, er kaufte die Mühle und ließ sich weiter oben in der Hütte nieder.«
»Warum nicht hier, in der Mühle?«
»Das wissen wir nicht.«
Das weitere, was Torquatus erzählte, kannten die drei bereits; es lief eben darauf hinaus, daß Demetrios aus unerklärlichen Gründen ein Luderleben begann, körperlich und seelisch verfiel, so daß Probatius, der es nach den Worten des Torquatus immer gut mit ihm gemeint hatte, ihm aus purer Barmherzigkeit zunächst die Mühle abgekauft und ihn auch später über Wasser gehalten hatte.

»... doch der Verfall dieses Mannes war nicht aufzuhalten. Er trank den ganzen Tag. Er benahm sich in der Schenke menschenunwürdig, so daß sich Probatius gezwungen sah, ihn vor die Tür zu werfen, wenn er es zu toll trieb.«
Selenus überlegte eine Weile, eher er fragte: »Kannst du dir einen Grund denken, warum Demetrios zu erpressen war?«
»Nein.«
Cornificius, der mit wachsendem Interesse zugehört hatte, stellte die nächste Frage: »Wie betrieb er seine Mühle? War er erfolgreich? Ich meine, am Anfang, als er sich hier niederließ.«
»Das glaube ich schon. Er machte einen gepflegten Eindruck. Er war damals ein anderer. Ich habe noch nie erlebt, wie sich ein Mensch in wenigen Jahren so in sein Gegenteil verändern kann.«
Selenus fuhr mit seinen Fragen fort: »Wie erklärst du dir aber, daß man dem Probatius nachstellt und ihn mit allerlei magischen Zaubern in Atem hält?«
»Da mußt du ihn selbst fragen!«
»Ich denke, ihr seid Freunde?!«
»Gewiß, aber in den letzten Tagen haben sich gewisse Dinge zugespitzt. Im übrigen hat er mir längst nicht alles berichtet, was er weiß, weil er mich wohl nicht in Gefahr bringen will.«
»War er öfters in Rom?«
»Ich glaube nicht.«
»Wie kann er sich die große Villa und ihre stilvolle Einrichtung leisten?«
»Weil er vermögend ist.«
»Seit wann?«
»Er ist ein guter Kaufmann.«
»Ach!« rief Selenus beinahe belustigt, um Torquatus zu provozieren, der dann auch prompt reagierte: »Seit wann ist das verboten?«
»Das mußt du uns erklären!« lächelte Selenus ihn an.
»Da ist nicht viel zu erklären. Als Probatius merkte, daß immer mehr ritterliche oder nichtritterliche Neureiche in der Nähe der Hauptstadt, hier in Aricia, in Albanum und anderen Städtchen an den Hängen der *Montes Albani* Grundstücke zum Bau von prächtigen Villen suchten, um sich in den heißen Sommermonaten auf diesen Höhen abzukühlen, da kaufte er eben Land und verkaufte es mit Gewinn an die genannten Interessenten. Im übrigen legte er diese Gewinne wieder in Handelsgesellschaften zu Ostia gut an.

Und er besitzt mittlerweile eine eigene kleine Handelsflotte dickbauchiger Segler, die bis in den Pontos Euxeinos im Osten und durch die Säulen des Herakles* im Westen fahren.«
Diese Nachricht war für alle drei Zuhörer neu, und Cornificius fragte erstaunt: »Ja, aber warum betreibt er dann noch diese Herberge?«
»Ganz einfach«, lächelte Torquatus. »Weil es ihm Spaß macht, sich hin und wieder selbst um das Wohl seiner Gäste zu kümmern. Im übrigen ist es nicht die einzige Gaststätte, die er besitzt. Allein in Rom sind es mittlerweile fünf.«
Die drei Volcatier starrten sich überrascht an. Dann fuhr Selenus fort: »Aber nun sage uns: Warum wird dein Freund Probatius bedroht? – Und dies vor allem: Warum – wenn er unschuldig ist – hat er sich nicht vertrauensvoll an uns gewandt, als er wußte, wonach wir suchen?«
Torquatus zögerte nicht mit der Antwort: »Weil nicht nur tote Hunde, Katzen und Füchse auf seine Schwelle gelegt worden sind, sondern weil man das Leben seiner Frau bedroht!«
»Wie?«
»Man hat ihm mehrmals schriftliche Warnung zukommen lassen.«
»Wozu? Was soll er denn tun oder lassen?«
»Er hat sich geweigert...« Torquatus zögerte, doch Gaius legte ihm traulich den Arm auf die Schulter. Endlich sagte der Buchhändler: »Er hat sich geweigert, von der Bande Falschgeld entgegenzunehmen...«
»Was für Geld?«
»Silberdenare. Solche!« Er holte eine Münze aus seinem Brustbeutel und legte sie auf den Tisch. Sie stammte aus der gleichen Prägung wie die Denare, die sie von Hippias bekommen hatten.
»Bitte genauer!« befahl Gaius. »Wie geht das vor sich?«
»Nun, ganz einfach: Es kommt jemand, legt dir zweihundert falsche Denare auf den Tisch und fordert dafür zwanzig echte. Wenn du dich weigerst, droht er, dir das Haus über dem Kopf anzuzünden – oder Schlimmeres.«
Gaius nickte bedächtig vor sich hin, und Cornificius sagte: »So

* *Säulen des Herakles:* nach altgriechischer Anschauung verschiedene Randpunkte des Erdkreises, die Herakles aufgerichtet haben soll, vor allem an der Straße von Gibraltar.

ähnlich habe ich es mir vorgestellt. Darum brannten also die Häuser von Hippias, von Nicomachus und nun auch das von Probatius. Wobei ich davon ausgehe, daß die beiden Erstgenannten anfangs wohl mitspielten, dann aber, als ihnen das Risiko, entdeckt zu werden, zu groß wurde, sich weigerten und prompt bestraft wurden. So einfach war das also!«
Er blickte zu Gaius und Selenus, und beide nickten ihm zu. Gaius aber sagte: »Trotzdem verstehe ich nicht, wieso Probatius, der doch weit vom Schuß sitzt, in die Sache hineingezogen wurde.«
»Fragt ihn selbst«, forderte Torquatus sie auf.
»Dann kommt!«
Sie verließen die Mühle.

23

Während sie den gewundenen steilen Weg aufwärts stiegen, gingen ihnen die verschiedensten Gedanken und Möglichkeiten durch den Kopf!
Memmius! – Warum nicht Memmius? Er hatte Zugang zu allem technischen Gerät. Er konnte die Werkstätten jederzeit betreten. Er konnte sich, kraft seiner Stellung und seines gesellschaftlichen Ranges, sehr leicht die Informationen verschaffen, die er brauchte. Und – ihm war außer dem altadeligen Namen nicht viel geblieben! Er lebte in vergleichsweise ärmlichen Verhältnissen. Es konnte sogar sein, daß Haß die treibende Kraft war – Haß auf die Leute, die seinen Vater ins Exil und ihn in die materielle Abhängig- und Bedürftigkeit gebracht hatten.
Und was war mit Dion? – Er hatte ebenso wie Memmius Zugang zu den Werkstätten und wohl auch zum Archiv. Er verfügte außerdem über die notwendigen technischen Kenntnisse. Es mußte ihm leicht möglich sein, Gerät zu »entleihen« oder sich selbst welches anzufertigen. Arbeitete er vielleicht mit Memmius zusammen?
Was aber war mit Demetrios? – Daß er beteiligt war, schien ihnen allen sicher. Aber er der Kopf? Undenkbar, daß dieser körperlich und seelisch auf den Hund gekommene Mann die Autorität besaß, einer Schar skrupelloser Männer seinen Willen aufzuzwingen!
Schließlich war da noch Nicomachus. – Sicher, er hatte das Geld

und die Möglichkeiten, eine solche Unternehmung mit Erfolg durchzuführen – aber auch das Stehvermögen, die Energie? Und aus welchen Gründen sollte er denn kriminell aktiv werden? Im übrigen war sein eigenes Haus abgebrannt. Also war man auch an ihn erpresserisch herangetreten. – Schließlich aber: Warum hatte er, wenn er unschuldig war, nicht mit dem Aedilen darüber gesprochen? – Aus Angst!?
Sie erreichten die Stelle, wo die Pferde warteten, saßen auf und ritten auf Aricia zu. Hatten sie hochlodernde Flammen erwartet, so lag das Feuer in den letzten Zügen; man sah nur noch Glut, die die Balken zerfraß. Ein nicht kleiner Teil des Hauses war, da man zügig gelöscht hatte, noch unversehrt geblieben.
Plötzlich standen zwei verschmierte, schweißige, im Gesicht rußige Gestalten vor Gaius, und die größere begann also: »Haben gelöscht, daß es eine wahre Freude war! Archelaos?!«
»Sicher. Die Hälfte des Palastes steht noch.«
»Fein«, nickte Gaius. »Herhören!« Sie standen wie zwei Säulen. »Holt mir den Besitzer her!«
»Jawohl. Besitzer! Aber er besitzt hier zweifellos nicht mehr viel!«
»Holt ihn trotzdem!«
Schon wenige Augenblicke später hatten sie ihn in die Mitte genommen und traten vor Gaius, der immer noch nicht abgesessen war, und Alexander meldete: »Besitzer, der nicht mehr viel besitzt, wie befohlen trotzdem!«
»*Bene*. Nun seht zu, wo ihr eure Gesichter säubern könnt!«
Probatius wandte sich den beiden zu und sagte mit einem traurigen Lächeln: »Wenn du erlaubst, Aedil, können sie sich in meinem Hause frisch machen.«
Gaius nickte. Probatius gab einem seiner Leute ein Zeichen, erklärte, worum es ging, und der Mann zog sich mit Alexander und Archelaos vom Brandort zurück.
Gaius aber sagte nicht ohne Schärfe zu Probatius: »Da du weißt, wer ich bin, ersparst du mir umständliche Erklärungen. Ich habe mit dir zu sprechen. Wo sind wir ungestört?«
»In meinem Hause«, sagte Probatius. Dann stieg auch er aufs Pferd und ritt wortlos voraus, und die Volcatier – es waren C. V. T., Selenus, Cornificius und sein Hausmeister Antipas sowie etwa fünfzehn Sklaven – folgten.
Das Tor der Umfassungsmauer stand offen, und sie wurden von

dem Mann erwartet, den Selenus bereits kannte. Diesmal hielt er eine tiefe Verbeugung für angebracht, doch niemand reagierte darauf.
»Herr!« wandte sich Alexander, der mit gewaschenem Gesicht aus dem Haus trat, an Gaius. »Soll ich Anbetracht dessen nicht lieber außen bleiben, alldieweil niemand dieser Sterblichen weiß, wie lange sie als solche noch unter der göttlichen Sonne lustwandeln?«
»Meinetwegen.«
Archelaos blieb gleich mit da, ebenso alle Männer vom Gesinde der verschiedenen Häuser, die Alexander sofort an mehreren Punkten des Geländes verteilte. Dann rief er nach Antipas, des Cornificius Hausmeister, und erklärte ihm: »Ich bitte dich, lieber Freund, ein Auge zu haben auf diese Knaben als solches, alldieweil der edle Archelaos und ich den Erdkreis außerhalb dieses mürben Gemäuerchens in eigenen Augenschein nehmen, dergestalt es durchaus sein könnte, daß es da nicht geheuer ist.«
Antipas nickte ihm freundlich zu, und der große Alexander verließ mit Archelaos den Hof. Draußen einigten sie sich, getrennt links und rechts um die Mauer herumzugehen und auf alle möglichen Geräusche oder Spuren zu achten. Sie hatten beide gerade die hinteren Ecken der Mauer erreicht, als sie bemerkten, wie ein Reiter zum Waldrand galoppierte. Es war sinnlos, die Verfolgung aufzunehmen.
»Schwöre Stein und Pein, daß das derselbe Knabe war, der neulich schon über den Erdkreis das Weite suchte, als wir den armen Demetrios samt einem Pfeil im Rücken hinterließen. War dasselbe Geklapper! Kenne mich da nämlich gut aus. Kann sagen, wann er Geburtstag hatte!«
»Wer? Der Reiter?«
»Der Gaul!«

Die Volcatier wurden von Probatius in das gleiche Zimmer geführt, in dem schon Selenus mit dem Hausherrn gesessen hatte. Als Probatius Anweisung gab, ein Frühstück zu decken, winkte Gaius energisch ab und betonte, er sei in amtlicher Eigenschaft hier. Probatius, der diese Reaktion erwartet hatte, nahm sie gelassen zur Kenntnis und entließ sämtliche Haussklaven aus dem Zimmer.
So saßen C. V. T., Cornificius und Selenus im Halbkreis dem Pro-

batius gegenüber, und Gaius zögerte nicht, zu beginnen: »Ich denke, wir gehen beide davon aus, daß es sich bei dem Feuer um Brandstiftung handelt...« Er schaute Probatius ohne eine Regung an.
Dieser erwiderte ruhig den Blick und sagte: »Es spricht alles dafür, ja.«
»Gut...« Gaius sah kurz zu Selenus und Cornificius, um dann fortzufahren: »Dann möchte ich allerdings wissen, wen du als den Brandstifter verdächtigst und warum er dein Haus hat in Brand stecken lassen.«
Probatius blickte zu Boden, als ob er sich besinne; doch machte er nicht den Eindruck eines Mannes, der nach einer Ausflucht sucht. Und als er endlich redete, fand dies Bestätigung: »Ich nehme an, Aedil, daß du schon eine Menge über die Vorgeschichte weißt...«
»Es kommt ganz darauf an, was du meinst«, erwiderte Gaius.
»Nun«, fuhr Probatius fort, und seine Stimme war fest. »Du wirst wissen, daß diese Anschläge von langer Hand geplant sind...«
»Würdest du, besonders was die ›lange Hand‹ angeht, dich genauer ausdrücken!?«
»Da ist nicht viel zu erklären: Ich bin nicht der erste, dessen Haus angezündet wurde. Du wirst, da du mit diesen Dingen in Rom befaßt bist, wissen, wessen Häuser angezündet wurden und wie man ihre Besitzer auch ansonsten demütigt, belästigt, ihnen droht und sie schließlich bestraft!«
Probatius hatte sich zunehmend in Wallung geredet, und Gaius suchte ihn anzuspornen: »Ja, natürlich weiß ich davon!« Er beugte sich vor. »Und natürlich werden es am Ende mehr Schutthaufen sein, als wir bisher kennen. Also: Wer steckt dahinter? Wer demütigte, wer drohte, wer straft? – Ist es Demetrios?«
»Nein. Er ist selbst Opfer!«
»Dion?«
»Kenne ich nicht.«
»Memmius?«
»Wer ist das? Es gibt einige mit diesem Namen.«
»Auch hier, in Aricia?«
»Ja. Die Sippe ist weit verzweigt und im übrigen verwandt mit der Familie meiner Frau.«
»Interessant«, sagte Gaius und suchte blitzschnell eine Verbindung zwischen den verschiedensten Assoziationen herzustellen.

Doch es blieb alles vage. »Willst du damit etwa sagen, daß du nicht die geringste Ahnung hast, wer hinter den Anschlägen steckt!?«
»Warum sollte ich das wissen? – Zu mir kam jemand und legte mir eine Menge Geld hin. Dann machte er ein Angebot, bei dem ich, wie er sagte, auf meine Kosten käme.«
»Du lehntest ab?«
»Selbstverständlich.«
Sie blickten ihn an, doch Probatius hielt stand. Dann wischte er sich – es war eine Gewohnheit von ihm – über die Glatze und strich seinen dunklen Bart.
Gaius ließ sich noch einmal alles berichten, was er ohnehin bereits aus verschiedenen Aussagen wußte, doch es ergab sich kein neues Bild. Danach wurde er sehr nachdenklich: »Nehmen wir einmal an, es ist so, wie du es darstellst... Ich verstehe nur dies nicht: Wieso zündet einer der Bande deine Schenke an? Das paßt nicht zusammen! Wir sind hier nicht in Rom! Du, als ehrsamer Bürger, gefährdest in diesem Landstädtchen niemand. Du könntest es ja gar nicht, weil du nichts über die Hintermänner weißt...«
Er beobachtete des Probatius Gesicht genau, sah, daß es sich nicht veränderte. Der Mann hatte entweder tatsächlich nichts zu verbergen – oder er hatte sich völlig in der Gewalt. Warum aber? Wurde er erpreßt? Hatte Gaius Memmius doch seine Finger im Spiel? Steckte eine familiäre Intrige dahinter?
Caecilia, die Hausherrin, kam herein, und Gaius erhob sich, um sie zu begrüßen. Die anderen Besucher taten ihm gleich, und dabei beobachtete er sehr genau das Mienenspiel, die Blicke, die zwischen ihr und Probatius hin und her gingen. Und was er sah, war nicht das, was er nach dem Bericht des Selenus erwartet hatte. Man sah ihr an, daß sie entschlossen war, ihren Mann zu übersehen. Jener wiederum konnte dem erfahrenen Beobachter seine Unsicherheit nicht verbergen; zwei-, dreimal warf er ihr einen Blick zu, der wie bittend, wie suchend anmutete, doch sie reagierte verschlossen, ja hochmütig darauf. Als Gaius – und dies vollzog sich in wenigen Augenblicken – zu Selenus schaute, sah er, daß diesen ganz ähnliche Gedanken bewegten, und sie nickten sich unmerklich im Einverständnis zu.
Ganz anders aber waren der Inhalt und die Worte, die sie nun an die Besucher, besonders aber an Gaius richtete. In vollendeter Grazie, unterstützt mit einer einen Halbkreis beschreibenden Armbewegung, wies sie in die Runde und fragte nach dem Wohl-

befinden und nach besonderen Wünschen, wissend, daß ersteres bejaht, letzteres verneint werde – und dennoch klang es so, als ob sie allen gerne einen großen Gefallen erweisen würde... Sie war lediglich gekommen, um festzustellen, welche Besucher im Hause waren. Nun ging sie, hoch aufgerichtet, stolz, unbewegten Gesichtes, denn auch das Lächeln schien statisch.
Sie setzten sich, und Gaius konnte mit seinen Fragen fortfahren: »Kennst du den Tuchhändler Nicomachus?«
»Nicht näher. Er arbeitet für mich.«
»Du weißt, daß auch ihm das Haus angezündet wurde?«
»Ja. Wir sprachen darüber.«
»Wo?«
Überraschte ihn diese Frage? Er schien etwas zu zögern, ehe er antwortete: »Vor seinem Hause.«
»Dem abgebrannten Laden?«
»Ja.«
»Warum dort?«
»Ich hatte mit ihm einen neuen Auftrag zu besprechen. Das Personal in meinen fünf Lokalen der *Urbs* sollte neu eingekleidet werden.«
Gaius, der sah, daß Selenus alles in Tironischen Noten, in der von seinem Freund Tullius Tiro – Ciceros Sekretär – erfundenen Kurzschrift, notierte – Gaius sah, daß sie so nicht weiterkamen.
In diesem Augenblick ging die Tür auf, einer von Probatius' Leuten – es war der Glatzkopf vom Tor – kam herein, und er machte einen gebeutelten Eindruck, hielt sich den Unterkiefer und wandte sich an Probatius: »Herr, ich... ich muß mir das doch nicht alles gefallen lassen... Nicht wahr, Herr?«
»Was? Was mußt du dir...«
Weiter kam er nicht, denn Alexander trat mit grimmigem Gesicht in den Raum, preßte die Lippen aufeinander, stemmte die Ellenbogen in die Hüften, baute sich vor dem Hausherrn sehr senkrecht auf und bellte: »Herhören! Gehört dieser lächerhafte Knabe zum... zum Inventar dieses Häuschens?«
Probatius schluckte, blickte zu Gaius, sah dessen unbewegliches Gesicht, dann zu Cornificius, der leicht grinste, dann sagte er mit einer gefährlichen Höflichkeit in der Stimme: »Aedil! Ich finde nicht, daß das Betragen dieses Mannes deiner würdig ist...«
Er hatte den Satz kaum beendet, als Alexander den Menschen vom Tor schon in seiner Rechten hielt, ihn auf die Liege an der Wand

stieß, dann vor Probatius trat und tönte: »Sag das noch mal! ›Betragen dieses Mannes! Deiner würdig!‹... Du scheinst durchaus nicht zu wissen, mit wem du! Herhören! Hier steht und spricht Alexandros, Sohn des Alexandros aus Theben, rechte und linke Hand des Curulischen Aedilen und Caesarischen Legaten, Sohn des römischen Senators Lucius Volcatius Tullus, Freund des Gallischen Krieges und Proconsuls Gaius Iulius, genannt Caesar – und ich sage dir: Hüte deine Zunge wie auf frischer Aue, auf daß sie dir nicht verlustig! Wage es nie, mit mir in Zusammenhang meiner Person von Würde als zu solcher! Wie sagte schon die Sibylle: Am besten, du kaufst dir einen Strick und vergiftest dich, wo das Wasser am tiefsten ist! – Herhören!« – Er maß ihn mit einem durchdringenden Blick. – »Schon mal... schon mal gedient?«
»Wie? – Nein, ich hatte dazu noch nicht die...«
»Aha!« Er nickte sich und Archelaos, der dazugekommen war, zu, wandte sich dann an diesen: »Auch so ein Drückeberger! Wagt aber hier in dieser heiligen Halle von Würde zu reden!« Und plötzlich – um der tadelnden Unterbrechung seines Herrn listig zuvorzukommen – wechselte das Mienenspiel! Aus dem grimmig gepreßten Gesicht wurde eines mit großen Kinderaugen, die erstaunt in die Welt blickten: »Herr!«
»Hm...«
»Weißt du, was dieser lächerliche Knabe an dem Mäuerchen als solches wollte?«
»Hm...«
»Er meinte in seinem umnebelten Wahne, er sei alldorten alleine, dergestalt er uns nicht wahrnahm...«
»Hm. – Und?«
»Er brachte seine steifen Knochen in eine gebückte Lage und fingerte mit seinen klobigen Händen am Boden herum, daß dort nun kein Gras mehr wächst. Und weißt du, was er suchte?« Er blickte Gaius mit schräg gehaltenem Kopf an.
»Nein.«
»Na, dann eben nicht...« Er sackte in sich zusammen, doch Gaius fügte geistesgegenwärtig hinzu: »Es sei denn, du sagest es uns!«
Na also! – »Das!« Er reichte Gaius ein gefaltetes Blatt. Gaius nahm es und las:

Peccatum a te maxime est! Occasionem praetermisisti. Actum est.

Laut sagte er: »Was soll das heißen? ›*Du hast einen großen Fehler gemacht! Du hast den rechten Augenblick vorübergehen lassen! Es ist aus*‹?«
Er reichte das Blatt an Selenus und Cornificius weiter. Sie verständigten sich mit einem kurzen Blick. Cornificius gab es an Probatius weiter, der es mit zitternder Hand nahm und einen hastigen Blick darauf warf.
»Was hast du dazu zu sagen?« fragte Gaius.
»Nichts«, sagte Probatius sehr schnell, und er versuchte, einen selbstsicheren Eindruck zu machen, was ihm aber nicht mehr gelang, denn seine Hände zitterten immer noch, der Blick flackerte zwischen Gaius und Selenus hin und her.
»Nun«, begann Gaius und erhob sich langsam, »da du also nicht reden willst, werden wir dich mit nach Rom nehmen müssen. Ein Gericht wird entscheiden, wie mit dir zu verfahren ist.«
Das war gewagt. Selenus und Cornificius wußten, daß der Curulische Aedil nichts Konkretes gegen Probatius in Händen hatte – außer diesem Fetzen Papyrus, den man so oder so interpretieren konnte. Und seltsamerweise schwieg Probatius, ja, es schien, als ob Erleichterung über ihn kam. Wortlos fügte er sich den Anweisungen des hohen römischen Beamten.
Gaius ließ Caecilia holen. Sie waren gespannt, wie sie auf die Festnahme ihres Mannes reagieren würde. Und auch sie verhielt sich anders, als sie es erwarteten: Statt in wilden Zorn auszubrechen – der gewiß gespielt gewesen wäre –, schaute sie Gaius nur ernst an und sagte: »Du mußt wissen, was du tust...«
Danach verließ sie den Raum und blieb zurückgezogen in ihren Zimmern.
Gaius befahl alle Leute zu sich, ließ sämtliche Ein- und Ausgänge des Hauses besetzen, ebenso das Atrium und besonders die Tür zu diesem Raume. Dann schickte er den Probatius unter der Aufsicht des Antipas und Archelaos nach draußen, auf den Hof. Den Posten vor der Tür befahl er, niemanden, auch nicht die Herrin des Hauses, heraus- oder hereinzulassen.
Wieder allein, wandte er sich Cornificius und Selenus zu: »Natürlich ist das ein gewagtes Spiel, wenn ich Probatius festsetze, da wir keine handfesten Beweise besitzen, die ihn klar als Mittäter oder Planer der Aktionen und der Herstellung von Falschgeld überführen. Aber ich denke, so werden wir einige andere dazu verleiten, die falschen Schlüsse zu ziehen und sich in Szene zu setzen. Im üb-

rigen interessiert mich dabei besonders, wie sich Caecilia verhalten wird.«
Selenus lächelte und sagte: »Nach dem, was ich eben beobachtet habe, spielten uns die beiden bisher Theater vor. Was hat sie mir nicht alles an Gutem erzählt über ihn, als ich alleine hier war!«
Sie waren sich einig, daß das Verhältnis der beiden nicht dem ersten Eindruck entsprach, denn alle drei hatten die Blicke wahrgenommen, die beredter waren als Abhandlungen.
»Ist euch aufgefallen, daß eine gewisse Erleichterung in seinem Gesicht stand, als ich ihn festnahm?«
Man bejahte es eifrig, und Cornificius ergänzte: »Beide haben etwas vor uns zu verbergen. Es fragt sich nur, ob gegen oder für uns. Daß sie selbst untereinander spielen, scheint mir sicher zu sein.«
Selenus nickte beifällig und meinte: »Wenn wir ihn zum Reden bringen, haben wir noch heute die Lösung! Für mich steht fest, daß er Angst hat. Und wahrscheinlich fürchtet er um sein Leben. Darum die Erleichterung bei der Eröffnung, ihn festzunehmen. Er fühlt sich unter unserer Bewachung sicher.«
Natürlich ging ihm noch eine andere Version durch den Kopf, doch waren die Anhaltspunkte zu vage, als daß man Maßnahmen ergreifen konnte: Gaius Memmius war ein weitläufiger Verwandter der Caecilia. Was konnte das bedeuten? Man mußte abwarten.
Fürs erste einigten sie sich, der Hütte des Demetrios einen Besuch abzustatten. Es konnte ja sein, daß man etwas übersehen hatte, und es kam jetzt auf jede Kleinigkeit an.

24

Gaius ließ an allen vier Seiten des Landsitzes, in der Nähe der Wege und Pfade, Beobachter zurück. Und es dauerte keine Viertelstunde, nachdem sie das Anwesen verlassen hatten, daß einer der Posten kam und Gaius – abseits von den übrigen – meldete, ein leichter gedeckter Wagen habe – ohne daß sie dies verhindern konnten – die Villa verlassen.
»Wohin?«
»Gen Westen, Herr. Auf dem Wege oberhalb des Städtchens, der parallel zur Via Appia verläuft.«

Also nach Rom!
»Gut, mein Junge! Geh wieder auf deinen Posten!«
Als Gaius die Beobachtung leise den Freunden mitteilte, kommentierte Cornificius: »Warum schickst du niemanden hinter dem Wagen her?«
»Weil ich sein Ziel kenne.«
Cornificius zwinkerte, überlegte und fragte: »Memmius?«
»Ja«, erwiderte Gaius nur.
»Hm... *Scilicet!* Natürlich! Wohin könnte sich derjenige sonst wenden...«
»Keine Sorge! Unseren Leuten entgeht sowohl an seinem Hause wie auch in der Münze nichts.«
Probatius, der von alldem nichts gehört hatte, wohl aber das Kommen und Gehen des Postens gesehen hatte, mochte sich seinen Teil gedacht haben, denn er blickte dem Mann eine Weile nach.
Gaius, der dies sah, ritt neben ihn und sagte freundlich, ja fast mitfühlend: »Wenn du mir etwas zu sagen hast, was deine Lage verbessert, dann tu's! Es könnte morgen zu spät sein.«
Probatius reagierte nicht, sondern blickte starr geradeaus über die sanften Hügel rechts der Via Appia. Sie erreichten den Weg zur Mühle, von dem nach etwa drei Stadien der Pfad zur Hütte des Demetrios abzweigte.
Plötzlich hielt Gaius an und wartete, bis Probatius, der ungefesselt auf seinem eigenen Pferde ritt, ihn erreichte.
»Was würdest du sagen, wenn ich dich laufenließe?«
Probatius schwieg.
Gaius ritt weiter, und er faßte einen Plan.
Sie erreichten die Hütte. Selenus verteilte die Männer als Posten, so daß niemand ungesehen herankommen oder entweichen konnte. Probatius blieb draußen, während die Volcatier die ärmliche Behausung betraten. Gaius fragte den Alexander, ob sich seit seinem letzten Besuch etwas verändert habe.
Alexander ließ den Blick schweifen und staunte: »Herr! Eine solche Ordnung an sich hat es hier nie gegeben! Der Anblick dieses göttlichen Raumes glich zuvor zweifellos dem der Welt vor ihrer Erschaffung: das nackte Chaos! Nun aber sieht es aus, als mein hehres Weib allhier für Ordnung geschaffen!«
»...als ob!« schüttelte Cornificius den Kopf.
»Eben! Der liebe Demetrios scheint sich Personal aus dem Hades entliehen. Ist ja auch sehr schattig hier...«

Das war ein hübsches Wortspiel mit den »Schatten« der Unterwelt, und sogar Selenus mußte lächeln. In diesem Augenblick vernahmen sie ein seltsames Geräusch! Es klang so, als ob jemand aus großer Entfernung um Hilfe rief, doch zugleich so, daß man meinte, es könne nicht sehr weit weg sein. Alle schwiegen und lauschten mit höchster Konzentration. Und da kam es wieder! Nun klang es wie Stöhnen.
»Das ist ganz in der Nähe!« sagte Cornificius, und als es sich wiederholte, erkannten sie, daß es von unten kam. Sogleich machten sie sich an die Untersuchung des Bodens, zogen das erbärmliche Lager, eine Strohschütte, von der Wand, und fanden darunter eine hölzerne Klappe mit Eisenring.
»Herr! Darf ich den Spähtrupp in den Hades als solches? Wußte gar nicht, daß sie allhier einen durchaus brauchbaren Eingang zur Unterwelt...«
Gaius nickte, und schon machten sich Alexander und Archelaos daran, die Klappe zu heben. Eine hölzerne Stiege führte nach unten. Modergeruch stieg ihnen in die Nase. Wieder erfolgte das Stöhnen, nun deutlich als die Stimme eines Menschen zu erkennen. Die beiden verschwanden in der dunklen Öffnung und schleppten wenige Augenblicke später einen gefesselten Menschen nach oben.
»Sei gegrüßt, Meister der Tuche!« rief Cornificius, und der so Angesprochene gab wieder ein Stöhnen von sich, da er immer noch den Knebel im Munde hatte. Archelaos knüpfte das Tuch auf, das am Hinterkopf geknotet worden war, dann nahm er ihm das geknüllte Stück Stoff aus dem Munde, und Nicomachus holte als erstes einmal tief Luft, mehrmals, breitete wie Halt suchend beide Arme weit auseinander und stieß den Atem aus. Dann blickte er in die Runde, nickte mehrmals langsam und sagte: »Den Göttern sei Dank! Ich hätte es keine Stunde länger ausgehalten!«
Er setzte sich auf den nächsten Hocker und atmete immer noch tief, um die Steife und Müdigkeit aus seinem Körper zu zwingen. Man ließ ihn eine Weile gewähren, bis Alexander seine Ungeduld nicht mehr bezähmen konnte und begann: »Herhören! Willst du dem hier anwesenden hohen Rate nicht Anbetracht dessen kundtun, warum du dich im Erdgeschoß dieses göttlichen Palastes schlafen legst, statt wie gewöhnliche Sterbliche eine Schlafstatt zu geebneter Erde vorzuziehen?«
Nicomachus zwinkerte mehrmals, hielt dann die Augen weit of-

fen, wie um sich zu besinnen, und sagte leise: »Ja... Wie bin ich hierhergekommen...« Er richtete sich auf, blickte die Volcatier der Reihe nach an, schüttelte den Kopf und stellte fest: »Ich... ich weiß es nicht.«
»Herhören! Du willst uns wohl weismachen, du habest dein Gedächtnis als solches in Rom zurückgelassen! Könnten unbedingt einen hinschicken und es holen lassen! Schätze aber, daß du es an sich bei dir habest. Muß nur etwas gekitzelt werden! Mit kaltem Wasser zum Beispiel! Wirst dich erinnern, daß es zum Heulen ist! Also, fang an!«
Nicomachus schluckte, rieb sich die Hände und versuchte es: »Also...«
»Sehr gut! Archelaos?!«
»Durchaus, ja, ein guter Anfang!«
»Wie? – Also, ich weiß nur... ich weiß nur noch, daß ich mit Dion zusammengesessen habe...«
»Mit Dion?« schaltete sich Gaius ein. »Wo?«
»Wo? Bei Asconius...«
»Sehr gut!« lobte Alexander. »Aber warum saßest du allda an sich mit dem Meister der Präge?«
»Weil er mich dorthin gebeten hatte.«
Die Volcatier wechselten erstaunte Blicke. Gaius sagte: »Ich bitte dich, scharf nachzudenken und dich sehr genau zu erinnern, denn alles, was du sagst, ist von größter Bedeutung, für dich und für uns. Also berichte, was er wollte, woher du ihn kennst, was du von ihm weißt!«
»Und nimm dich als solches zusammen, damit man sagen kann: Gestern standen wir noch vor dem Abgrund. Heute sind wir einen Schritt weiter!«
Cornificius preßte die Lippen zusammen, um nicht drauflos zu lachen, doch Nicomachus überhörte in seinem verwirrten Zustand derlei Alexandrinische Sprüche, und er begann, langsam, vorsichtig: »Ich kannte diesen Mann vorher nicht, ich meine: Ich kannte ihn nicht persönlich. Natürlich wußte ich, daß er einer der Prägemeister der Münze war.«
»Kennst du einen anderen aus der Münze?«
»Ja, den Münzmeister Gaius Memmius. Er kauft bei mir, wie schon sein Vater. Ein feiner Mensch! Hat gute Umgangsformen, hat Geschmack.«
»Was wollte Dion von dir?«

»Das weiß ich nicht.«
»Wie bitte? Das weißt du nicht?«
»Ja. Ich... Wir saßen in der schönen Laube, im hinteren äußeren Teil des Lokals. Dion hatte mich durch einen Boten dorthin gebeten.«
»Kam dir das nicht ungewöhnlich vor?«
»Doch, denn ich ging davon aus, daß er mit mir geschäftliche Dinge besprechen wollte. War dies früher der Fall, kam er in mein Hauptgeschäft beim Forum. Ich war also neugierig auf den Grund...«
»Gut. Er kam. Was sagte er?«
»Er sagte, er wisse, daß man mir mein Haus angezündet habe. Er wisse auch, warum dies geschehen sei und wer es veranlaßt habe...«
»Nannte er Namen?«
»Nein. Auch nicht, als ich ihn danach fragte. Das könne er zu diesem Zeitpunkt noch nicht sagen. – Ich fragte ihn, was er denn von mir wolle. Er wollte wissen, ob der Curulische Aedil mich schon verhört habe und was ich von den Brandstiftungen der letzten Zeit in der Innenstadt wisse. Ich erklärte, ich wisse wohl nicht mehr als er selbst. Bei alldem wurde ich das Gefühl nicht los, als ob er eine bestimmte Sache wissen wollte, die ihm sehr wichtig war, ohne daß er direkt danach fragte, da er sich keine gefährliche Blöße geben wollte. – Scheinbar erfuhr er von mir, was er wissen wollte, denn plötzlich brach er ab, bezahlte und verließ das Gartenlokal durch den hinteren Ausgang, durch den man die Straße erreicht, ohne durch den Schankraum zu müssen. Und da geschah es...«
»Was?«
»Ich wurde plötzlich sehr müde. Ich sah noch schemenhaft, wie vom Nachbartisch drei Männer aufstanden, die ich vorher nicht beachtet hatte. Sie waren auch die einzigen Gäste gewesen. Ich weiß noch, daß sie zu meinem Tisch kamen und mich auf die Füße stellten, wobei sie beruhigend auf mich einredeten. Von diesem Zeitpunkt an kann ich mich an nichts mehr erinnern...«
»Du bist dann hier wieder zu dir gekommen?«
»Ja. Aber ich weiß nicht, wie ich hierhergekommen bin und wie lange ich dort unten gelegen habe.«
Gaius, Cornificius, Selenus, Alexander und Archelaos wechselten Blicke. Dann fragte Cornificius den Nicomachus nach dem Grunde der Brandstiftung. Die Antwort bestätigte, was sie sich gedacht

hatten: Auch Nicomachus hatte sich geweigert, Falschgeld gegen korrekte Münzen zu tauschen. Im übrigen waren sie sich aber nicht sicher, ob die Entführung von Dion veranlaßt worden war. Gaius fragte nach: »Konntest du beobachten, ob zwischen Dion und den drei Männern am Nebentisch geheime Zeichen und Gesten ausgetauscht wurden oder ob die drei sich bemühten, vom Inhalt eures Gespräches etwas mitzubekommen?«

»Nein. Aber ich habe auch, wie ich schon sagte, von den dreien erst sehr spät Kenntnis genommen.«

»Kennst du Probatius?«

»Ja, gut sogar.«

»Ach ja?«

»*Sic est.* Wir sind in Rom Nachbarn.«

»Du meinst eure Geschäfte...«

»Nein, unsere Wohnhäuser.«

»Wie meinst du das?«

Nicomachus erklärte, daß sie beide nebeneinander auf dem Cispius wohnten. »Kennst du auch seine Frau?«

»Sicher. Meist bewohnt sie ja das Haus. Probatius ist wegen seiner Geschäfte sehr oft unterwegs.«

»Was hältst du von Probatius?«

»Nun, er ist ein fleißiger Mann. Aber...«

»Ja?«

»Ich habe in letzter Zeit zunehmend den Eindruck, daß er unter großer Anspannung steht, so als ob er Kummer hat, den er aber förmlich in sich hineinfrißt, wie man so sagt.«

»Was vermutest du dahinter?«

»Ich habe nicht die geringste Ahnung, Aedil. Er ist still und verschwiegen. Würde ihm guttun, mal aus sich rauszugehen, um sich die Sache von der Seele zu reden. Wenn ich etwas auf dem Herzen habe, dann muß ich das...«

»Jaja, schon gut. Bist du schon einmal hier in Aricia gewesen?«

»Auf der Durchreise, ja. Sonst nicht.«

Sie verließen die Hütte, während Alexander und Archelaos gründlich den Kellerraum durchsuchten, ohne jedoch etwas zu finden. Als sich draußen Nicomachus und Probatius gegenüberstanden, waren sie beide so erstaunt, daß sie sich nur wortlos anstarrten. Schließlich fragte Probatius: »Was machst du hier?«

Und Nicomachus, schon wieder lächelnd: »Wenn ich das wüßte, würde ich's dir sagen.«

Gaius ließ sie eine Weile beieinanderstehen, doch alles, was sie sagten, waren Allgemeinplätze, die man in solcher Situation gedankenlos von sich gibt. Sie wirkten beide gelöst, und keiner machte den Eindruck, als ob er vor dem anderen etwas zu verbergen hat.
Als Gaius ihnen dann mitteilte, daß sie beide mit nach Rom mußten, schwiegen sie, und man sah deutlich, wie sich des Probatius Gesicht überschattete, während Nicomachus hierzu, wie es seine Art war, eine heitere Bemerkung machte.
Gaius schickte den Alexander zum Landsitz des Probatius voraus, um feststellen zu lassen, ob Caecilia im Hause war. Schon eine Viertelstunde später kam der Thebaner zurück und meldete, dies sei nicht der Fall. Für alle Eventualitäten stellte Gaius eine Gruppe unter Antipas als Posten ab, die alles beobachten und gegebenenfalls nach Rom melden sollte.
»Und paß gut auf dich auf, lieber Freund!« tönte Alexander mit tiefer Baßstimme.
»Warum?« fragte Antipas, der Hausmeister des Cornificius.
»Es könnte dir ein Dachziegel auf den Kopf an sich fallen. Und dann will's keiner gewesen sein. Herhören! Wo wir sind, klappt nichts mehr, aber wir können nicht überall sein! Wegtreten!«
Er grüßte militärisch nach Art der Zehnten, und Antipas versuchte irgendwie, in gleicher Weise zurückzugeben. Dann trennten sie sich. Cornificius aber murmelte hörbar: »Ich sag's ja immer: Wen die Götter verderben wollen, den schlagen sie zuvor mit Wahnsinn...«
Alexander, der dies hörte, knurrte sein »Na, dann eben nicht...« und saß plötzlich wie ein halbvoller Sack Mehl auf dem Pferd, so daß Cornificius, längst erfahren mit der Behandlung Alexandrinischer Seelenregungen, flugs anhängte: »Doch, mein Junge! Jeder ist zu etwas nütze...«
Alexander aber hielt den Kopf schief, überlegte, ob das eine ironische Anspielung war, entschied sich dann aber für die wörtliche Bedeutung und sagte: »Sehr korrekt, Praefect! Jeder ist zu etwas nütze, und sei es auch nur als abschreckendes Beispiel! – Na also...«
Dann saß er kerzengerade im Sattel, stieß einen übermütigen Schrei aus, der wie »Iuuiii!« klang, und galoppierte wie zur Attacke bei Alesia voraus. In leichtem Trab folgten die anderen nach.

25

Nach kurzem Gedankenaustausch beschlossen sie unterwegs, wie vorzugehen war.
Probatius würde bis auf weiteres – unter Bewachung – im Hause des Curulischen Aedilen am Palatin bleiben. Als man dies dem Betroffenen mitteilte, schien er erleichtert zu sein, aber er schwieg beharrlich auf die Frage, ob er etwas mitzuteilen habe.
Nicomachus würde sie begleiten.
Torquatus, der sie still, sich abseits haltend, nach Rom begleitet hatte, sollte unauffällig bewacht werden.
Am Ende waren es C. V. T., Cornificius, Selenus und die zwei Freunde, sie sich, begleitet von den beiden Numidern, auf den Weg machten, dessen Ende ungewiß war. Alle waren sie bewaffnet.
Das Haus des Nicomachus lag, wie das des Probatius, in der Nähe der Porta Esquilina, zur Stadtmauer hin. Die Straße mündete mit ihrem nördlichen Ende am Glacis hinter der Mauer, dem Pomerium. Von dort waren es nur noch wenige Schritt bis zur Porta Viminalis, wo die Via Tiburtina ihren Ausgang zum Tiber nahm.
»Gibt es von hinten einen Zugang?« fragte Cornificius.
»Allenfalls über die Mauer, denn das Tor ist verschlossen«, antwortete Nicomachus.
Die Dämmerung hatte längst eingesetzt, und Gaius teilte, ehe sie die Häuser erreichten, die Männer so ein, daß ihnen niemand, der sich dem einen oder anderen Hause von vorne oder hinten nähern sollte, entgehen konnte. Für alle Fälle hielt Cornificius, ein erfahrener Fechter, auf der Rückseite bei Alexander und Archelaos die Stellung, um schnell eine Entscheidung zu fällen, sollte es außerhalb des Hauses zu Komplikationen kommen. Selenus würde mit den Numidern die Vorderfront im Auge behalten. Da es zunehmend dunkelte, würden sie niemandem auffallen. Doch ebenso leicht konnte sich ein Gegner nähern und zuschlagen. So waren alle ganz bei der Sache und bereit, aus dem Stand heraus zu kämpfen.
Zusammen mit Nicomachus näherte sich Gaius dem Hause des Probatius.
Sie erreichten die Haustür, als Nicomachus erstaunt an sich entlangtastete und sagte, er habe keine Waffe dabei, aber er wohne ja

nebenan, und es sei ein leichtes, sie zu holen. Gaius gestattete es ihm und sah ihm lange nach, bis er in seinem Haus verschwunden war.
Dann wandte er sich der Tür zu und klopfte: zweimal lang, dreimal kurz, zweimal lang. Er horchte. Da sich innen nichts rührte, wiederholte er den gleichen Rhythmus noch einmal, nun jedoch kräftiger. Schon zwei Atemzüge später näherten sich Schritte, leichte Schritte.
Gaius hoffte, daß das Klopfzeichen genügte, um glaubhaft zu sein, daß nicht die Luke geöffnet würde. Für alle Fälle griff er nach dem Schwert, ließ den Knauf aber erleichtert los, als die Tür sich öffnete und er an der Silhouette, die sich vor dem hellen Licht der Lampen des Atriums abzeichnete, eine weibliche Gestalt erkannte. Ehe sie dazu kam, ihm eine Laterne vors Gesicht zu halten und die Tür zu schließen, war er bereits drinnen und schloß die Tür hinter sich, nicht ganz, denn ein fingerbreiter Spalt blieb offen.
Natürlich hatte Caecilia ihren ebenso späten wie unerwarteten Besucher erkannt und spielte auf der Stelle glänzend die besorgte Gattin, die liebende, verzweifelte Frau.
»Es ist doch nichts geschehen?!« rief sie und hob, wie entsetzt, die Hände zum Mund.
»Wie man's nimmt«, sagte Gaius vieldeutig, und er sah, wie sie verzweifelt versuchte, hinter seiner Stirn zu lesen, was dieser Besuch zu bedeuten hatte. Sie würde nun grübeln, wie er in den Besitz des geheimen Zeichens gekommen war. Vor allem aber schien sie betroffen zu sein, daß er die Existenz dieses Hauses herausgefunden hatte.
»Darf ich Platz nehmen?« fragte er vollendet höflich.
»Oh, selbstverständlich!« gab sie in gleicher Weise zurück und führte ihn ins *Tablinum*, am Ende des Atriums. Wieder fiel ihm die kostbare Einrichtung auf, die hier vielleicht noch elitärer war als in der Villa zu Aricia.
Er blickte gelassen um sich. »Entzückend!« stellte er fest, und sie reagierte mit: »Es freut mich, daß es dir gefällt...« Ein geübtes Lächeln war dabei um ihren Mund.
Er fuhr in gleichem Ton fort: »Es geht doch nichts über Stil, nicht wahr?!«
Sie lächelte, und er ergänzte: »Aber den hat man ja, wenn man aus der Gens Caecilia stammt, nicht wahr...«
Ihr Lächeln gefror allmählich.

»Aber was nützen Stil, Geschmack und Kunstverstand, wenn man nicht die Mittel hat, in adäquater Weise die schönen Dinge um sich herum zu versammeln.«
Sie stutzte, tat, als verstehe sie nicht recht, bezog die Aussage schließlich auf Gaius selbst und sagte erstaunt: »Oh, ich denke, Gaius Volcatius, deine Familie gehört zu den reichsten Roms...«
Da wurde sein Gesicht hart, er fixierte sie kalt: »Ich spreche nicht von mir. Ich spreche von Probatius!«
Da lachte sie höhnisch auf: »Ach so... Aber habe ich das nicht schon erklärt?«
»Sicher, und ich bin nun auch schlauer als vorher.«
Wieder kamen ihr Zweifel darüber, was er wisse und was er eigentlich wolle. Doch ehe Gaius fortfahren konnte, hörte er, wie im hinteren Teil des Hauses, zum Garten hin, eine Tür geöffnet und mit einiger Vorsicht wieder geschlossen wurde. Gaius ließ Caecilia nicht aus den Augen, sah, wie sie mit dem Blick kurz, ganz kurz auf das Geräusch reagierte, wie sie nicht verhindern konnte, daß ihr die Röte ins Gesicht schoß – und er fand das alles an sich sehr reizvoll, wäre er mit ihr zu einer anderen Zeit in einem anderen Hause aus einem anderen Anlaß zusammengewesen. Nun hieß es auf der Hut sein!
Er schlug die Beine übereinander und erwartete den späten Besucher. Da die Tür offenstand, würde er sicher sogleich in diesen Raum eilen.
So war es. Er kam mit forschem Schritt näher, stand mit erhobenen Armen und geöffneten Lippen schon an der Tür: Gaius Memmius!
Doch im gleichen Augenblick erkannte er den Mann im Korbsessel, und die Arme fielen wie enttäuscht nach unten, die Lippen preßten sich aufeinander.
»Oh, ich wußte nicht, daß der Curulische Aedil...«
»Ja, woher denn auch, nicht wahr?« lächelte Gaius ihn an.
Memmius war immer noch erstaunt: »Ja. In der Tat, eine Überraschung!« Er stand da und wußte nicht, wie er sich verhalten sollte.
»Bist du etwa dienstlich hier?« fragte er schließlich.
»Das hängt davon ab, welche Erklärung du mir geben wirst, warum du hier bist.«
Gaius war gespannt, wie Memmius reagieren würde. Doch zu seiner Überraschung sagte er leise: »Falls du es noch nicht wissen solltest: Weil ich sie liebe.«

Gaius war betroffen: Entweder war das eine tückische Falle – oder es waren bereits Entscheidungen gefallen, das Leben von Probatius, Memmius und Caecilia betreffend, die nichts mit dem anderen zu tun hatten.
»Weiß Probatius davon?« fragte Gaius.
»Ja. Er weiß es.« Memmius setzte sich auf die Kante des dritten Sessels, wie auf dem Sprung, wie bereit, auf der Stelle aktiv zu werden. Er warf Caecilia einen besorgten, mitfühlenden und zugleich zärtlichen Blick zu.
Ihr Gespräch wurde gestört, denn plötzlich stand Nicomachus, über der Tunika mit dem Schwert gegürtet, im Türrahmen.
»Guten Abend!« sagte er und überblickte scheinbar erstaunt die drei Sitzenden. Gaius beobachtete das Gesicht von Memmius, doch zeigte es keine Regung. Hatte er sich so in der Gewalt?
»Nimm doch Platz!« sagte Gaius; und als Nicomachus saß, ergänzte er lächelnd: »Jetzt fehlt eigentlich nur noch ein Mann ...«
»Wer?« rief Caecilia.
Memmius dagegen fragte: »Meinst du etwa Probatius? Was sollte er hier?«
Schließlich rief Nicomachus: »Torquatus! Du meinst den Buchhändler Torquatus, nicht wahr!?«
Gaius schwieg, während sie an seinem Gesicht hingen: Seltsam, Dion hatte keiner genannt! Ist er ihr Kumpan? Ihr Hehler? Oder haben sie Angst vor ihm? Wer könnte ihn denn fürchten? Er blickte in die Runde, und sie erwiderten seinen harten Blick ohne Flackern, ohne Zittern; nur die Wimpern schlugen schnell nach unten und zurück, und er sah, wie ihnen dies unangenehm war.
Wieder geschah etwas Unerwartetes: Syphax erschien, ging zu Gaius und flüsterte ihm, für die anderen unhörbar, etwas ins Ohr.
»Danke!« sagte Gaius. »Geh zurück zu den anderen.«
»Was... was wird hier eigentlich gespielt?!« rief Memmius, und das Blut war ihm zu Kopf gestiegen. »Warum kann hier eigentlich jeder nach Lust und Laune ein und aus gehen!«
»Das ist sehr treffend formuliert«, bemerkte Gaius dazu. »Diese Frage würde ich mir an deiner Stelle allerdings zuerst selbst stellen.«
»Das ist ja wohl etwas anderes! Und Caecilia hat, wie du wohl gesehen hast, nichts dagegen einzuwenden.« Er griff ihre Hand, drückte sie kurz und ließ sie wieder los.

Gaius aber wandte sich an Nicomachus: »Wieso erwartest du hier den Buchhändler Torquatus?«
Nicomachus gestikulierte nervös mit den Händen: »Weil ich Torquatus gut kenne und schätze. Und weil ich von ihm um die elende Verfassung von Probatius weiß.« Er redete sich sichtlich in Zorn: »Und ich muß schon sagen, daß ich es für ... für geschmacklos, für würdelos, ja respektlos halte, daß du als Curulischer Aedil und somit Träger eines der höchsten und heiligsten Ämter dieser Stadt, daß du dir diese Geschmacklosigkeiten nicht nur ansiehst, sondern ihnen noch dein Ohr leihst! Aber wir haben es ja weit gebracht! Anstand, Ehre, Zucht, Mannhaftigkeit gelten diesen jungen Leuten nichts mehr! Je höher der Stand – um so verkommener! Ich bin nicht gewillt, mir diese Szene länger anzusehen!«
Er schickte sich an zu gehen, doch befahl ihm Gaius, den Raum und das Haus nicht zu verlassen, und setzte hinzu: »Damit wir uns verstehen: Ich bin in amtlicher Eigenschaft hier!« Er war aufgestanden, und seine Stimme klang scharf: »Jedes Wort, das hier gesprochen wird, wird wie ein Echo den hohen Gerichtshof erreichen ...« Er hatte Selenus durch das Fenster zum Atrium erkannt und gesehen, wie dieser im Stehen seine Notizen machte. »Jedes Wort, was hier die Runde machte, ist bereits festgehalten und kann sich vor dem Stuhl des Praetors in einen tödlichen Pfeil wandeln!«
Er ging zum Fenster, öffnete die durchsichtigen hölzernen Gitter, und alle erkannten draußen die schreibende Gestalt.
»Ich verbiete dir ...«, rief Memmius. Er war aufgesprungen und machte Anstalten, auf Selenus loszugehen.
Gaius trat ihm in den Weg, legte die Hand ans Schwert und sagte auffallend leise: »Wir wollen uns doch nicht wie die Barbaren aufführen – oder?«
Memmius starrte Gaius wütend an, öffnete den Mund, sagte aber nichts und ging zu seinem Platz zurück, ohne sich jedoch zu setzen.
»Du solltest dich setzen«, sagte Gaius. »Wir sind noch nicht am Ende ...«
Memmius reagierte nicht darauf, sondern stellte sich hinter den Sessel von Caecilia.
Gaius mußte lächeln, als er das Szenarium überblickte: Selenus, der draußen in aller Ruhe seine Notizen machte, als ob ihn das hier nichts anginge; Memmius, dem die Erregung im Gesicht stand

und der die unsteten Bewegungen seiner Hände nicht bändigen konnte, denn er legte sie abwechselnd auf die Sessellehne, an die Hüfte, ineinander, ballte die Faust und wiederholte dies in anderer Reihenfolge; Nicomachus saß nun ruhig, wenn auch beleidigt da, denn niemand war auf seinen moralisierenden Kommentar eingegangen.

So vergingen die Minuten, und da Gaius beharrlich schwieg, als ob er etwas erwartete, richtete sich ihre Aufmerksamkeit immer wieder auf sein Gesicht; doch sie schwiegen, grübelten, suchten sich in der Gewalt zu halten.

In diese gespannte Ruhe trat mit einemmal Cornificius, zwinkerte Gaius zu und sagte: »Worauf wartest du noch?«

»Auf dich.«

Cornificius nahm Gaius zur Seite, auf den Gang, und sagte leise: »Wir haben da jemanden im Garten des Nachbarn gehört.«

»Hm... Laßt ihn nicht entkommen. Er ist mein Hauptzeuge!«

»Wieso? Du kennst ihn doch gar nicht...«

»Du auch nicht. Na, macht nichts. – Schick mir den Alexander herein!«

Cornificius ging, und wenige Augenblicke später näherten sich forsche, feste, große Schritte, bogen im rechten Winkel ins Atrium und nach nochmaliger korrekter Wendung ins *Tablinum*. Alexander mußte bei der Meldung aus dem Türrahmen treten, um nicht mit dem Kopf am oberen Ende anzustoßen. Er sah, wie aller Augen auf ihn gerichtet waren, und genoß sichtlich deren Interesse. Dann riß er in unnachahmlicher Weise die Rechte schlagartig nach oben und bellte: »Alexandros wie befohlen! Keine besonderen Vorkommnisse! Es sei denn!«

Zack, wiederholte sich das Spiel der Armmuskeln, und er stand wie die auf die Wand gemalte Steinsäule.

»Herhören! Geh zum Palatin und hole den Probatius hierher! Wegtreten!«

Gruß! Kehrtwendung! Marsch! Seine Schritte hallten über den steinernen Boden des Ganges. Dann war es wieder ruhig. Niemand gab einen Kommentar ab. Alle starrten auf den Boden. Cornificius kam wieder herein und verteilte im ganzen Hause bewaffnete Posten.

»Dazu hast du kein Recht!« beschwerte sich endlich Memmius. »Das wird auf dich zurückfallen.«

»Mein lieber Junge«, erklärte ihm darauf Cornificius, »dein Vater

hätte dich besser über die Kompetenzen eines Curulischen Aedilen aufklären sollen, dann würdest du dich solch unqualifizierter Äußerungen enthalten!«
Darauf schwieg Memmius. Er machte überhaupt den Eindruck, als sei er am Ende seiner Kräfte. War er krank?
Noch etwas fiel Gaius plötzlich auf: Es war kein Personal im Hause! Er brauchte es Selenus nicht zu sagen, der es zweifellos längst bemerkt und in seine Überlegungen eingeschlossen hatte. Er blickte kurz zu Selenus, sah ihn nicken, und sagte laut: »Ich bitte nun Selenus, das Geschehen in Kürze darzustellen, damit wir den Schuldigen seiner Strafe überführen können.«
»Was soll das?!« rief Memmius. »Ist das hier etwa ein Gerichtshof?«
»Durchaus nicht«, sagte Gaius sanft, »sondern lediglich eine Gesprächsrunde, in deren Verlauf wir den Täter kennenlernen werden. Ich darf daran erinnern, daß zwei Morde und ein Mordversuch bekannt sind und daß beides mit einem zweiten Verbrechen, der Fälschung von Denaren in großem Umfang, in ursächlicher Verbindung steht. Komme mir von nun an niemand mit fadenscheinigen Entgegnungen, da er sich dadurch selbst belasten würde! – Bitte Selenus, du hast das Wort!«

26

Selenus begann: »Als erstes wurde uns bekannt, daß jemand das Haus des Tuchhändlers Nicomachus, eines bis dato ehrenwerten Mannes, angezündet hatte...«
»Wie? Bis dato? Was... was soll das heißen?« rief Nicomachus.
Selenus überhörte den Einwurf und fuhr gelassen fort: »Kurze Zeit später erhielten wir davon Kenntnis, daß gefälschte Denare in der Stadt kursierten. Natürlich brachten wir das eine mit dem anderen nicht in Verbindung, denn zu dieser Jahreszeit, wenn es lange nicht geregnet hat, brennen alte Häuser der Stadt wie Stroh.
Unter den Trümmern des Hauses fand sich im ersten Stock eine Leiche, die nach Aussage des Nicomachus ohne jeden Zweifel sein Sekretär gewesen war. Daß jemand in einem brennenden Hause zu Tode kommt, ist nicht ungewöhnlich, wohl aber, daß dies in un-

mittelbarer Nähe einer unversehrten steinernen Treppe geschehen konnte, die die Gewölbe des Erdgeschosses mit dem oberen Stockwerk verband. Nicomachus enthielt sich damals auch jeder Vermutung in diese Richtung...«

Nicomachus schwieg, nickte aber leicht im Einverständnis.

»Dann waren an mehreren Stellen größere Mengen der gefälschten Denare aufgetaucht, und es war der Buchhändler Hippias, der sich in der Sache rührte, indem er es ablehnte, Falschgeld in Zahlung zu nehmen. Dies wiederum stand in einem seltsamen Widerspruch zu der Tatsache, daß er, als er kurz darauf ermordet wurde, große Mengen ebendieser gefälschten Denare bei sich trug. Ja, es war sein Tod auf dem Forum, in Verbindung mit dem Brand seines Geschäftshauses, was uns zwischen den verschiedenen Ereignissen eine Verbindung ziehen ließ.

Durch einen Zufall – die Empörung des alten Aurelius Serenus, man brächte seinen Sohn in Verdacht, Falschgeld zu verteilen – traten wir in Verbindung zu Probatius und den verschiedenen Häusern und Schauplätzen in Aricia. Und dort begann der zweite Akt...«

Er hielt inne, denn Alexander hatte mit Probatius den Raum betreten, meldete »Keine besonderen Vorkommnisse! Es sei denn!« und übergab Gaius den Gefangenen. Gaius wies ihm ohne ein Wort einen Stuhl im Hintergrund an, und Probatius nahm Platz. Er war bleich, sein Blick unstet, er wechselte plötzlich die Farbe, lief rot an, seine Augen glänzten wie im Fieber, aber er saß still da und starrte wie betäubt auf den Boden. Alle anderen hatten dies mit den Augen verfolgt, doch niemand sagte etwas dazu. War es Caecilia peinlich? Memmius jedenfalls schluckte und rieb seine Knöchel.

Doch schon fuhr Selenus fort: »Ein neuer Mann tauchte auf: Demetrios! Wir fanden heraus, daß er vor zwei Jahrzehnten einmal der beste Münzbildner und Prägemeister der Republik gewesen war. Dann aber war er plötzlich verschwunden. In Aricia betrieb er eine Zeitlang eine Mühle. Dann vernachlässigte er auch diese Tätigkeit und verluderte völlig. Probatius will ihn damals über Wasser gehalten haben – und dem ist wahrscheinlich auch so...«

Probatius hob den fahrigen Blick, nickte nervös und zog sich wieder in sich zurück.

»Inzwischen brachten unsere Nachforschungen an den Tag, daß die gefälschten Münzen mit Sicherheit von einem Stempel

stammten, den Demetrios hergestellt hatte, denn sie trugen nach Aussagen aller Kenner dessen Handschrift. Er hielt auch einen Stempel in seiner elenden Hütte unterhalb der Via Appia bei Aricia versteckt. Ich habe meine Vermutungen, warum er das tat, möchte aber zunächst nur die reinen Fakten sprechen lassen. Probatius wurde seit längerem bedroht, dafür gibt es Beweise. Dies steht außer Frage. Aber warum? – Ich komme am Ende darauf zurück. Zunächst wurde auf Demetrios ein Anschlag verübt, den er überlebte. Es war ihm scheinbar gelungen, sich aus dem Bannkreis seiner Bewacher oder Erpresser zu flüchten, doch fürchtete man offenbar, er werde uns gegenüber Aussagen machen, die die Hintermänner zu erkennen geben würden. Darum sollte er sterben. Doch er überlebte. Den Grund werden wir wohl noch erfahren, falls es uns gelingt, ihn überreden zu können, aufzutauchen...«
Er hatte den Satz kaum beendet, als man ein kratzendes Geräusch vernahm, als ob zwei Steinplatten aneinander vorbeischeuerten.
»Was... was ist das?« rief Caecilia entsetzt und hielt sich wieder die Hand vor den Mund. Das Geräusch war nun ganz deutlich und in unmittelbarer Nähe zu hören. Alle starrten auf den Fußboden. Dort hatte sich eines der quadratischen Felder des Mosaiks gesenkt und ganz langsam zur Seite gedreht, so daß man in eine dunkle Öffnung blickte.
Dann erschien der Kopf eines Mannes, die Schultern, der Körper. Der Mann stieg gemächlich eine Stiege aufwärts, trat auf den Mosaikboden, reckte sich und blickte um sich: ruhig, doch interessiert.
Gaius ging auf ihn zu und sagte: »Du bist Dion, nicht wahr?«
»Ja.« Dion nickte und klopfte sich den Staub von der Tunika. »Und ich denke, im rechten Augenblick gekommen zu sein, um gewisse Unklarheiten aus dem Weg räumen zu helfen...«
Alexander aber kommentierte grollend: »Anbetracht dessen gibt es mehr Ausgänge der Unterwelt als solche, als die Sterblichen durchaus wissen. Wird man sich merken müssen! Weitermachen!«
»Ich habe alles, was hier gesprochen wurde, mitgehört«, erklärte Dion sachlich. »In den Ecken dieses Raumes befinden sich nämlich kleine Öffnungen, die man leicht übersieht oder als Heißluftschächte erklären kann. Von ihnen laufen Bleirohre in der Mitte des Kellerraumes zusammen, so daß man jedes Wort, was hier gesprochen oder auch nur geflüstert wird, verstehen kann.«

»Das ist ja unglaublich!« rief Caecilia. »Wie bist du denn überhaupt dorthin gelangt?«
»Ganz einfach«, erläuterte Dion. »Von nebenan.«
Großes Erstaunen stand jetzt in den Gesichtern. Nur die Volcatier warfen sich einen verständnisvollen Blick zu. Selenus blickte auf seine Notizen und fragte den Dion: »Erkläre uns nun, wie du hinter dieses Geheimnis gekommen bist!«
»Dazu muß ich wohl etwas ausholen...« Er besann sich, blickte in die dunkle Öffnung, und dann begann er: »Ich war einer der ersten, die davon Kenntnis bekamen, daß Falschgeld in der Stadt umlief. Das hängt mit unserem Beruf zusammen. Wenn man außerdem lange in der Münze arbeitet und dazu, wie ich, noch eine eigene kleine Werkstatt für Silbersachen betreibt, dann hat man einen großen Bekanntenkreis und Freunde, die einen sofort auf Fälschungen aufmerksam machen. Nun waren dies nicht die ersten Denare, die in Rom gefälscht wurden. Aber noch nie zuvor waren sie so perfekt gefälscht! Dahinter mußte ein Meister stekken! Natürlich sprachen wir in der Münze oft darüber...«
»Auch mit Memmius?« fragte Gaius.
»Ja, auch mit Memmius.«
»Und was hielt er davon? Wie reagierte er?«
»Genau wie wir, Aedil. Man müsse sehen, diesem verbrecherischen Treiben ein Ende zu bereiten.«
»Warum habt ihr das nicht dem Aedilen oder einem anderen Beamten mitgeteilt?«
»Wir wollten es. Aber dann erfuhr ich... Ich hatte nichts in Händen – zunächst nicht!«
»Das heißt, da du jetzt aus der Unterwelt auftauchst... nun hast du die Beweise?«
»*Sic est.* So ist es. – Aber ich muß der Reihe nach vorgehen...«
»Bitte!«
»Rusticus, mein Kollege, als Ältester der beste Kenner der früheren Verhältnisse, brachte mich auf die Spur von Demetrios. Auch ich fand heraus, daß er sich in Aricia niedergelassen hatte. Ich erkundigte mich nach seinen Lebensgewohnheiten und blieb ihm auf der Spur. Er wohnte in jener erbärmlichen Hütte, die du kennst, und trieb sich abends in Aricia herum, um jeden ergatterten Sesterz in Wein oder Trester zu verwandeln. Dann sah ich, wie ihr euch von ihm aus der Stadt führen ließt und wie er von einem Pfeil getroffen wurde.«

»Wer war der Schütze?«
»Einer der Bande. – Aber mir war Demetrios wichtiger. Ich nutzte die kurze Zeit eurer Abwesenheit, ihn in meinen Wagen zu legen und auf dem schnellsten Wege zum nächsten Arzt zu bringen, der den Pfeil entfernte. Er war in der Schulter steckengeblieben. Demetrios ist zäh wie Leder und überlebte den Anschlag ohne Folgen. Im übrigen war ich froh, jemanden zu haben, der mir wichtige Beobachtungen zubrachte. Denn es war ihm klargeworden, daß er nicht nach Aricia zurückkonnte. Sein Leben war dort in ständiger Gefahr.«
»So war er in der Nähe von Hippias, als dieser ermordet wurde.«
»Ja, er sollte Hippias beobachten.«
»Warum?«
»Ich kannte Hippias. Er verwickelte sich mir gegenüber auf meine Fragen in Widersprüche. Ich nehme an, daß er zur Bande gehörte. Aber das werdet ihr besser wissen.«
Die Volcatier wechselten einen Blick, dann fragte Cornificius: »Hast du dich mit Nicomachus bei Asconius getroffen?«
»Ja. Aber er hat dir sicher über unser Gespräch was anderes erzählt als das, was wahr ist.«
»Was ist wahr?«
»Am Nebentisch saßen drei finstere Burschen, die mich nicht aus den Augen ließen. Ich gab ihm nur einige Ratschläge, nach dem Brandanschlag auf sein Haus vorsichtig zu sein, und ging dann.«
»Und wie kam er dann gefesselt in die Hütte des Demetrios?«
»Das weiß ich nicht.«
Gaius schaute Nicomachus an, doch der schwieg verbissen.
»Herr!« Alexander, der die ganze Zeit auf die Öffnung im Boden gestarrt hatte, konnte seine Ungeduld nicht länger zähmen. »Herr, kleiner Spähtrupp in den Hades als solchen gefällig?«
»Meinetwegen. Aber sei vorsichtig!«
»Warum?«
»Es könnte dir ein Unsterblicher begegnen!«
»Sein gutes Recht, sein gutes ...« Und schon war er nach unten verschwunden.
»Ja will mir denn niemand erklären, was das alles zu bedeuten hat!« rief Caecilia.
Dion gab ihr Bescheid: »Ganz einfach, Herrin. Vom Keller des Nebenhauses führt ein Verbindungsgang nach hier.«
»Davon weiß ich nichts«, sagte sie erstaunt.

»Ich auch nicht«, schloß sich Memmius an.
Cornificius meldete sich: »Ich frage nun Dion, woher er Kenntnis von diesem Gang hat. Bitte, Dion!«
Dion lächelte. »Vom wem wohl?«
»Natürlich von Demetrios!« sagte Cornificius.
»Ja. Wir sind über die Mauer in den Garten und von dort in das Haus eingedrungen...«
»Und das Personal?« fragte Cornificius.
»Beide Häuser sind ohne Personal.«
Gaius warf Caecilia einen Blick zu. »Was hast du dazu zu sagen?«
»Nicht viel. Da wir selten nach Rom kommen, haben wir nur bei längeren Aufenthalten einige unserer Leute hier.«
»Und warum heute nicht?« fragte Gaius.
»Muß ich das wirklich erklären?« Sie blickte Memmius an.
»Und wo ist unser Demetrios?« Gaius wandte sich an Nicomachus, der erklärte: »Ich habe mit der ganzen schrecklichen Angelegenheit nichts zu tun. Ich weiß nicht, wo dieser Mensch ist.«
»Dann bist du uns noch die Erklärung schuldig, wie du gefesselt in die Hütte gebracht wurdest.«
»Ich habe diese Erklärung bereits gegeben.«
Gaius stellte fest: »Damit sind unsere Ermittlungen abgeschlossen.«
»Wie?« rief Nicomachus. »Willst du uns das Ergebnis nicht mitteilen?«
»Was willst du wissen?«
»Wer der Mörder, der Anstifter ist!«
»Ganz einfach: Er befindet sich hier in unserer Mitte.«
»Was?!« Der Tuchhändler schrak gewaltig zusammen.
In diesem Augenblick kam Alexander von unten herauf und zog Demetrios hinter sich her. Dann schüttete er Gaius einen prall gefüllten Sack voller Silbermünzen vor die Füße.
»Ha'm den ganzen Hades damit angefüllt, daß es eine Freude ist! Sind die reinsten Plutokraten*! Sollte aber durchaus verboten werden! Die Unsterblichen als solche wissen zweifellos nicht mehr, wohin mit den hübschen Dingerchen. – Und das hier« – er stellte den hageren Demetrios vor Gaius auf die Füße – »ist der

* *Plutokrat:* Unter Plutokrat wird gemeinhin jemand verstanden, der durch seinen Reichtum politische Macht ausübt. Dies meint der gute Alexander hier natürlich nicht. Seine Wortschöpfung bezieht sich vielmehr auf Pluto oder Pluton, den griechischen Gott der Unterwelt.

Knabe, dem wir den ganzen Glitzerkram als solches zu verdanken! Na komm her, Alter, mach eine ständige Verbeugung! Vor dir steht Alexandros, Sohn des Alexandros, Bezwinger Alesias, rechte und linke Hand des Curulischen Aedilen Gaius Volcatius Tullus, Sohn des gewesenen Consuls Lucius Volcatius Tullus, und ich sage dir: Du solltest besser Kühe hüten, auf daß es dir gutgehe im Lande.«

Demetrios grinste auf die Rede hin zu Gaius hinüber. Der stellte die entscheidende Frage: »Wie konntest du erpreßt werden?«

Plötzlich war Demetrios sehr ernst. Cornificius schob ihm einen Hocker unter, der Alte setzte sich, wurde mit einem Male ganz ruhig und atmete langsam; er sah aus, als ob sein Geist in weite Ferne blickte, zurück, über zwei Jahrzehnte, in eine andere Zeit, zu anderen Menschen.

»Ich war einmal der Beste!« begann er leise und schaute Gaius an, der ihm ermunternd und verstehend zunickte. »Und ich bin es auch heute noch!« Er nahm sich eine Münze vom Boden, betrachtete sie von beiden Seiten, nickte und legte sie zurück. »Damals – nun ist es vierundzwanzig Jahre her* – war Marcus Marius Gratidianus Praetor...« Sie wunderten sich über seine exakten Kenntnisse. »... und damals erließ er ein Edikt gegen die *Subaerati*, die gefütterten Denare, die in der Zeit so zahlreich in Umlauf waren, daß der Wert des Geldes ins Schwanken geriet. Kurze Zeit später trat jener berüchtigte Catilina, der den Staat stürzen wollte, an mich heran. Er hatte gerade ebendiesen Gratidianus, einen nahen Verwandten, mit eigener Hand erschlagen und forderte von mir, ich solle für ihn private Stempel mit den Bildnissen der gängigen Münzen schneiden. Er werde mich zu einem reichen Manne machen...«

Nach einer kleinen Pause fuhr er fort: »Ich wußte, daß ich es konnte, wußte, daß er mich zum reichen Mann machen würde, wußte aber auch, daß jeder, der ein wenig Ahnung von der Sache hatte, nach einigem Nachdenken auf mich stoßen würde als den Mann, der es machte. Andererseits wußte ich, daß Catilina, einer der skrupellosesten Männer, die je gelebt haben, mich auf der Stelle würde beseitigen lassen, wenn ich ihm absagte, da er fürchten mußte, ich könnte mit meinem Wissen an die Öffentlichkeit treten.«

* 84 v. Chr.

»Hattest du Familie?«
»Ja. Ich konnte nicht ahnen, daß meine Frau und mein Sohn wenige Monate später am Sumpffieber starben. Ich tat ihm also den Gefallen und beschaffte ihm die nötigen Stempel. Er stellte die Leute und das Material. Dann verlor ich Frau und Sohn. Ich sah keinen Sinn mehr in meinem bisherigen Leben. Mit dem Rest des ersparten Geldes kaufte ich die Mühle bei Aricia.«
»Warum bei Aricia?«
»Meine Frau stammte von dort. Wir hatten uns während der Römischen Spiele* kennengelernt, wo ja alles Volk aus den Städten und Dörfern rings um die *Urbs* nach Rom strömt...«
Er versank in Erinnerungen, und Gaius holte ihn zurück: »Du wolltest erklären, wie du erpreßt wurdest!«
»Ja, natürlich... Catilina war längst bei Pistoria gefallen, und ich lebte zurückgezogen in der Einsamkeit bei Aricia. Doch da ich keine Verwandten mehr noch Freunde hatte, wurde ich schwermütig und begann zu trinken. Ich kümmerte mich auch immer weniger um die Mühle. Sie begann zu verfallen. Damals hat mir Probatius sehr geholfen, ja, er hat mich regelrecht über Wasser gehalten...«
»Aber dann muß es doch zur Verstimmung zwischen euch gekommen sein«, warf Gaius ein.
Demetrios nickte: »Ja, leider. Eines Tages steckte mir Probatius einen gefalteten Bogen Papyrus zu, auf dem stand, man wisse, ich hätte dann und dann Denare für Catilina gefälscht, und man würde mich vor Gericht bringen, wenn ich nicht gewisse Dinge für den Absender – er war natürlich anonym – erledigen würde. Ich machte damals Probatius Vorhaltungen, schrie ihn an, denn all das alte Übel, die Skrupel, die Ängste, das alles war plötzlich wieder vorhanden – nur hatte ich nicht mehr die Kraft von damals, solches über längere Zeit durchzustehen. Da gestand mir Probatius, man erpresse auch ihn, drohe auch ihm, seine sämtlichen Besitztümer in Aricia und in Rom, dazu seine Schiffe in Brand zu stecken, wenn er nicht mithelfe, die gefälschten Denare unters Volk zu bringen. Er, der ja an zahlreichen Orten geschäftliche

* Die *Römischen Spiele,* die *Ludi Romani* oder auch *Ludi Magni,* die *Großen Spiele,* fanden im September zu Ehren des *Iupiter Optimus Maximus* statt und gehörten zu den ältesten römischen Festspielen überhaupt. Die *Ludi Romani,* bei denen Wagen- und Pferderennen abgehalten wurden, umfaßten auch Ringkämpfe und szenische Spiele. Sie dauerten vier Tage an.

Verbindungen unterhielt, war für die Fälscher wohl der geeignete Mann. Im übrigen machte man sich die zerfahrene Lage seiner Ehe zunutze.
Für mich aber war ausschlaggebend, daß meine Tochter, die mit der Tochter des Probatius aus dessen erster Ehe befreundet ist, nicht in Schwierigkeiten kam. Sie war auch das einzige, was mich am Leben hielt...«
»Ich verstehe«, sagte Gaius. »Aber nun sage uns, wer derjenige ist, der die Fäden in der Hand hatte. Ich weiß es zwar selbst, aber ich möchte, daß es der Täter wie die anderen aus deinem, aus dem Munde des entscheidenden Zeugen hören.«
Alexander, der von nun an mit allem bei dem Mann rechnete, dessen Name in Kürze fallen würde, Alexander hielt die Versammelten im Auge.
»Bitte, fahr fort!« sagte Gaius, blickte nun aber auch, mit allem rechnend, in die Runde, und auch Cornificius stand auf dem Sprung. Nur Selenus blieb vollkommen ruhig und lächelte unmerklich.
»Ja, Aedil«, erklärte Demetrios, »das ist gar nicht so einfach, weil ich den Täter nie gesehen habe...«
»Er war nie in persona bei dir?«
»Doch. Aber er versteckte sein Gesicht hinter einer Maske.«
»Du hast seine Stimme gehört...«
»Ja, einmal, nur ein einziges Mal...«
Alle starrten den Alten an, doch niemand bewegte sich. Sie schienen die Luft anzuhalten.
Lächelnd sagte Gaius in diese Ruhe: »Nicomachus, wußtest du von diesem Verbindungsgang?«
»Nein, Aedil.«
Gaius sah des Cornificius ungläubigen Blick, und so erläuterte er dem Freund: »Ich hatte ihm ohne sein Wissen heute abend eine Falle gestellt...«
»Welche Falle?« fragte Nicomachus und wurde im nachhinein blaß.
»Nun«, lachte Gaius kurz, »ich hatte, als wir dieses Haus betraten, die Haustür nur angelehnt, als ich hineinging. Du sagtest, du müßtest dir noch eine Waffe von nebenan holen. Hättest du Böses gegen mich im Schilde geführt, dann hättest du die Tür, ohne daß ich es bemerkt hätte, schließen können, und meine Leute hätten das Haus nicht betreten können.«

»Donnerwetter!« Nicomachus riß die Augen auf und schöpfte erleichtert Luft. Gaius blickte Demetrios an. Und erneut wandten sich alle dem zittrigen Haupt des Greises zu.
»Was sagte die Stimme?« fragte Gaius.
Demetrios blickte von einem zum anderen. Probatius war wieder blaß geworden und hatte Schweißtropfen auf der Stirn. Nicomachus rieb sich nervös die Hände. Dion preßte in großer Anspannung die Lippen aufeinander. Gaius Memmius knetete seine zarten Finger. Caecilia zwinkerte in einem fort mit den Lidern und schürzte die Lippen.
»Beim Iupiter!« rief Nicomachus. »Nun sag's doch!«
Und langsam kam es über die Lippen des Alten, als ob er nun endlich den Durst seiner Rache stillen konnte: »Die Stimme sagte: ›Nun haben wir es geschafft!‹«
Dieses »Wir« veranlaßte alle anderen, den Blick auf Memmius zu richten, und man rückte schon von ihm ab, als Demetrios energisch den Kopf schüttelte, den knochigen Zeigefinger seiner Rechten hob und wie mit einem Dolch auf Caecilia wies: »Es war eine weibliche Stimme!«
Caecilia sank in sich zusammen und wurde ohnmächtig. Memmius kümmerte sich stumm um sie.
»Und wer war der Mann bei ihr?«
Langsam, bedächtig nickte Demetrios mehrmals, sagte dann leise: »Ja, ja, *omnia vincit Amor,* alles besiegt die Liebe...«
Mittlerweile hatte Archelaos die Posten im Atrium zusammengezogen, und Gaius befahl ihnen, die beiden zum Staatsgefängnis zu bringen. Zuvor wurde ihnen gestattet, sich frisch zu machen und das Notwendigste, was man zur Körperpflege brauchte, mitzunehmen. Dann verließen sie wortlos das Haus.
Die übrigen aber blieben noch eine Weile im Tablinum zusammen. Nachdem Probatius soweit die Gewalt über sich wiedergefunden hatte, daß er nicht mehr weinen mußte, fragte Gaius ihn, ob er davon gewußt habe.
»Gewußt? – Nein, wohl geahnt. Aber es war zu ungeheuerlich für mich, mir das vorzustellen. Wirst du Klage gegen mich erheben?«
Gaius überlegte nicht lange: »Ich nicht. Es sei denn, jemand, den du geschädigt hättest, täte dies. Du bist ein freier Mann.«
Probatius war aufgestanden, kam mit vom Weinen gequollenem Gesicht nach vorne: »Wird... wird man sie hinrichten?«

»Nein. Sie ist von hohem Adel. Man wird sie freilich des Landes verweisen. Und dies wohl lebenslänglich.«
Er nickte. Ein Hoffnungsschimmer keimte in seinen Augen. »Ich... ich liebe sie immer noch...« Er verließ den Raum, als Demetrios ihn zurückrief: »So kommst du mir nun nicht davon, Alterchen! Du wirst mir einen guten Anwalt besorgen! Denn mich werden sie am Ende *nicht* in die Verbannung schicken!«
»Ich werde darüber nachdenken...«, sagte Gaius.
Da beugte sich der Alte über die Hand des Aedilen und küßte sie. Und erst jetzt, in diesem Augenblick, kam eine Sekunde lang Rührung über Gaius, und er entließ den ehemaligen Prägemeister, immer noch der Größte seines Faches, mit den Worten: »Du wirst von mir hören! Und ich schätze, daß ich gerne ein paar kleinere Pferdedarstellungen nötig habe. Wir werden noch ausführlich darüber reden.«
Als Demetrios und Probatius das Haus verlassen hatten, fragte Gaius den Dion: »Es wurde da an der Mauer ein Zettel gefunden: ›*Du hast einen großen Fehler gemacht. Du hast den rechten Augenblick vorübergehen lassen. Es ist aus.*‹«
Dion nickte und erklärte: »Ja, ich habe ihm immer wieder Warnungen zukommen lassen, um ihm zu helfen. Aber er reagierte nicht.«
»Wie sollte er auch!« sagte Cornificius. »Ihm war schließlich alles gleich, weil er im Leben keinen Sinn mehr sah.«
Gaius sah Alexander an und sagte: »Herhören! Du und Archelaos, ihr geht auf dem schnellsten Wege zum Palatin und veranlaßt ein hervorragendes Abendessen. Dion wird daran teilnehmen. Dann macht ihr euch auf den Weg zum Consul Aemilius Paullus und teilt ihm mit, der Fall sei abgeschlossen. Ich werde ihm morgen zur dritten Stunde Bericht erstatten. Er solle sich schon mal überlegen, wen er als neuen Münzmeister einsetzen wird. Wiederhole den Auftrag!«
Und es geschah: »Herhören! Palatin veranlassen! Hervorragend essen! Aemilius Paullus abgeschlossen! Fall! Zweite Stunde! Erstatten! Münzmeister überlegen! Wiederholung!«
»Sehr korrekt! Wegtreten!«
Zack – na, das kennen wir schon auswendig. Als sie weg waren, wandte sich Dion an den Aedilen und fragte sehr vorsichtig und höflich: »Verzeih, Gaius Volcatius... Aber... ist der edle Alexander manchmal etwas... etwas seltsam im... im Kopf?«

Gaius und Cornificius lachten laut auf, Selenus lächelte und erklärte todernst: »Wie kommst du denn darauf? Unser bester Mann! Er war dreimal in Gallien, und da bleibt schon mal was hängen...«
»Soso... Und ich dachte...« Dion schüttelte den Kopf und verließ mit den Volcatiern das Haus. Diesmal zogen sie die Tür zu, schlossen ab und nahmen den Schlüssel mit.

Sehr viel später am Abend, als Alexander neben seinem trauten Weib Melitta im Bett lag und ihr alles bis ins kleinste berichtet hatte, fragte er plötzlich mit weit aufgerissenen Augen: »Was meinst du, mein Täubchen, würdest du mich Anbetracht dessen so hinters Licht, wenn ich an der Stelle von diesem Knaben Probatius?«
Da legte sie ihren Arm um ihn und sagte: »Nein. Niemals. Aber er war ja nicht in Gallien!«
»Wenn du mich beleidigen willst, kannst du haben...«
Und dann lachten sie so laut drauflos, daß Archelaos, der zwei Zimmer weiter schlief, gegen die Wand schlug und murmelte: »Das wird er mir büßen!«

Am nächsten Morgen, kurz nach Sonnenaufgang, klärte Gaius zusammen mit Selenus und Cornificius noch einige offene Fragen, denn er wollte, wie angekündigt, zu Beginn der dritten Stunde persönlich beim Consul zum Rapport erscheinen und den Abschluß der Untersuchungen melden. Dazu waren auf seinen Befehl hin alle in die Sache verwickelten Leute erschienen, Caecilia ausgenommen, die sich mit Unwohlsein entschuldigt hatte.
Danach ergab sich folgendes Bild: Memmius hatte die Fälschungen zunächst des Nachts in der Münze selbst durchführen lassen, war dann, als es ihm zu riskant erschien, in das Haus der Caecilia mit dem nötigen Werkzeug und Inventar umgezogen.
Nicomachus hatte auf Wunsch seiner Frau und Tochter sein Haus zusammen mit der gesamten Sklavenschar schon vor Wochen verlassen, weil auch ihm, wie dem Probatius, totes Getier auf die Schwelle gelegt worden war – und seine Frau, abergläubisch wie fast alle Römerinnen, ihn gedrängt hatte, in ein anderes Viertel zu ziehen. Er wohnte nun seit einigen Wochen auf dem Aventin, übrigens nicht weit entfernt von C. V. T.s Vater Lucius Volcatius.

Von dem unterirdischen Verbindungsgang wußte der Tuchhändler nichts. Memmius hatte herausgefunden, daß beide Häuser ursprünglich eine Einheit gebildet hatten, die später – wie so oft aus Gründen des Profits der Vermieter – aufgegeben worden war. Dabei war der Kellergang mit Regalen zugestellt worden. Memmius hatte dies, als das Haus leer stand, herausgefunden und seinen Nutzen daraus gezogen: Jeder seiner Gäste konnte, wenn man ihn mit einem anderen allein ließ, durch die vier Öffnungen im Boden belauscht werden.
Was den Eindruck der Hetze betraf, den Dion bei Loco und auch anderen erweckt hatte, so kam dies daher, daß er sich, nach den Bränden und Morden, in der Tat nicht mehr seines Lebens sicher fühlte.
Hippias hatte, wie Memmius gestand, ein Doppelleben geführt und nach außen den ehrbaren Bürger gespielt, bis er sich entschloß, aus der Schlinge herauszukommen – zu spät, denn Memmius kam dem zuvor: Er fürchtete, daß Hippias zum Curulischen Aedilen gehen und auspacken würde.
Und schließlich war es Dion gewesen, der dem Demetrios die Hand vor den den Mund gehalten hatte, damit er nicht schrie, als er sah, was mit Hippias geschah: Rettung sei ohnehin unmöglich gewesen! Aber ein Warnruf wie »Paß auf, Hippias!« hätte Demetrios, der gesucht wurde, verraten und ihn das Leben kosten können. Dion aber brauchte den Demetrios für seine eigenen Erkundigungen.
Die dem Arrius gestohlene Münze sowie die gefälschten Stempel wurden im Keller von Caecilias Haus gefunden.

Als Gaius das alles zwei Stunden später dem Consul berichtet hatte, sagte Aemilius Paullus: »Hervorragende Arbeit, Gaius Volcatius! Das wird dein Ansehen in beiden Lagern steigen lassen. – Ich werde dafür sorgen, daß du im Senat ausführlich berichten kannst.«
Danach sprachen sie, wie immer, wenn sie die dienstlichen Dinge hinter sich gebracht hatten, über die gefährliche Lage der *Res publica* und waren sich einig, daß die derzeitige Ruhe die trügerische Windstille vor dem Sturm sei...

ANHANG

Biographisches zu handelnden oder genannten Personen

In einem historischen Roman agieren nicht nur Personen, die durch die Überlieferung belegt sind, sondern auch solche, die der Phantasie des Autors entsprungen sind. Um den Leser, der vielleicht an anderer Stelle dem politischen Rahmengeschehen vertiefend nachgehen möchte, nicht irrezuführen, steht hinter den Namen der Personen (h) für »historisch«, (f) für »fiktiv«.

Alexander, Sohn des Alexander aus Theben (f): Bis zum Frühjahr 51 Sklave im Hause der Volcatier, aufgrund seiner Verdienste und Loyalität vom Patron Lucius Volcatius Tullus freigelassen. Er wohnt zusammen mit seiner Frau Melitta, einer ehemaligen Sklavin der Clodia, im Haus des Gaius Volcatius Tullus am Palatin. Alexander kam zusammen mit seinem Vater während des III. Mithridatischen Krieges (74–64) nach Rom. Wie andere griechische Gemeinden hatte sich Theben auf die Seite des romfeindlichen pontischen Königs Mithridates VI. Eupator geschlagen. Alexander ist um 83 v. Chr. geboren.

Archelaos (f): Freigelassener im Hause der Volcatier. Gaius bewahrte ihn, im Zusammenhang mit den Recherchen zu einer Entführung (vgl. Band 1), vor dem Richtbeil.

Cornificius, Q. (h): Entstammt einer plebejischen Familie, die mehrfach im 1. Jahrhundert v. Chr. genannt wird. Sein Vater war 69 Volkstribun, 66 Praetor, bewarb sich als *Homo novus* für 63 erfolglos um das Consulat. Quintus Cornificius war Offizier in Diensten Caesars, wahrscheinlich 45 Praetor. 44–42 in Africa Vetus in magistralen Aufgaben tätig; er fiel bei Utica.
Cornificius gehörte zum Dichterkreis der Neoteriker (Neutöner, wie Cicero sie nannte) um Catull, der ihm das Carmen 38 widmete. Er verfaßte galante Verse, war mit dem jungen Vergil befreundet.

Memmius, C. (h): Um 70 geboren, wurde er schon mit etwa 21 Jahren Münzmeister. Seine Denare trugen seinen Namen mit Hinzufügung des Vaternamens (C. Memmi C. f. = »Des Gaius Memmius Sohn Gaius«) zur Unterscheidung von seinem eigenen Vater, der L. f. (des Lucius Sohn) war, und zeigen zwei verschiedene Prägungen. Auf der einen erscheint auf der Vorderseite der Kopf der Ceres und auf der anderen rückseitig die sitzende Göttin mit ihren Attributen und der Beischrift: *Memmius aed Cerialia preimius fecit.* Dies ist eine Verherrlichung des ältesten bekannten Ahnherrn des Münzmeisters. Die Rückseite der ersten Reihe verherrlicht offenbar die sonst nicht bekannten Kriegstaten seines Vaters in Bithynien, denn sie stellt einen knienden Gefangenen vor einem *Tropaion* (Siegesdenkmal, das an der Stelle errichtet wurde, wo die Flucht des Feindes eingesetzt hatte) dar. Dazu lautet die Inschrift:

C. Memmius imperator. Der Kopf des Quirinus (mit Beischrift) auf der Vorderseite der zweiten Reihe deutet vielleicht auf Romulus als angeblichen Stammvater der Gens Memmia. – Über das weitere Leben des C. Memmius ist nichts bekannt.

Selenus (f): Freigelassener und Privatsekretär des Lucius Volcatius Tullus; hochgebildeter, feinsinniger Grieche. Erzieher und Hauslehrer der Söhne des Volcatius. Treibt privat gelehrte Studien. Mit Ciceros Sekretär Tiro eng befreundet.

Volcatius Tullus, C. (h): Er entstammt einem Geschlecht des römischen Uradels, das seine Genealogie bis in etruskische Zeiten zurückverfolgen kann. Gaius war höherer Offizier unter Caesar in Gallien und später im Bürgerkrieg. Im Jahre 53 v. Chr. wurde ihm das Kommando über die Wache an der Rheinbrücke bei Andernach (12 Cohorten = 7200 Mann) übertragen (vgl. Caesar, bell. Gall. VI,29,3). Im Unterschied zu seinem Vater strebte er zunächst keine politische Laufbahn an. Die kargen Mitteilungen lassen annehmen, daß er zum Legaten befördert wurde. Erst im Jahre 48 wird er wieder genannt (Caesar, bell. civ. III,52,2), und man wird wieder die Stellung eines Legaten annehmen dürfen. Die Filiation zu Lucius Volcatius Tullus ist nicht gesichert, jedoch denkbar.

Volcatius Tullus, L. (h): Consul im Jahr 66 v. Chr. Über sein Leben vor diesem Jahr ist wenig bekannt. Man nimmt an, daß er »suo anno«, das heißt in dem von der Verfassung vorgeschriebenen Mindestalter von 43 Jahren, Consul wurde; demnach müßte er im Jahre 109 geboren sein. Freilich kann er auch einige Jahre älter sein.
In den folgenden Jahren ist er in der Politik nicht mehr führend hervorgetreten. Die Quellen schildern ihn als einen zurückhaltenden, friedliebenden, aufrechten und zugleich moralisch unbeugsamen Charakter, der zum Beispiel den Mut aufbrachte, dem Dictator Caesar in einer Senatssitzung des Jahres 46 die Stirn zu bieten. Wie lange er lebte, ist nicht bekannt.

Zeittafel

Alle Daten vor Christus

753	Rom der Sage nach gegründet
um 500	Beseitigung der Königsherrschaft
um 450	Zwölftafelgesetz
387	Schlacht an der Allia
	Einnahme Roms durch die Kelten
367/66	Zulassung der Plebejer zum Consulat
343–341	Erster Samniterkrieg
340–338	Latineraufstand
	Unterwerfung Latiums
326–306	Zweiter Samniterkrieg
298–290	Dritter Samniterkrieg (zugleich mit Kelten und Etruskern)
282–272	Krieg mit Tarent und Pyrrhos
264–241	Erster Punischer Krieg
241	Abtretung Sicilias an Rom
237	Besetzung von Sardinia und Corsica durch Rom
219	Fall Sagunts (Hispania)
218–201	Zweiter Punischer Krieg
217	Sieg Hannibals am Trasumenischen See
216	Schlacht bei Cannae
215–205	Erster Makedonischer Krieg
202	Schlacht bei Zama
200–197	Zweiter Makedonischer Krieg
171–168	Dritter Makedonischer Krieg
154–133	Spanische Kriege
149–146	Dritter Punischer Krieg
146	Zerstörung Karthagos und Korinths
133	Reich von Pergamon fällt durch Erbschaft an Rom
	Tiberius Gracchus Volkstribun
123/122	Gaius Gracchus Volkstribun
113	Sieg der Cimbern bei Noreia
112–105	Krieg gegen Iugurtha
107	Erstes Consulat des Marius
105	Sieg der Germanen über die Römer bei Arausio
104–100	Marius Consul
102	Sieg des Marius über die Teutonen bei Aquae Sextiae (Aix-en-Provence) in der Gallia Narbonensis
101	Sieg des Marius über die Cimbern bei Vercellae
100	Politisches Versagen des Marius
91	Tribunat des M. Livius Drusus
91–88	Bundesgenossenkrieg

88	Sullas Marsch auf Rom
87–83	Krieg Sullas gegen Mithradates
83/82	Sullas Rückkehr und Einzug in Rom
	Proscriptionen
82–79	Sullas Dictatur
	Wiederaufrichtung der Senatsherrschaft
78	Sullas Tod
74–64	Krieg gegen Mithridates (Lucullus, Pompeius)
73–71	Sklavenaufstand des Spartacus
70	Pompeius und Crassus Consuln
	Sturz der Sullanischen Verfassung
67	Vernichtung der Seeräuber durch Pompeius
64/63	Beendigung des Mithridatischen Krieges
	Neuordnung des Ostens durch Pompeius
63	Cicero Consul
	Unterdrückung der Verschwörung Catilinas
60	Erstes sogenanntes Triumvirat (Caesar, Pompeius, Crassus)
59	Erstes Consulat Caesars
58–51	Eroberung Galliens durch Caesar
56	Konferenz von Luca
	Erneuerung des Triumvirats
55	Pompeius und Crassus zum zweitenmal Consuln
53	Crassus verliert bei Carrhae Schlacht und Leben gegen die Parther
52	Ermordung des Publius Clodius Pulcher
	Pompeius Consul sine collega (alleiniger Consul)
	Schlacht bei Alesia
	Gefangennahme des Vercingetorix
51	Cicero ab Mai Statthalter in Kilikien
	Caesar schlägt kleine Erhebungen in Gallien nieder
	Verfolgung des Ambiorix und vollständige Unterwerfung Aquitaniens
	Die feindlichen Aktivitäten gegen Caesar in Rom nehmen zu

Die Verfassung der Republik

Nach der Abschaffung des Königtums steht an der Spitze des Staates der oberste Jahresbeamte (Praetor maximus) als Inhaber des Imperiums (Amtsgewalt über Leben und Tod), später die beiden Consuln.

Senat, Volksvertretung und Magistrat, zwischen denen eine dauernde Spannung, aber auch ein Ausgleich der Kräfte besteht, sind die tragenden Pfeiler der römischen Republik.

Der *Senat* (300 Mitglieder) besteht aus den Häuptern der Geschlechter (Patres = Väter) und ehemaligen Consularbeamten (Consulares = gewesene Consuln), später wird er ergänzt durch Plebejer (Conscripti = Zugeschriebene). Aufgabe: Beratung der Magistrate (Senatus consultum = Senatsbeschluß); diese Ratschläge werden später bindende Befehle. Zustimmung zu den Volksbeschlüssen. Wahl eines Zwischenkönigs (Interrex) als Geschäftsführer für fünf Tage bei Vakanz des Consulats.

Die *Volksversammlungen:* Es führte zu weit, hier auf die Einzelheiten einzugehen, durch die sich die Curiatcomitien, Tributcomitien und Centuriatcomitien unterscheiden. Sinn ist ursprünglich das Aufgebot des Volkes in Waffen in der Heeresversammlung. Die Einberufung erfolgt auf Befehl der Consuln auf dem Marsfeld. Aufgaben: Entscheidung über Krieg und Frieden; Wahl der obersten Beamten; Beschlußfassung über Gesetze; Strafjustiz über die Bürger der Stadt.

Der *Magistrat* (Beamte): Beschränkung der Amtszeit auf ein Jahr (Annuität) und Gleichstellung der beiden Amtsgenossen (Kollegialität) zur Sicherung gegen die Willkürherrschaft einzelner.
Consuln (Consules = Berater): Aufgaben: Kriegführung, Finanzwesen, Gerichtsbarkeit. In Notzeiten oder bei Versagen der Consuln wird ein Dictator ernannt, der eine unbeschränkte Herrschaft (Imperium) ohne Rechenschaftspflicht und Kollegen (im Höchstfall sechs Monate) ausübt. Er ernennt sich mit dem Reiteroberst (Magister equitum) einen Gehilfen und Stellvertreter.
Praetoren: Ab 241 v. Chr. gab es zwei Praetoren, die richterliche Funktionen ausübten, von denen der eine für Prozesse unter römischen Bürgern *(Praetor urbanus),* der andere für solche zwischen römischen Bürgern und Fremden *(Praetor peregrinus)* zuständig war. Ihre Amtszeit betrug ein Jahr.
Censoren: Gewesene Consuln (Consulares) außerhalb der Ämterlaufbahn. Wahl alle fünf Jahre. Ab 443 für Sittenaufsicht (auch über Senatoren) und Vermögensverwaltung des Staates zuständig.
Aedilen: Es gab (ab 493) zwei plebejische und (ab 367) zwei curulische Aedilen, die ursprünglich nur Patrizier, später abwechselnd auch Plebejer waren. Zu ihren Pflichten gehörte die Sorge für die öffentlichen Gebäude, Straßen,

Plätze, Bäder, Wasserleitungen; die Aufsicht über Sitten und Schenken; die Marktaufsicht (Aufsicht über Maße und Gewichte, Einschreiten gegen Wucher und Betrug); die Versorgung der Stadt Rom mit Lebensmitteln, besonders Getreide und Öl (Annona); manchmal auch allgemeine Polizeiaufsicht; die Beaufsichtigung und Ausrichtung der öffentlichen Spiele; Fürsorge für die Tempel und die Durchführung der Kulte.
Quaestoren: Ab 447 unterstand ihnen die Verwaltung der Staatskasse. Waren sie mit einem der Consuln im Felde, dann auch die Kriegskasse.

Alle Ämter sind Ehrenämter (Honor). Die Reihenfolge der Ämterlaufbahn war: 1. Quaestur; 2. Aedilität; 3. Praetur; 4. Consulat. Die Festsetzung von Altersgrenzen (Consulat: 43 Jahre; Praetur: 41 Jahre) und Intervallen (zum Beispiel Consulat erst wieder nach zehn Jahren erreichbar) sollte Amtsmißbräuchen vorbeugen, doch wurden alle diese weisen Bestimmungen in den letzten Jahrzehnten der Republik nicht mehr eingehalten.
Dictator, Consuln und *Praetoren* besitzen unbeschränkte Amtsgewalt (Imperium). Die übrigen Beamten besitzen nur beschränkte Amtsgewalt (Magistratus cum potestate). Die Amtsbefugnisse werden durch ihre Unterordnung unter das Gesetz (Gewohnheitsrecht) und durch das Interzessionsrecht (= Widerspruch eines Amtsinhabers gegen die Amtshandlung seines Kollegen) eingeschränkt.

Die *Münzmeister:* Ihr offizieller Titel lautete *Tresviri aere argento auro flando feriundo,* was besagt: »Dreimännerkollegium zum Gießen und Schlagen von Gold, Silber und Kupfer«. Man nannte sie auch einfach kurz *Tresviri monetales,* was wir meist mit »Münzmeister« frei wiedergeben. Es handelte sich bei ihnen meist um junge Aristokraten, die mit diesem Amt den ersten Schritt ihrer senatorischen Karriere taten. Das Amt war jährig, konnte aber verlängert werden. Die Zahl der Münzmeister, zunächst drei, wurde von Caesar auf vier erhöht. Ursprünglich wurden sie von einem Quaestor ernannt, später, im 1. Jh. v. Chr., wurden sie in den Comitien gewählt, woraus eine Steigerung ihrer Bedeutung zu erkennen ist.
Über die einzelnen Münzmeister und ihre Amtszeit ist leider sehr wenig bekannt.

Abkürzungen römischer Amtsbezeichnungen

aed.	–	Aedil
cens.	–	Censor
cos.	–	Consul
cos. des.	–	Consul designatus (Designierter Consul)
cos. suff.	–	Consul suffectus (im Lauf eines Jahres an die Stelle eines anderen gewählter Consul)
dict.	–	Dictator
mag. equ.	–	Magister equitum (Reiteroberst, dem Dictator untergeordnet)
praet.	–	Praetor
quaest.	–	Quaestor
tr. pl.	–	Tribunus plebis (Volkstribun)

Abkürzungen römischer Vornamen

A.	=	Aulus
Ap.	=	Appius
C.	=	Gaius*
Cn.	=	Gnaeus*
D.	=	Decimus
L.	=	Lucius
M.	=	Marcus
M'.	=	Manlius (oder: Manilus)
Mam.	=	Mamercus
P.	=	Publius
Q.	=	Quintus
Ser.	=	Servius
Sex.	=	Sextus
Sp.	=	Spurius
T.	=	Titus
Ti.	=	Tiberius

Frauen und Mädchen erhielten keinen individuellen Vornamen, sondern trugen den Familiennamen mit der Femininendung a. So hieß etwa die Tochter Caesars »Iulia«, die Tochter Ciceros »Tullia«.

---

* Die Schreibung mit C ist eine archaische Form.

Maße

1 Fuß (pes) = 29,6 cm
1 Stadion = 178,6 m
1 römische Meile (milia passuum = 1000 Doppelschritte) = 1,48 km
1 Joch (= 25 Ar) = 2500 qm

Hohlmaße

1 culleus = 536 Liter
1 medimnos = 52,4 Liter
1 modius (Scheffel) = 8,73 Liter

Münzen

Die Münznamen sind eigentlich Gewichtsnamen. So hat das römische *As* ein Gewicht von ursprünglich 327 g, war ein Kupferstück, dessen Wert immer mehr sank – bis auf 27,3 g.

Denar (denarius): entsprach ursprünglich 10 Bronze-Assen, später im Gewicht von 3,89 g.

Sesterz (sestertius): 2,5 Asse, kleinste römische Silbermünze.

Aureus: Goldmünze, am Ende der römischen Republik Einheit der römischen Goldprägung im Werte von 25 Denaren und 100 Sesterzen.

Talent: Gewichtseinheit von 26,2 kg (Gold oder Silber).

Die Umrechnung aller Münzwerte in moderne Währungen ist sehr kompliziert, da sie oft innerhalb weniger Jahre durch Inflation ihren realen Wert änderten. In Analogie gesetzte moderne Werte sagen nichts über die wirkliche Kaufkraft aus; man muß von Fall zu Fall wissen, was etwa Brot, Eier, Schuhe usw. kosteten, was für jeden Bau eines Hauses oder die Unterhaltung einer Armee ausgegeben wurde.

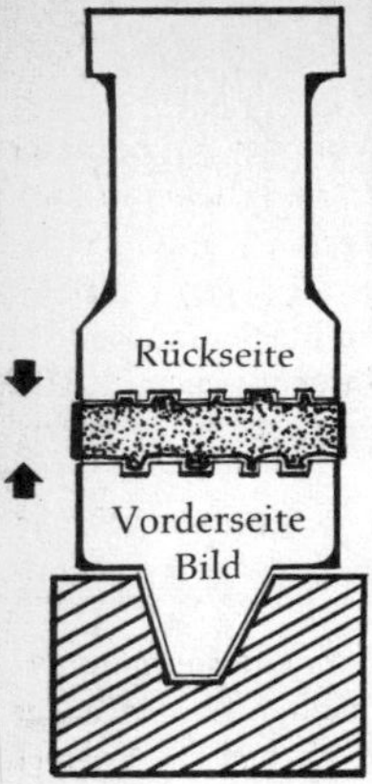

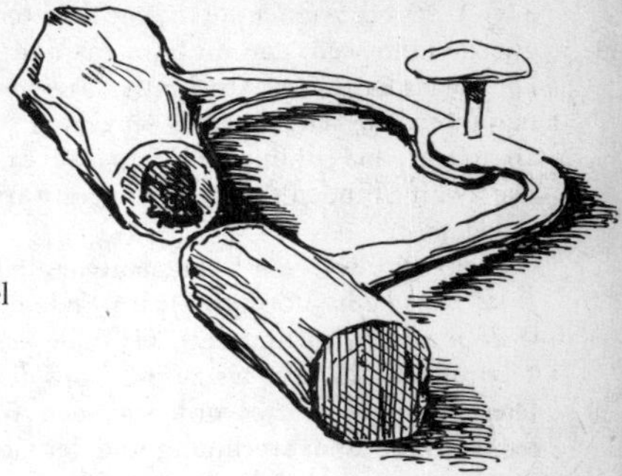

Schematische Darstellung der römischen Münzprägung

Römischer Prägestock, bestehend aus Ober- und Unterstempel

Beispiel für einen silbernen Denar mit gezähntem Rand *(Serratus)*. Die Münze wurde ca. 78/77 v. Chr. von L. Papius geprägt. Die Einkerbungen im Rand sollen zeigen, daß die Münze bis in den Kern aus edlem Metall ist. Die Einkerbungen wurden in dem fertigen (gegossenen) Schrötling angebracht und blieben lange ein gutes Mittel gegen Fälschung.

Tageseinteilung

Griechen und Römer teilten die Zeit von Sonnenaufgang (Winter: 7.33, Sommer: 4.27 Uhr) bis Sonnenuntergang (Winter: 16.27, Sommer: 19.33 Uhr) in zwölf gleiche Einheiten, die mit Sonnen- und Wasseruhren gemessen wurden.
Die Nacht hatte vier Abschnitte (*Vigiliae* = Nachtwachen). Sie begann mit Sonnenuntergang. Der Anfang der ersten Nachtwache fiel also im Sommer auf ca. 19.30 Uhr, im Frühling und Herbst auf ca. 18.00 Uhr, im Winter auf ca. 16.30 Uhr.
Die zwölf Stunden des hellen Tages waren ebenfalls in vier Abschnitten zusammengefaßt:

- *mane* (Frühe): von Sonnenaufgang bis zum Schluß der 3. Stunde
- *ad meridiem* (Vormittag): bis Ende der 6. Stunde
- *de meridie* (Nachmittag): bis Ende der 9. Stunde
- *suprema* (Abend): bis zum Schluß der 12. Stunde (= Sonnenuntergang).

Diese Tagesabschnitte wurden von den Amtsdienern der Consuln öffentlich ausgerufen. Die Stundenrechnung und der Gebrauch von Uhren blieben das Vorrecht der Begüterten und der Stadtbevölkerung.

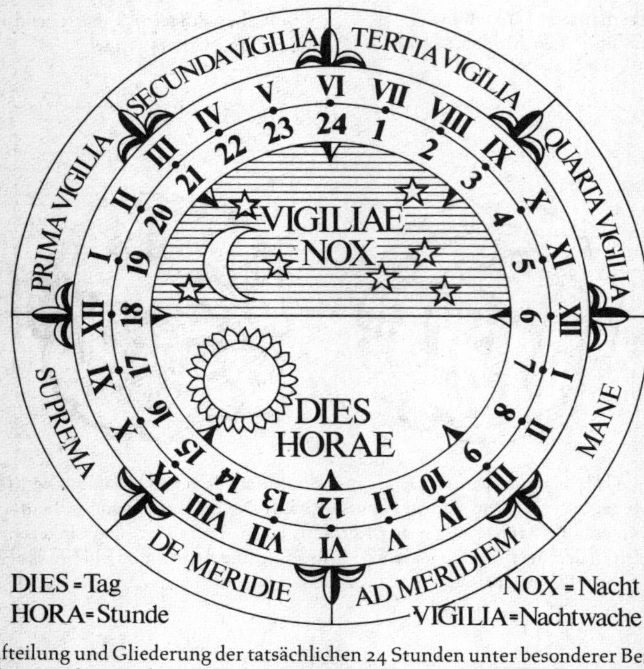

Aufteilung und Gliederung der tatsächlichen 24 Stunden unter besonderer Berücksichtigung der »Nachtwachen« (Vigiliae). Zur relativen Stundenlänge vgl. nebenstehende Tabelle.

Die römische Stundeneinteilung des Tages im Laufe der zwölf Monate

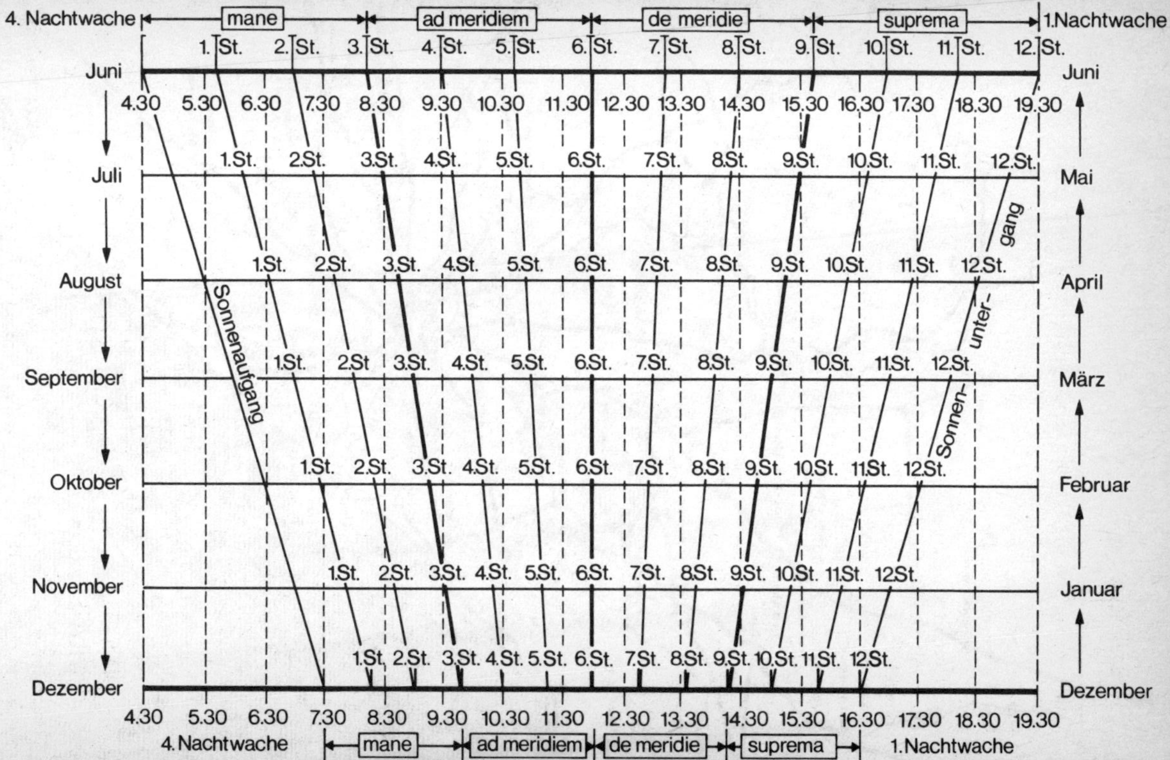

Rom und Umgebung

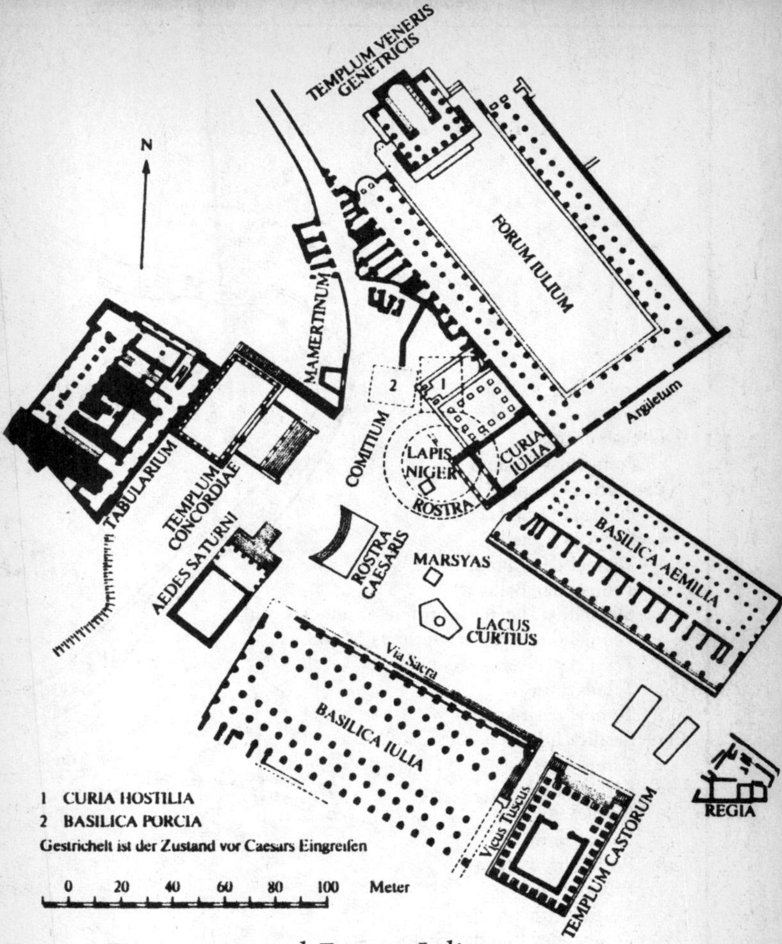

Forum Romanum und Forum Julium.

Gestrichelt angegeben ist der vorcaesarische Zustand mit der alten Curia, in der der Senat zu tagen pflegte, und dem ihr vorgelagerten Platz für Volksversammlungen, dem Comitium. Dieser alte Mittelpunkt des politischen Lebens der Stadt wurde durch Caesars Eingriffe vollständig verändert. Das Comitium hörte als selbständiger Platz auf zu existieren; die Curia wurde versetzt und durch ihre veränderte Orientierung in den Zusammenhang des Caesar-Forums eingefügt. Die Neugestaltung ließ die Herrschaftsansprüche des Dictators unmißverständlich zur Geltung kommen. Durch die Verlegung der Rostra an die Schmalseite des Forums begann Caesar mit der einheitlichen Gestaltung des Platzes.

Aus: Christian Meier, Caesar (mit Genehmigung des Severin und Siedler Verlages).

Rom zur Zeit der Republik

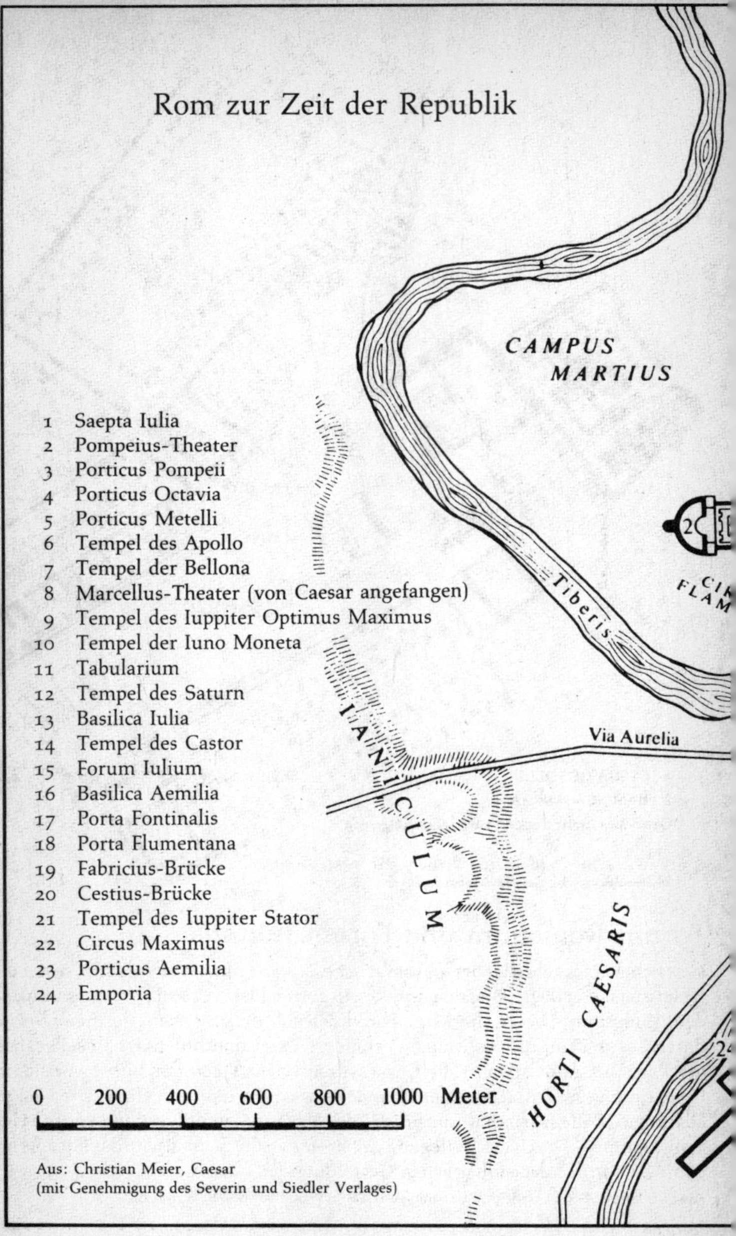

1 Saepta Iulia
2 Pompeius-Theater
3 Porticus Pompeii
4 Porticus Octavia
5 Porticus Metelli
6 Tempel des Apollo
7 Tempel der Bellona
8 Marcellus-Theater (von Caesar angefangen)
9 Tempel des Iuppiter Optimus Maximus
10 Tempel der Iuno Moneta
11 Tabularium
12 Tempel des Saturn
13 Basilica Iulia
14 Tempel des Castor
15 Forum Iulium
16 Basilica Aemilia
17 Porta Fontinalis
18 Porta Flumentana
19 Fabricius-Brücke
20 Cestius-Brücke
21 Tempel des Iuppiter Stator
22 Circus Maximus
23 Porticus Aemilia
24 Emporia

Aus: Christian Meier, Caesar
(mit Genehmigung des Severin und Siedler Verlages)

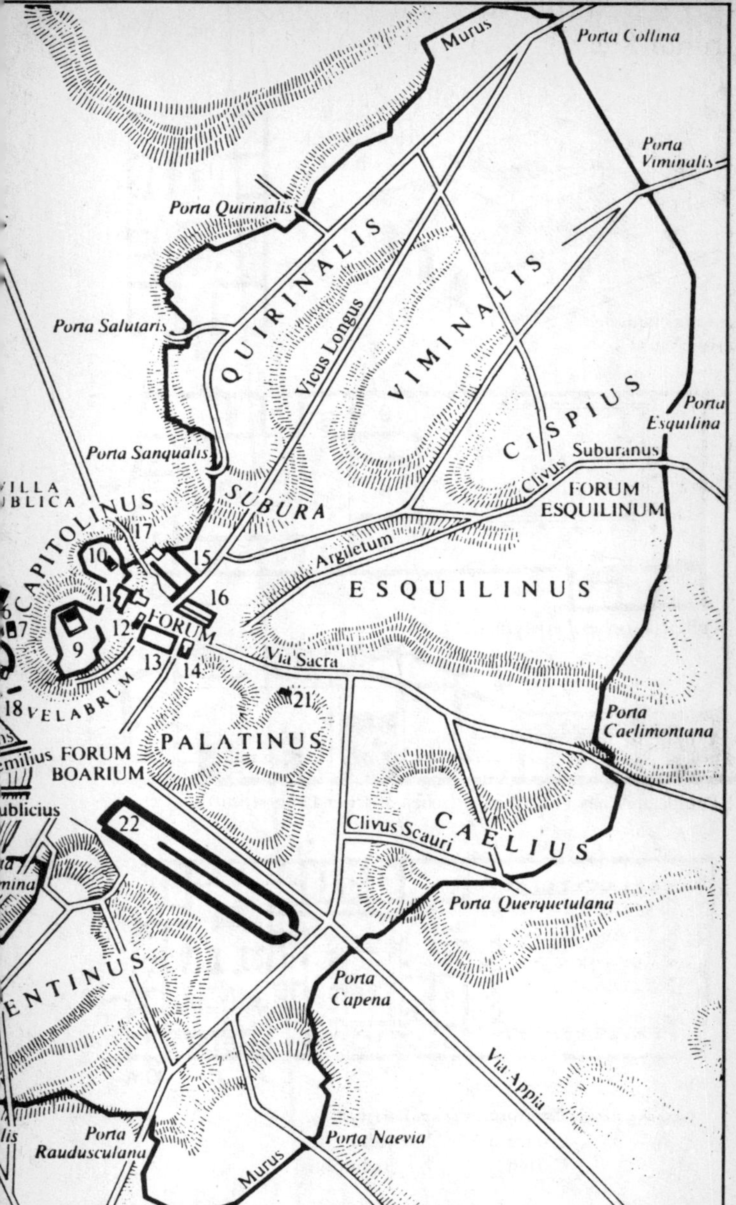

Murus
Porta Collina
Porta Viminalis
Porta Quirinalis
QUIRINALIS
VIMINALIS
Vicus Longus
Porta Salutaris
CISPIUS
Porta Esquilina
Porta Sanqualis
Suburanus
Clivus
FORUM ESQUILINUM
SUBURA
CAPITOLINUS
17
10
15
Argiletum
ESQUILINUS
11
16
FORUM
12
9
13
14
Via Sacra
VELABRUM
21
18
Porta Caelimontana
PALATINUS
FORUM BOARIUM
22
Clivus Scauri
CAELIUS
Porta Querquetulana
Porta Capena
Via Appia
Porta Raudusculana
Porta Naevia
Murus

Grundriß einer Domus, eines Stadthauses

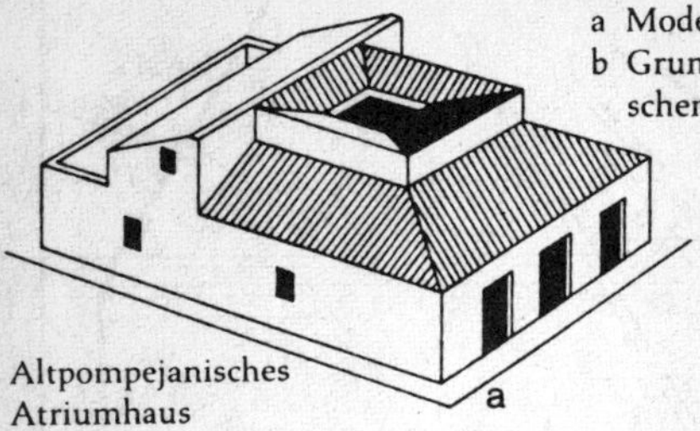

a Modell
b Grundriß-
schema

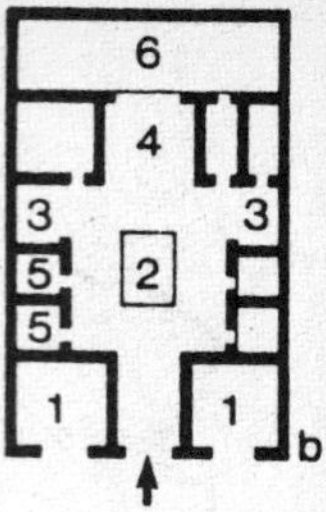

Altpompejanisches
Atriumhaus

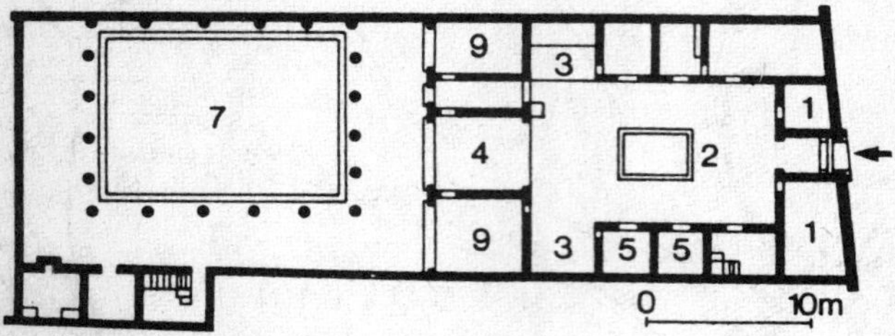

Pompejanisches Peristylhaus

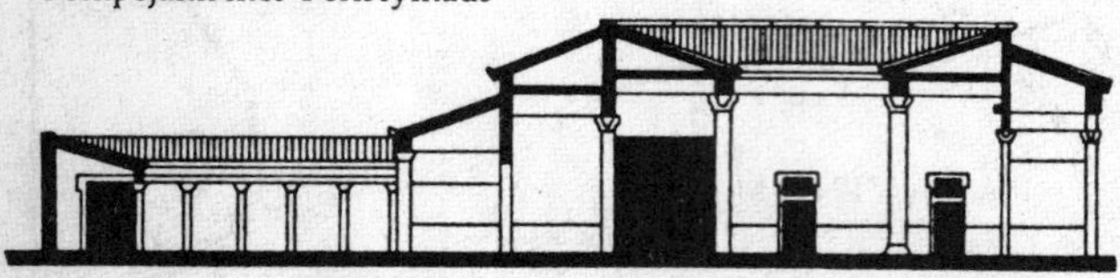

Pompejanisches Peristylhaus (schematischer Längsschnitt)

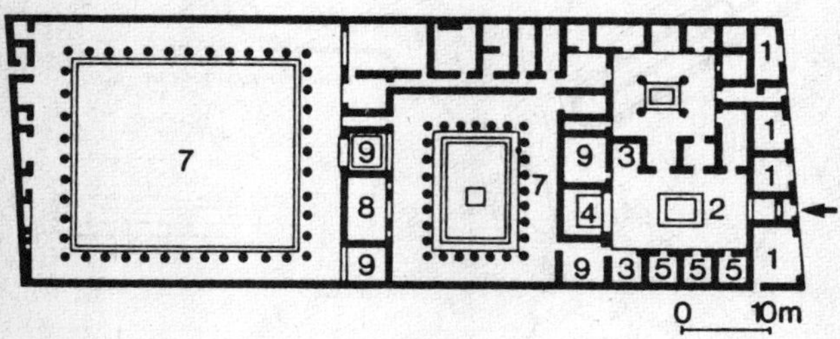

1 Taberna
2 Atrium
3 Ala
4 Tablinum
5 Cubiculum
6 Garten
7 Peristyl
8 Exedra
9 Triclinium

C.V.T.s Haus am Fuße des Palatins

Blick vom Atrium in den hinteren Teil des Hauses

Roman

Knaur®
Taschenbücher

Band 7
Der Verrat des Ambiorix
Band 1169
192 Seiten
ISBN 3-426-01169-7

Band 8
Rebellion im Circus Maximus
Band 1203
272 Seiten
ISBN 3-426-01203-0

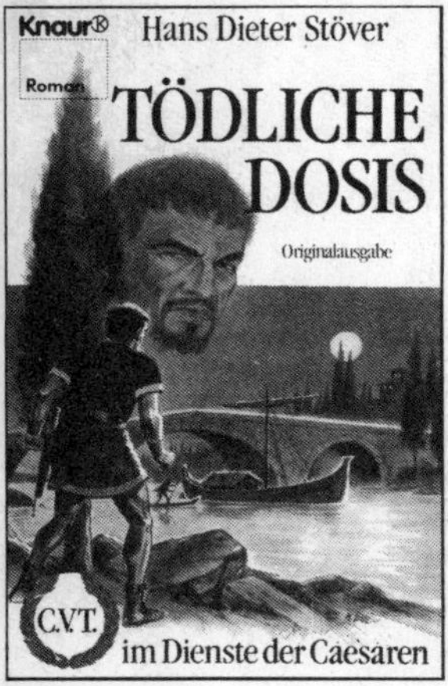

in Vorbereitung:

Band 10
Tödliche Dosis
Band 1256
ca. 224 Seiten
ISBN 3-426-01256-1